馬一浮編選《群經統類》整理叢書

何俊 主持整理

儀禮集說

上

〕敖繼公撰 孫寶點校

上海古籍出版社

國家哲學社會科學基金重大項目（13&ZD061）
全國高等院校古籍整理研究工作委員會重點項目
杭州師範大學“人文振興計劃·國學研究與教育項目”

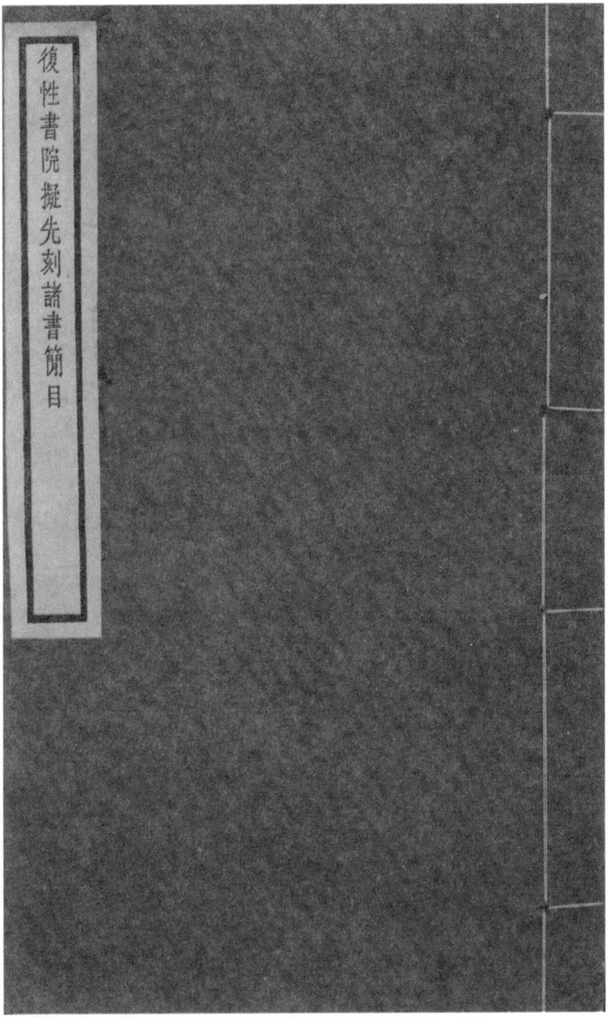

《復性書院擬先刻諸書簡目》封面

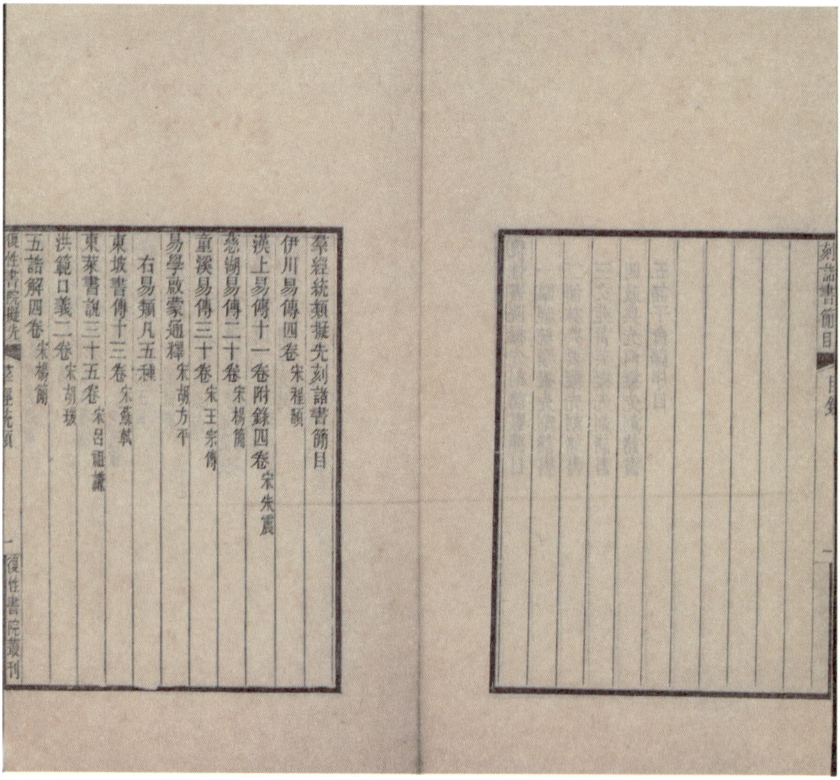
刻諸書簡目 目錄 一

羣經統類擬先刻諸書簡目
伊川易傳四卷 宋程頤
漢上易傳十一卷附錄四卷 宋朱震
慈湖易傳二十卷 宋楊簡
童溪易傳三十卷 宋王宗傳
易學啟蒙通釋 宋胡方平
右易類凡五種
東坡書傳十三卷 宋蘇軾
東萊書說三十五卷 宋呂祖謙
洪範口義二卷 宋胡瑗
五誥解四卷 宋楊簡

復性書院擬先 一 復性書院叢刊

《簡目》書影一

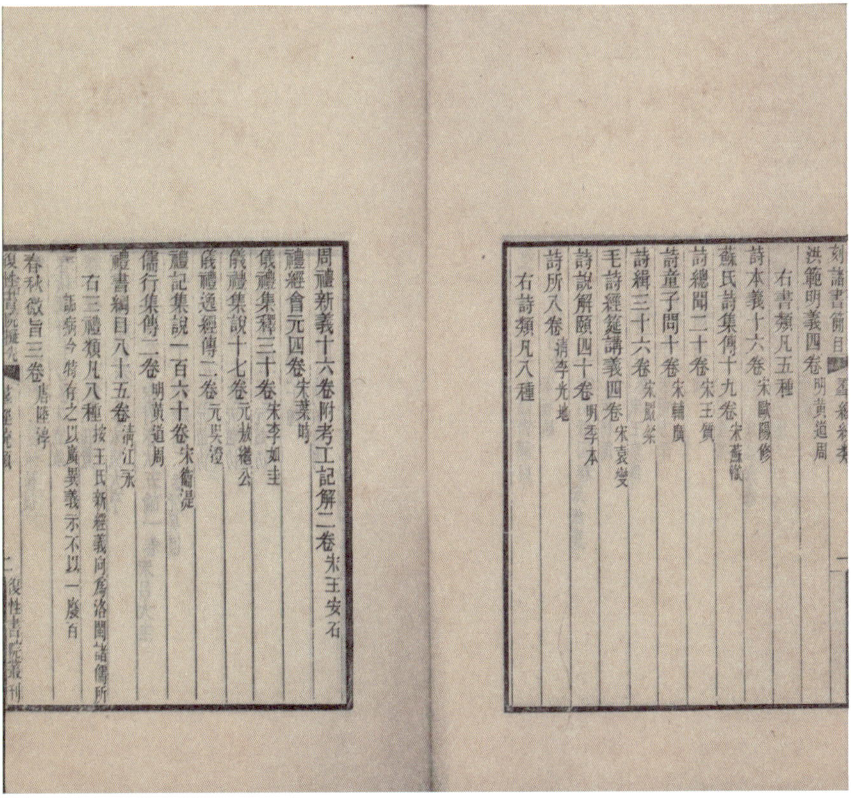
刻諸書簡目　羣經統類　一

洪範明義四卷 明黃道周

右書類凡五種

詩本義十六卷 宋歐陽修

蘇氏詩集傳十九卷 宋蘇轍

詩總聞二十卷 宋王質

詩童子問十卷 宋輔廣

詩緝三十六卷 宋嚴粲

毛詩經筵講義四卷 宋袁燮

詩說解頤四十卷 明季本

詩所八卷 清李光地

右詩類凡八種

周禮新義十六卷附考工記解二卷 宋王安石

禮經會元四卷 宋葉時

儀禮集釋三十卷 宋李如圭

儀禮集說十七卷 元敖繼公

儀禮逸經傳二卷 元吳澄

禮記集說一百六十卷 宋衛湜

儒行集傳二卷 明黃道周

禮書綱目八十五卷 清江永

右三禮類凡八種 按王氏新經義向爲洛閩諸儒所詬病今特存之以廣異義示不以一廢百

春秋微旨三卷 唐陸淳

復性書院擬先　羣經統類　二　復性書院叢刊

《簡目》書影二

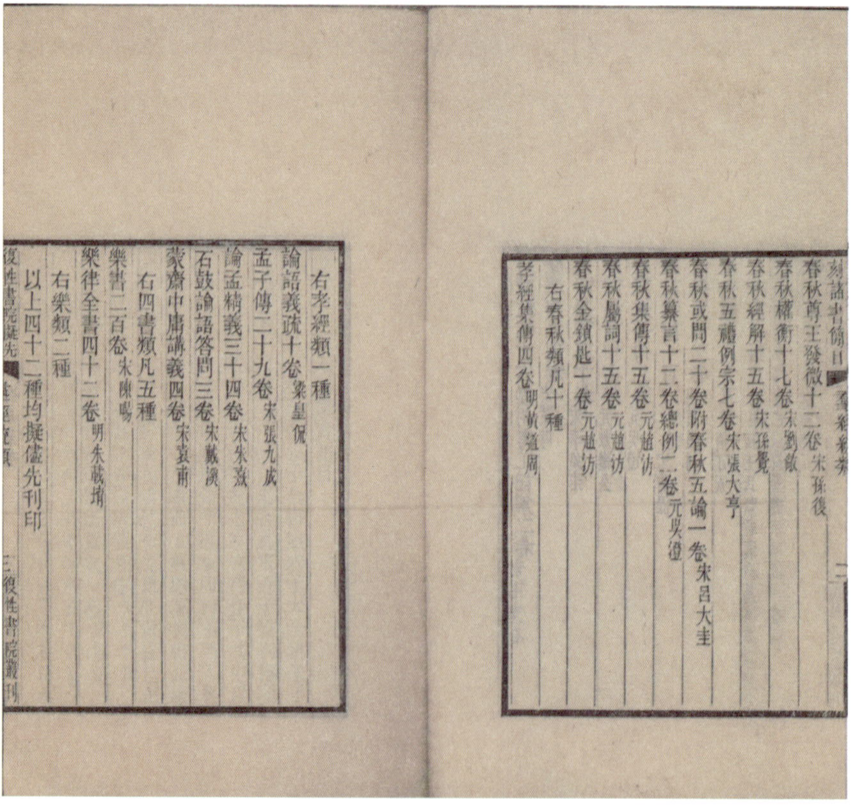

刻諸書簡目 [illegible] 二

春秋尊王發微十二卷 宋孫復

春秋權衡十七卷 宋劉敞

春秋經解十五卷 宋孫覺

春秋五禮例宗七卷 宋張大亨

春秋或問二十卷附春秋五論一卷 宋呂大圭

春秋纂言十二卷總例二卷 元吳澄

春秋集傳十五卷 元趙汸

春秋屬詞十五卷 元趙汸

春秋金鎖匙一卷 元趙汸

右春秋類凡十種

孝經集傳四卷 明黃道周

右孝經類一種

論語義疏十卷 梁皇侃

孟子傳二十九卷 宋張九成

論孟精義三十四卷 宋朱熹

石鼓論語答問三卷 宋戴溪

蒙齋中庸講義四卷 宋袁甫

右四書類凡五種

樂書二百卷 宋陳暘

樂律全書四十二卷 明朱載堉

右樂類二種

以上四十二種均擬儘先刊印

復性書院擬先 [illegible] 三 復性書院叢刊

《簡目》書影三

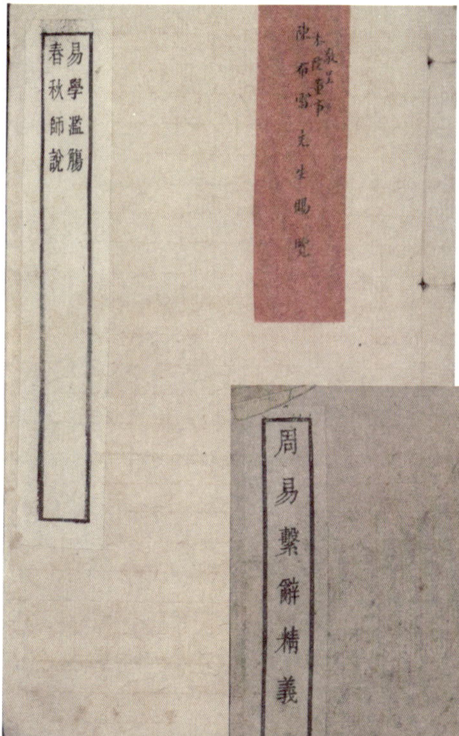

《群經統類》已刻書書影拾零一

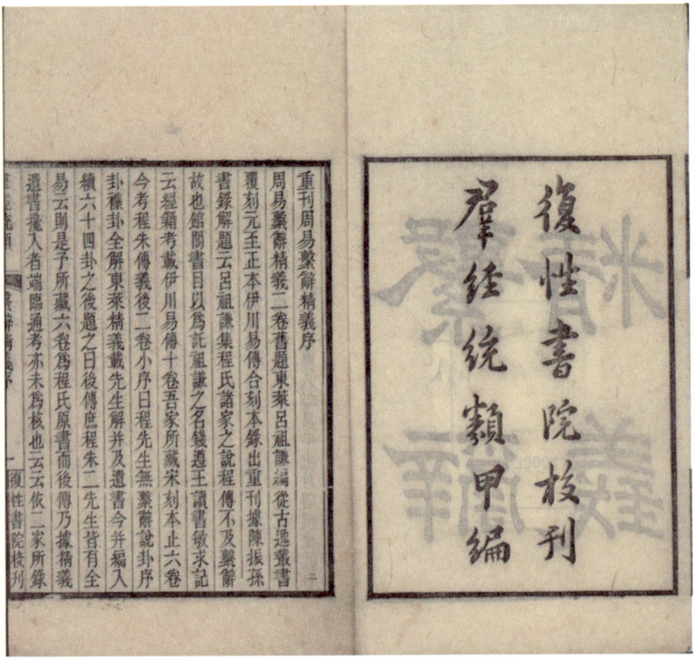
復性書院校刊

羣經統類甲編

重刊周易繫辭精義序

周易繫辭精義二卷舊題東萊呂祖謙編從古逸叢書覆刻元至正本伊川易傳合刻本錄出重刊據陳振孫書錄解題云呂祖謙集程氏諸家之說程傳不及繫辭故也館閣書目以爲託祖謙之名錢遵王讀書敏求記云經籍考載伊川易傳十卷吾家所藏宋刻本止六卷今考程朱傳義後二卷小序曰程先生無繫辭說卦序卦雜卦全解東萊精義載先生解并及遺書今并編入續六十四卦之後題之曰後傳庶程朱二先生皆有全易云則是予所藏六卷爲程氏原書而後傳乃據精義遺書攙入者端臨通考亦未爲核也云云依二家所錄

羣經統類　繫辭精義序　一　復性書院校刊

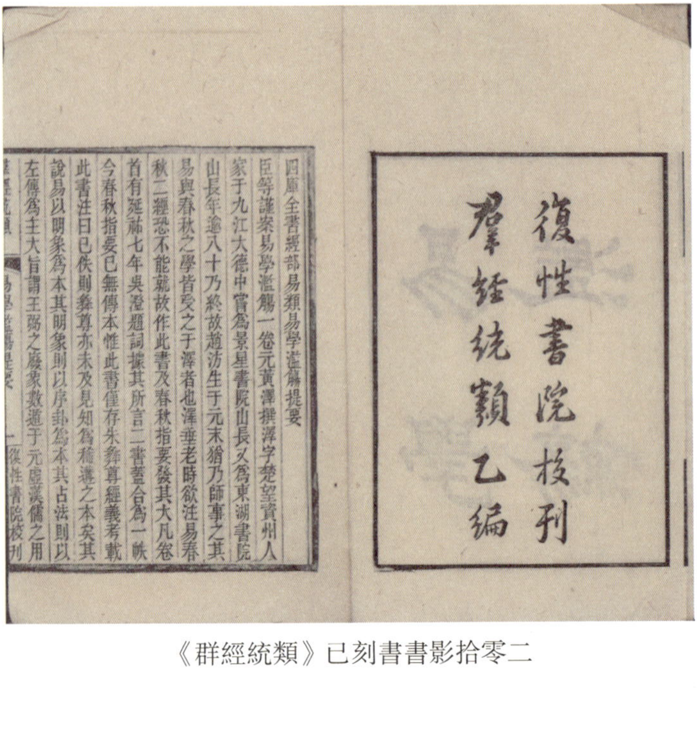
復性書院校刊

羣經統類乙編

四庫全書經部易類易學濫觴提要

臣等謹案易學濫觴一卷元黃澤撰澤字楚望資州人家于九江大德中嘗爲景星書院山長又爲東湖書院山長年逾八十乃終故趙汸生于元末猶乃師事之其易與春秋之學皆受之于澤者也澤垂老時欲注易春秋二經恐不能就故作此書及春秋指要發其大凡卷首有延祐七年吳澄題詞據其所言二書蓋合爲一帙今春秋指要已無傳本惟此書僅存朱彝尊經義考載此書注曰已佚則彝尊亦未及見知爲稀遘之本矣其說易以明象爲本其明象則以序卦爲本其占法則以左傳爲主大旨謂王弼之廢象數遁于元虛漢儒之用

羣經統類　易學濫觴提要　一　復性書院校刊

《群經統類》已刻書書影拾零二

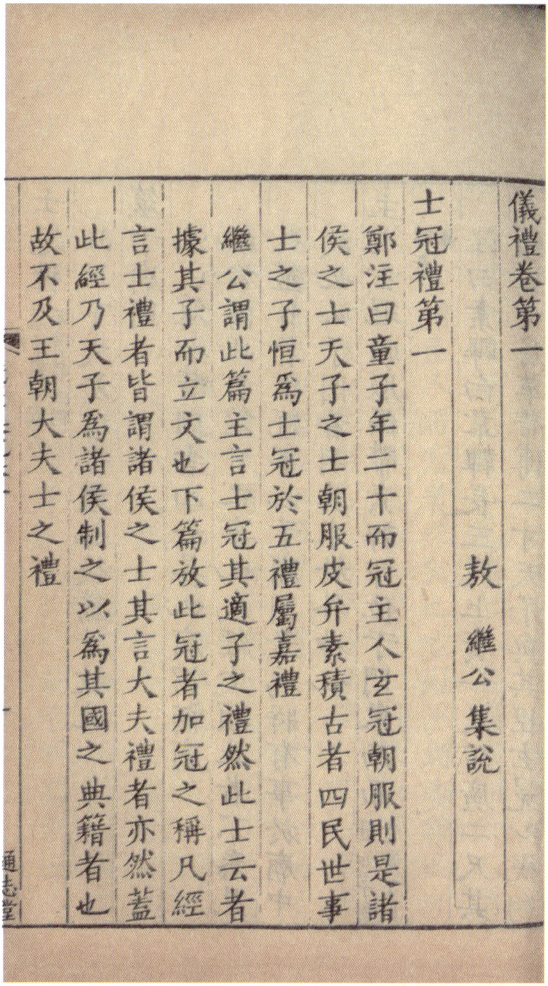
儀禮卷第一
敖繼公集説
士冠禮第一
鄭注曰童子年二十而冠主人玄冠朝服則是諸侯之士天子之士朝服皮弁素積古者四民世事士之子恒爲士冠於五禮屬嘉禮
繼公謂此篇主言士冠其適子之禮然此士云者據其子而立文也下篇放此冠者加冠之稱凡經言士禮者皆謂諸侯之士其言大夫禮者亦然蓋此經乃天子爲諸侯制之以爲其國之典籍者也故不及王朝大夫士之禮
通志堂

通志堂經解本《儀禮集説》書影一

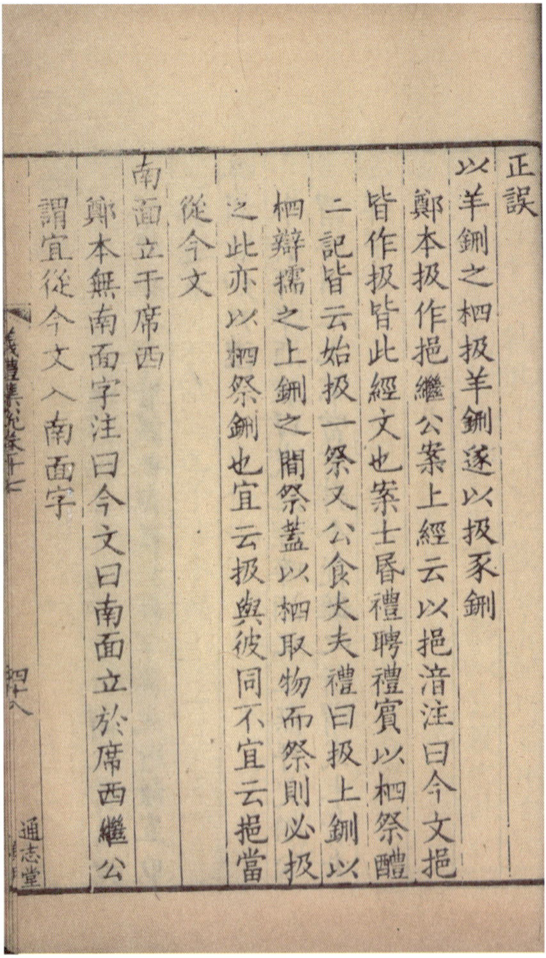

正誤

以羊鉶之柶扱羊鉶遂以扱豕鉶

鄭本扱作挹繼公案上經云以挹湇注曰今文挹皆作扱皆此經文也案士昏禮聘禮賓以柶祭醴二記皆云始扱一祭又公食大夫禮曰扱上鉶以柶辯擩之上鉶之間祭蓋以柶取物而祭則必扱之此亦以柶祭鉶也宜云扱與彼同不宜云挹當從今文

南面立于席西

鄭本無南面字注曰今文曰南面立於席西繼公謂宜從今文入南面字

儀禮集說卷十七　卌八　通志堂

通志堂經解本《儀禮集說》書影二

「馬一浮編選《群經統類》」整理叢書前言

馬一浮的精神以及「六藝論」與《群經統類》

何俊

上世紀寇亂軍興，馬一浮（一八八三—一九六七）流亡蜀中，因政府敦請，感於時難，遂於樂山創設復性書院。創院之初，即於《復性書院簡章》中申明要編刻《群經統類》，以收先儒説經主要諸書。〔一〕這一設想不僅貫徹着馬一浮對於傳統中國學術的根本認識，而且提示了理解宋明儒學的別樣路徑，以及對中國傳統學術思想創新轉型的啓示。二〇一三年，我主持承擔了國家社科基金重大研究項目「《群經統類》的文獻整理與宋明儒學研究」（13&ZD061），開始和校内外的同仁們整理《群經統類》所涉古籍，并開展相應研究。由於學界關於馬一浮的現有研究，幾乎没有涉及他的古籍選目，而説明這個問題，又必涉及到馬一浮的精神以及「六藝論」。因此，在《群經統類》的文獻整理漸次刊行之際，特述馬一浮的精神以及「六藝論」，并聚焦於《群經統類》，以爲前言。

〔一〕《馬一浮全集》第四册《雜著》，第四四頁，浙江古籍出版社，二〇一三年。

一、乘化而游　歸全順正

馬一浮的一生經歷了大時代的動盪，但他的生平却可謂豐富而淡泊，跌宕而寧静，如他自己所撰的聯對：「乘化而游，歸全順正。」〔一〕既與潮流相呼應，又和而不流，中立而不倚，成爲他那個時代特立獨行的標杆，「代表着中國傳統文化的『活底精神』」。〔二〕

光緒二十四年（一八九八），年僅十六歲的馬一浮紹興縣試奪魁，但他對晚清興起的新知識已充滿嚮往。一九〇一年馬一浮游學於上海，學習英文、法文，與謝無量等創設「翻譯會社」，出版《二十世紀翻譯世界》。一九〇三年更是「萬里來尋獨立碑」〔三〕，受聘爲清政府主辦留美學生監督公署中文文牘，兼籌辦世博會，赴美國聖路易斯工作一年。這一年，馬一浮留下了詳盡的《一佛之北米居留記》。由此日記，可以看到他的讀書範圍與數量。馬一浮的閱讀與記憶能力顯然非常强，他縣

〔一〕《散曲·聯對》，《馬一浮全集》第三册下《詩集》，第八一一頁。關於馬一浮的生平事迹，詳略可參見丁敬涵《馬一浮先生年譜簡編》、《馬一浮先生交往録》，吴光《千年國粹一代儒宗——馬一浮先生小傳》，《馬一浮全集》第六册上《附録》，本文不再贅述，而重在述其精神。

〔二〕徐復觀《如何讀馬浮先生的書》，《馬一浮全集》第六册下《附録》，第四七三頁。

〔三〕《一佛之北米居留記》，《馬一浮全集》第五册《日記·輯佚》，第二八頁。

試奪魁的文章便是全用古人文句集成〔一〕，豐子愷也親自見證過馬一浮讀書「一目十行」與「過目成誦」的天資〔二〕，因此基於此前的積累，加上美國一年的博聞强記，已使得馬一浮對西學建立起了他自己的理解。一九〇七年在給舅舅何稚逸的信中，馬一浮有一個非常清楚的陳述：

> 甥所收彼土論著百餘家，略識其流别。大概推本人生之詣，陳上治之要。玄思幽邈，出入道家。其平實者，亦與儒家爲近。文章高者擬於周末諸子，下不失《吕覽》、《淮南》之列。凡此皆國人所棄不道，甥獨好之，以爲符於聖人之術。知非當世所亟，未敢輒放論，取不知者疑怪。欲綜會諸家國别、代次、導源竟委，爲《西方學林》，輔吾儒宗，以竢來者。又欲草《西方藝文志》，著其類略，貧不能多得書，病撢繹未廣，汔未可就。〔三〕

在信中，馬一浮還講到在美國時，曾學過德文，慕其學術，希望日後能游學歐洲。馬一浮後來雖然没能實現此一願望，但他還是變賣家産，去日本住了半年餘，與謝無量等學習日文、德文，共同研讀西學。不過，在同一封信中，馬一浮已坦陳他對晚清社會關於西學認知的徹底不滿：

> 見當世爲西學者，獵其粗粕，矜尺寸之藝，大抵工師之事，商販所習，而謂之學。稍賢者，記

〔一〕袁卓爾《一代儒宗高山仰止》，《馬一浮全集》第六册上《附録》，第三八七頁。
〔二〕豐子愷《桐廬負暄》，《馬一浮全集》第六册上《附録》，第三四二頁。
〔三〕《馬一浮全集》第二册上《文集》，第二九四頁。

律令數條，遂自擬蕭何； 誦章句不敵孺子，已抗顏講道，哆口議時政。心異其矜炫，而盈國方馳騖以干要路、營世利，甥實未知其可，故寧闇然遠引，不欲以言自顯。

可以説，在晚清西學東漸的大潮中，馬一浮一方面是積極順應時代的潮流，傾心投身於西學的研讀，但另一方面他對西學的識見又迥然不同於時流。

甚至在制度層面，馬一浮也表現出與時代相呼應，但又絶不盲從的立場。一方面，馬一浮「萬里來尋獨立碑」，他對美國的獨立、自由、民主，充滿了敬意與仰慕，對滿清政府深惡痛絶，甫至美國，即「截辮改服」，雖遭同伴訕笑而不顧，并且指出：

中國自二千年來無一人知政治之原理、國家之定義。獨夫民賊相繼，坐此且亡國，猶漠然不知悟，豈不哀哉！ 夫政府有特權，用以媚外保衣食，不復知有人民土地，人民亦竟任棄之若無事。嗟乎，慘哉！〔二〕

另一方面，他又不認同當時人們對西方制度的理解與搬取。在前引書信中，馬一浮講：

時人盛慕歐制，曾不得其爲治之迹，騖走相詫，徒以其器耳。上所以爲政，下所以爲教，謂

〔二〕《一佛之北米居留記》，《馬一浮全集》第五册《日記·輯佚》，第三、一〇頁。

能一變至道，甥不敢知也。〔一〕

亦因此，馬一浮雖對辛亥革命熱誠歡迎，但却與民國現實的政教系統都保持了疏離的狀態。一九一二年民國初，蔡元培出任南京臨時政府教育總長。蔡長馬一浮十五歲，與馬一浮的岳父，民國浙江首任都督湯壽潛是好友，又與馬一浮有同鄉之誼，對馬一浮頗爲賞識，邀三十歲的馬一浮任教育部秘書長。馬一浮欣然赴任，但三個月即辭歸。後來蔡元培出任北京大學校長，又請馬一浮出任文科學長，馬一浮辭謝。其中的根本原因，就在理念的分歧，馬一浮反對廢止讀經，同時勸設通儒院，培養中西兼通「可與世界相見」的「中土學者」，爲蔡不取。〔二〕後來馬一浮受聘於浙江大學，開設國學講座，實因軍興逃難，無奈而托蔽於機構。即便在樂山接受國民政府支持，創辦復性書院，馬一浮的辦學前提仍是自外於現行的教育體制，堅持獨立自主的辦學模式。

由於堅持自己的識見與立場，馬一浮早年即自甘幽遁，雖有志於學術，以及相關事業，如辦學與刻書，但都取隨遇而安、勉力而爲的態度。馬一浮曾有幾次鬻字，都是出於不得已，在復性書院難以爲續，停止辦學，專心刻書，資金不足時所爲。後來刻書亦難，他又改書院爲圖書館。一九五三年，

〔一〕《馬一浮全集》第二册上《文集》，第二九四頁。

〔二〕《語録類編・師友篇》，《馬一浮全集》第一册下《語録》，第六八七頁。

在政府同意自由研究，并且不到館工作的前提下，馬一浮才答應出任浙江省文史研究館首任館長。〔二〕終其一生，馬一浮堅守着他的這份開放中的獨立、寬容中的自在。

這種堅守，在馬一浮的論學中，呈現得更加鮮明。一九三八年，馬一浮爲抗戰流亡中的浙江大學在泰和開設「國學講座」，需要對國學有一個明確的界定。馬一浮以爲：

於一切事物表裏洞然，更無睽隔，説與他人，亦使各各互相曉瞭，如是乃可通天下之志，如是方名爲學。

據此，凡學應是普遍的，并無所謂的國學。「今人以吾國固有的學術名爲國學，意思是别於外國學術之謂。此名爲依他起，嚴格説來，本不可用」，只爲隨順時語而暫用之。但即便如此，也覺「廣泛籠統，使人聞之，不知所指爲何種學術」。爲了講學方便，「須楷定國學」。〔三〕

「楷定」的表述，既非隨意所用，更非故意立異，而是馬一浮在概念使用上的嚴謹，正體現了他在論學上對開放而獨立、寬容而自在的堅守。馬一浮在隨文自注中指出，楷定是借自佛教義學中的術語，「義學家釋經用字，每下一義，須有法式，謂之楷定」。馬一浮對概念的使用非常注重學術上

〔二〕丁敬涵《馬一浮先生年譜簡編》，《馬一浮全集》第六册上《附録》，第七六頁。

〔三〕《泰和會語》，《馬一浮全集》第一册上《語録》，第七—八頁。

的淵源，他嘗講：

說理須是無一句無來歷，作詩須是無一字無來歷，學書須是無一筆無來歷，方能入雅。〔一〕

同時又强調概念的準確。他在自注中專門通過「楷定」與「確定」、「假定」的比較，以闡明「楷定」之義。他講：

何以不言確定而言楷定？學問，天下之公，言確定則似不可移易，不許他人更立異義，近於自專。今言楷定，則仁智各見，不妨各人自立範圍，疑則一任别參，不能强人以必信也。如吾今言國學是六藝之學，可以該攝其餘諸學，他人認爲未當，不妨各自爲説，與吾所楷定者無礙也。又楷定異於假定。假定者，疑而未定之詞，自己尚信不及，姑作是見解云爾。楷定則是實見得如此，在自己所立範疇内更無疑於義也。〔二〕

馬一浮雖然對西學有系統的瞭解，對民國後的新制度有誠摯的接受，但由於他堅持自外於民國以降的新學術潮流與新學術體制，因此在當時及後世即被人識爲迂頑。熊十力自以察識爲勝，并認爲獨有馬一浮「能實指我現在的行位」，但仍以爲馬一浮「謹守程、朱，頌其精華，亦吸其糟粕」。〔三〕一

〔一〕《遠游寫本自跋》，《馬一浮全集》第二册上《文集》，第一〇六頁。
〔二〕第一册上，第八頁。
〔三〕熊十力《復馬一浮函》、《致胡適函》，《馬一浮全集》第六册上《附録》，第三三三、三三四頁。

般知識界更不在話下，大致都視馬一浮爲舊式的學問家，「理學宗師」就是一個顯著的標籤。其實，由對「楷定」的説明，足見馬一浮論學是完全現代了的。他棄用「確定」與「假定」，一方面承認學術在整體上的多樣性，另一方面强調學術在自家上的自洽性。他明示「楷定」旨義，與現代學術對預設概念的明確是一致的。

在概念的確定上如此，在具體的論述上同樣如此。馬一浮對《漢書・藝文志》雖有較高的肯定，但他論諸子，不取《漢志》的諸子出於王官説，而取《莊子・天下篇》的諸子出於六藝説，以示學術源自學人自由的學與思，獨立於官吏。馬一浮曾通過批評章學誠，對此作了闡明：

> 吾鄉章實齋作《文史通義》，創爲「六經皆史」之説，以六經皆先王政典，守在王官，古無私家著述之例，遂以孔子之業并屬周公，不知孔子「祖述堯、舜，憲章文、武」，乃以其道言之。……「以吏爲師」，秦之弊法，章氏必爲迴護，以爲三代之遺，是誠何心！今人言思想自由，猶爲合理。秦法「以古非今者族」，乃是極端遏制自由思想，極爲無道，亦是至愚。……惟《莊子・天下篇》則云：「古之道術有在於是者，墨翟、禽滑釐聞其風而説之。」乃是思想自由自然之果。所言「道德不一，天下多得一察焉以自好」，「各爲其所欲〔焉〕以自爲方」，「道術將爲天下裂」，乃以「不該不遍」爲病，故莊立道術、方術二名。（非如後世言方術當方伎也。）是以道術爲該遍之稱，而方術則爲一家之學。謂方術出於道術，勝於九流出於王官之説多矣。

與其信劉歆，不如信莊子。實齋之論甚卑而專固，亦與公羊家孔子改制之説同一謬誤。且《漢志》出於王官之説，但指九家，其叙六藝，本無此言，實齋乃以六藝亦爲王官所守，并非劉歆之意也。〔一〕

這一長段論述充分反映了馬一浮的論學性質，他對學術思想的主體性與自主性具有非常清晰而自覺的認定。事實上，從他對「公羊家孔子改制之説」的否定，以及對國學「照一般時賢所講，或分爲小學（自注文字學）、經學、諸子學、史學等類，大致依四部立名」，不以爲然，〔二〕可以足證，他將國學楷定爲六藝之學，并非自囈，而是對晚清以降學術的回應，前者無疑針對康有爲，後者大致是針對章太炎及其學派。〔三〕至於更新一代的胡適等，馬一浮以爲尚在中國學術的門外，不足以論。〔四〕

馬一浮十一歲喪母，十九歲失父，二十歲妻子又病故，三位姐姐除了大姐外，二姐三姐都早早逝

〔一〕《泰和會語》，《馬一浮全集》第一册上《語録》，第一一頁。

〔二〕《泰和會語》，《馬一浮全集》第一册上《語録》，第八頁。

〔三〕龔鵬程斷言，「這時賢，指的便是章太炎」。關於馬一浮與章太炎的比較，參考氏文《章馬合論》，《馬一浮全集》，第六册下《附録》，第五七四—六〇三頁。

〔四〕馬一浮一九三八年講：「今則西人欲治中國學術者，文字隔碍，間事迻譯，紕繆百出，乃至聘林語堂、胡適之往而講學，豈非千里之繆耶？」《語録類編·師友篇》，《馬一浮全集》第一册下《語録》第六八七頁。

世，生死之於馬一浮實有常人難有的體會。馬一浮終其一生未曾再娶，除了抗戰時期短暫的講學，他幾乎過着隱居的簡素生活，同時又没有專事著述，只是在諸多答問、書信、序跋，尤其在他的詩中表達他的思想，而且自覺地藉助佛學闡明儒學，没有在形式上襲用西學，因此使人誤以爲他保守。其實，馬一浮完全是在出入於中西〔二〕與佛學的基礎上來建構他的思想。馬一浮不是舊式的學問家，而是新式的思想家，只是如他自己所講：

我爲學得力處，只是不求人知。〔三〕

馬一浮對中國文化的前途深懷自信，對於傳統中國學術究竟如何面對西學，實現傳承創新，有着確定的識見與堅守。一九五二年馬一浮《題嚴幾道先生誡子詩》二首：

一代蒼生誤富强，時人數典必西方。
獨標門津存經訓，始信丹山有鳳皇。

懸解無聞特操亡，片言猶得起膏肓。

〔二〕馬一浮大致能使用英、法、德、日，以及拉丁、希臘文來研究問題，并非常注重概念的界定與語義分析。參見《社會主義考》，《馬一浮全集》第四册《雜著》，第三一三—三一四頁。
〔三〕《語録類編·政事篇》，《馬一浮全集》第一册下《語録》，第六八三頁。

流傳謬種滋訛誤，可笑蚍蜉不自量。

（先生譯《群己權界論》謂：「民必有特操而其群始進，無自繇則無特操。」其言至精。）〔二〕

將此晚年二詩與前引一九〇七年給舅舅何稚逸的信前後對比，足以見證馬一浮自始至終堅信自己的判識而持守，雖世事不由人，但心未曾動摇。

二、六經該攝一切學術

馬一浮對於傳統中國學術的定見，就是一九三八年他在流亡於江西泰和的浙江大學開設「國學講座」時的著名論斷：「六藝該攝一切學術。」這一論斷的基本内涵包含着三層旨義：一是就傳統中國固有的知識體系而論，六藝統諸子與四部；二是就知識的性質而論，形式上呈以客觀外在知識的六經，在本質上統攝於人心；三是就知識的外延而論，六藝足以統攝代表着新的知識系統的西學。三層含義，基礎在第一層，把傳統中國的知識歸藏於六藝；要義在第二層，闡明六藝的性質；氣象在第三層，六藝與西學的關係。「六藝該攝一切學術」的提出與論證，表證着馬一浮不

〔二〕《蠲戲齋詩編年集》，《馬一浮全集》第三册下《詩集》，第四三五—四三六頁。

只是傳統的學問家，自限於歷史的釋證，而完全是現代的思想家，所致力的是繼往開來的建構。〔二〕「六藝該攝一切學術」的提出，當時就引發許多爭議，馬一浮亦自知，他講：「今言六藝統攝一切學術，言語説得太廣，不是徑省之道。頗有朋友來相規誡，謂先儒不曾如此，今若依此説法，殊欠謹嚴，將有流失，亟須自己檢點。」〔三〕甚至「或誚其空疏，或斥以誕妄」，但馬一浮表示「吾皆不辭」，〔三〕他强調：

義理無窮，先儒所説雖然已詳，往往引而不發，要使學者優柔自得。學者尋繹其義，容易將其主要處忽略了，不是用力之久，自己實在下一番體驗工夫，不能得其條貫。若只據先儒舊説搬出來詮釋一回，恐學者領解力不能集中，意識散漫，無所抉擇，難得有個入處。所以要提出一個統類來。……今舉六藝之道，即是拈出這個統類來。統是指一理之所該攝而言，類是就事物

〔二〕湯一介認爲：「馬一浮先生可以説是經學家。『經學家』與『經學史家』不同，『經學史家』可以是學術大師，而『經學家』不僅是『學術大師』，而且是『思想理論大師』。」（《馬一浮全集》序）馬一浮的思想固然是基於六經建構理論，但不必限爲「經學家」，尤如宋儒基於《周易》建構理論不必稱爲「易學家」一樣。六經固然被馬一浮確認爲圓滿的系統，但正如馬一浮在《泰和宜山會語·卷端題識》開篇就闡明的言與理的關係，一切言語都只是明理的工具，「徒取言而不會理，是執指爲月，不唯失月，抑且失指」。將馬一浮界定爲「經學家」，固然肯定了其中的思想理論性質，但終不免「執指爲月」。

〔三〕《泰和宜山會語》，《馬一浮全集》第一册上《語録》，第二〇頁。

〔三〕《泰和宜山會語》，《馬一浮全集》第一册上《語録》，第二頁。

之種類而言。[一]

很顯然，馬一浮對傳統中國學術的闡發，決不是「據先儒舊説搬出來詮釋一回」，他是要將自己「用力」「體驗」得來的「義理」「條貫」性地闡明，是完全消化後了的建構。

由此，亦足以理解馬一浮對「大致依四部立名」，將「國學」「分爲小學、經學、諸子學、史學等類」的「一般時賢」不以爲然。馬一浮非常清楚，「四部之名本是一種目録，猶今圖書館之圖書分類法耳」。[二]他也研究過目録學，對《漢志》與《隋志》進行過比較，尤其是充分運用目録學進行傳統中國學術的研究，他從美國與日本回來後不久，就隱居於杭州外西湖的廣化寺研閲《四庫全書》，目録學是他最重要的方法，甚至於他想編《西方學林》、《西方藝文志》，以及指導賀昌群研究玄學、佛學，都以目録學爲門徑。[三]但是，這是學問家的路徑，并非思想家的建構。馬一浮視四部分類爲一種圖書分類，同時也意識到是一種知識的分類以及知識構成，他提出一切學術該攝於六藝，凡諸子、史部、文學之研究皆以諸經統之的思想，以及《群經統類》的編目設定，正是知識分類的一種運用，他的

[一] 《泰和宜山會語》，《馬一浮全集》第一册上《語録》，第二〇—二一頁。
[二] 《泰和宜山會語》，《馬一浮全集》第一册上《語録》，第八頁。
[三] 見《書札·何雅逸二》、《書札·賀昌群》，《馬一浮全集》第二册上《文集》，第二九四—二九五、第二册下《文集》第五五三—五五六頁。

「六經該攝一切學術」其實可以説是從傳統經學路徑中轉出的創新。换言之，馬一浮是由傳統目録學進入，復又轉出，從而提出他對傳統中國學術的「楷定」。這是馬一浮的思想創新，是他作爲現代意義的思想家的表證。

那麽，馬一浮的「用力」「體驗」，在方法上是否有所呈現呢？馬一浮明確指出，如果依四部目録所示，「各有專門，真是皓首不能究其義」，「一部十七史從何處説起」？〔二〕馬一浮正面闡釋了六經統諸子與四部，六藝統攝於一心，以及六藝可以統攝西學，但没有具體説明如何由傳統目録學所引導的繁雜的知識世界建立起「一個統類來」，也就是如何轉到新思想的建構。不過，在豐子愷抄録的一段馬一浮有關藝術的談話中，似乎可以體會到馬一浮的思想方法。這是抗戰時豐子愷與馬一浮避難桐廬時的談話，由馬一浮的學生王星賢記録：

十二月七日豐君子愷來謁，先生語之曰：辜鴻銘譯禮爲arts，用字頗好。Arts所包者廣。愷足下論藝術之文，有所謂多樣的統一者。善會此義，可以悟得禮樂。譬如吾人此時坐對山色，觀其層巒叠嶂，宜若紊亂，而相看不厭者，以其自然有序，自然調和，即所謂多樣的統一

〔二〕《泰和宜山會語》，《馬一浮全集》第一册上《語録》，第八頁。

是也。〔一〕

四部所示的傳統知識世界，便似「層巒叠嶂，宜若紊亂」的多樣山色，觀者如迷於此現象，即便是看得再仔細，知曉得再多，也談不上是見得了真理。只有把握到了這亂山的「自然有序，自然調和」，才談得上是真正的見道。「多樣的統一」，這是馬一浮思想建構的關鍵。他在泰和開講國學中，於「六藝統攝一切學術」的論述後，專闢一節闡明「舉六藝明統類是始條理之事」，正是這個「多樣的統一」的具體展開。馬一浮取荀子的「統類」概念來表達「多樣的統一」，指出「統是指一理之所該攝而言，類是就事物之種類而言」，思想的建構不是「只據先儒舊説搬出來詮釋一回」，〔二〕而是要運用「思」。他强調：「大凡一切學術，皆由思考而起，故曰學原於思。」〔三〕因此，思想的建構是在觀察的基礎上，經過自己的思考，從而揭示出存在於事物中條理，并最終通過「名相」表達出來。這也正是馬一浮在後續的國學講座中，全部集中在他認爲足以表證傳統中國學術的若干義理名相的闡發，從理氣、知能，到視聽言動、居敬與知言、涵養致知與止觀、止、矜，實際上是建構起了他的思想。

順着馬一浮的思想方法，自不難理解他關於六藝統攝諸子與四部、進而統攝西學，以及六藝統

〔一〕豐子愷《桐廬負暄》，《馬一浮全集》第六册上《附録》，第三四三頁。
〔二〕《泰和宜山會語》，《馬一浮全集》第一册上《語録》，第二〇——二一頁。
〔三〕《泰和宜山會語》，《馬一浮全集》第一册上《語録》，第七頁。

攝於人心的論述。六藝統攝中學與西學，相當於是對「多樣山色的統一」，即統類；而六藝統攝於人心，則表證這個統類的過程是合乎人的目的的結果。

前已述及，馬一浮「楷定」「國學」，「唯六藝足以當之」。他强調，此六藝是《詩》《書》《禮》《樂》《易》《春秋》六經，不是禮樂射御書數六藝能。六經爲什麽能够統攝一切學術？馬一浮以爲基於兩點。一是作爲知識而言，六經搆成了圓滿的系統。〔一〕馬一浮引《莊子・天下篇》講的「《詩》以道志，《書》以道事，《禮》以道行，《樂》以道和，《易》以道陰陽，《春秋》以道名分」，以爲佐證。整個知識系統，傳統中國以「道」概之，故馬一浮稱「莊子之言是以道説」。標示了六經的道的完整性以後，馬一浮便循傳統目録，以六經統諸子與四部。

在六藝與諸子之間，馬一浮强調六藝本身圓融一體，没有偏失，但學者由於心習所累，有所偏重，遂成流失，這就延異出諸子。馬一浮進一步分析，《漢志》講「諸子十家，其可觀者九家」，但他認爲「其實九家之中，舉其要者，不過五家，儒、墨、名、法、道是已」。其中，儒家自應通六藝，「墨家統於《禮》，名、法亦統於《禮》，道家統於《易》……觀於五家之得失，可知其學皆統於六藝，而諸子學之

〔一〕 關於傳統中國的知識觀念以及知識系統演化，參見拙稿《中國傳統知識譜系中的知識觀念》，《中國社會科學》二〇一六年第九期。

名可不立也」。〔二〕馬一浮的六藝統諸子，既非六藝取代諸子，也非諸子没有價值，而是從「學」的類别上講，諸子所論無出於六藝的整體範圍。馬一浮完全是在知識的分類意義上强調「知類通達」，指出諸子是對六藝的延異。

四部也是如此。依六藝與諸子的關係，子部之名可以不立。至於經部，馬一浮以爲可以借用佛教義學判教的方法，「定經部之書爲宗經論、釋經論二部，皆統於經，則秩然矣。……如是則經學、小學之名可不立也」。關於史部，馬一浮以爲：

> 司馬遷作《史記》，自附於《春秋》，《班志》因之。紀傳雖由史公所創，實兼用編年之法；多録詔令奏議，則亦《尚書》之遺意。諸志特詳典制，則出於《禮》……紀事本末則左氏之遺則也。

換言之，史部的全部著述就其知識形態而論，完全没有溢出《書》《禮》《春秋》，故「史學之名可不立也」。而集部，「文集體制流别雖繁，皆統於《詩》《書》。……『《詩》以道志，《書》以道事』，文章雖極其變，不出此二門。……知一切文學皆《詩》教、《書》教之遺，而集部之名可不立也」。〔三〕

〔二〕《泰和宜山會語》，《馬一浮全集》第一册上《語録》，第一〇—一二頁。

〔三〕《泰和宜山會語》，《馬一浮全集》第一册上《語録》，第一〇—一四頁。

依據同樣的知識觀念，西學雖完全自成系統，但其作爲「學」，具有同樣的性質。馬一浮講：

（西學）舉其大概言之，如自然科學可統於《易》，社會科學或人文科學可統於《春秋》。

從馬一浮的知識「統類」出發，自然科學如數學、物理學，在方法與目的上就是由象數推導出制器，這與《易》的性質没有本質區別。社會科學處理的是人類社會的問題，其研究無外於分類認知與原因分析，從性質上講，與《春秋》的比事與屬辭是同樣的知識活動。如進而考量具體的類别，「文學、藝術統於《詩》《樂》，政治、法律、經濟統於《書》《禮》……尅實言之，全部人類之心靈，其所表現者不能離乎六藝也；全部人類之生活，其所演變者不能外乎六藝也」。〔一〕

馬一浮「六藝該攝一切學術」的觀點，乍看不免以爲疏闊，但馬一浮强調面對多樣的知識，「不可不先識得個大體，方不是捨本而求末，亦不是遺末而言本」。從他的知識觀念，「六藝該攝一切學術」，不僅無可厚非，而且具有合理性，故完全接受西方科學訓練的浙大校長竺可楨在聽了馬一浮的論西學統於六藝的那一講後，在日記中講：

聽馬一浮講「西方近代科學出於六藝」之説，謂《詩》、《書》爲至善，《禮》、《樂》爲至美，《易》、《春秋》爲至真。以《易》爲自然科學之源，而《春秋》爲社會科學之源。蓋《春秋》講名

〔一〕《泰和宜山會語》，《馬一浮全集》第一册上《語録》，第一七——一八頁。

分，而《易》講象數。自然科學均以數學爲依歸，其所量者不外乎數目Number、數量Quantity、時間與空間，故自然科學之不能逃於象數之外，其理亦甚明顯。惜馬君所言過於簡單，未足盡其底藴。〔二〕

所言簡單，是因爲這不是馬一浮要深入的問題。馬一浮關心的，要闡明的，只是六藝之學的整體性與一貫性。

二是基於人而言，六經完整地對應了人的需要。馬一浮引以佐證的是《禮記·經解》所引的孔子的話：

> 入其國，其教可知也。其爲人也，温柔敦厚，《詩》教也；疏通知遠，《書》教也；廣博易良，《樂》教也；絜静精微，《易》教也；恭儉莊敬，《禮》教也；屬辭比事，《春秋》教也。

一切知識因人而起，亦爲人所用，人是知識的中心。知識之於人，呈現於人類文明的教化，這是知識的功能，而六經是完整的、系統的。馬一浮引孔子語，便是從功能説明知識以人爲歸，「故孔子之言是以人説」。〔三〕由此而可推知，馬一浮楷定的國學，既非純粹客觀的知識，又非純粹主觀的見識，而須是呈現

〔二〕《竺可楨日記》一九三八年五月十四日，見《竺可楨全集》第六卷，第五一九頁，上海科技教育出版社，二〇〇五年。

〔三〕《泰和宜山會語》，《馬一浮全集》第一册上《語録》，第九頁。

於對象世界而又印證於人之精神的「義理」，是經過人對客觀世界的多樣性作出統一安頓後的結果。

人之於知識的重要性，馬一浮顯然給予了極其重要的地位，因此才會專闢「論六藝統攝於一心」的講題。馬一浮一方面强調六藝之學「不是勉强安排出來的道理，是自然流出的」，是「法象本然」，「不可私意造作，穿鑿附會」，但另一方面堅持六藝之學「不是憑藉外緣的産物，是自心本具的」，應「向内體究，不可徇物忘己，向外馳求」。〔一〕這表明，在馬一浮看來，人在世界萬物中所見到的真理，其實只是人心在對象世界中的呈現，「故一切道術皆統攝於六藝，而六藝實統攝於一心，即是一心之全體大用也」。〔二〕顯然，馬一浮并没有抹去知識客觀性的意圖，他在堅持「法象本然」的同時，點出「自心本具」，旨在彰顯「學」是人心的産物，一切知識與思想都基於人的主體性。這與前述他否定《漢志》的諸子王官説和章學誠的六經皆史説，在根本上是一貫的，目的就在於凸顯人的地位。馬一浮在泰和開講時，首先特將張載「爲天地立心，爲生民立命，爲往聖繼絶學，爲萬世開太平」四句教拈出，以爲學生立志，并且專門説明，「須信實有是理，非是姑爲鼓舞之言也」，〔三〕誠有他思想上「六藝統攝於一心」的確信。

〔一〕《泰和宜山會語》，《馬一浮全集》第一册上《語録》，第三—四頁。
〔二〕《泰和宜山會語》，《馬一浮全集》第一册上《語録》，第一六頁。
〔三〕《泰和宜山會語》，《馬一浮全集》第一册上《語録》，第七頁。

正是基於六藝統攝於一心，學術具有主體性這樣的觀念與邏輯，故馬一浮强調：

> 六藝之道是前進的，決不是倒退的，切勿誤爲開倒車；是日新的，決不是腐舊的，切勿誤爲重保守；是普遍的，是平民的，決不是獨裁的，不是貴族的，切勿誤爲封建思想。

因爲人心永遠是活潑潑的，與時偕行的。不僅於此，而且由於六藝之教涵攝人類的全部生活，所以具有「至高」的屬性，可以推行於全人類。只是因爲六藝之教存於人類的全部生活之中，日用而不知，故未能被世人所了解，遂又有一種「特殊」的屬性。闡明六藝之道，「是要使此種文化普遍的及於全人類，革新全人類習氣上之流失」，這是中國文化與思想的使命。人們因爲眼前的困頓而自舍家珍，拾人土苴，實是「至愚而可哀」的事情。馬一浮確信，在根本的意義上，「世界人類一切文化最後之歸宿必歸於六藝，而有資格爲此文化之領導者，則中國也」。「若使西方有聖人出，行出來的也是這個六藝之道，但是名言不同而已」。〔一〕

三、《群經統類》及其意義

基於「六藝統攝一切學術」的「國學」「楷定」，馬一浮沿着兩個維度展開他的學術工作。一是以

〔一〕《泰和宜山會語》，《馬一浮全集》第一册上《語録》，第一九—二〇頁。

六藝的框架，建構他的思想體系。此項工作除了《泰和宜山會語》外，集中在《復性書院講録》，分散在馬一浮的衆多答問、書信、序跋，以及詩等文字中。由於馬一浮的思想建構在形式上取經説形式，論述上借佛學概念，方法上融西學思維，整個論説雖然創發良多，堪稱現代儒學的重要代表之一，但理解與詮釋仍是頗爲困難的，誤解更是難免。馬一浮在刊刻《復性書院講録》的《題識》裏，曾針對已有和將有的批評，「自簡其過」。這雖然是馬一浮的自評，兼有自謙與自諷、反駁與不屑諸義，但會心者實可引爲路徑，以窺馬一浮的思想。本文宗旨不在馬一浮思想的完整研究，故照引於此，以爲示要。馬一浮講：

判教之言，實同義學，不明統類，則疑於專己，一也。攝事歸心，務存要約，無取依文，迥殊前軌，二也。玄義流失，直指斯興，禪病既除，儒宗乃顯，原流未晰，將以雜糅見訶，三也。世方盛談哲學，務求創造，先儒雅言，棄同土梗，食芹雖美，按劍方瞋，四也。胸襟流出，不資獺祭，針石直下，不避瞑眩，舊師惡其家法盪然，異論詆爲閉門自大，五也。〔一〕

二是以六藝的分類，梳理傳統的學術。馬一浮在《復性書院簡章》中明示：

書院以綜貫經術、講明義理爲教，一切學術該攝於六藝，凡諸子、史部、文學之研究皆以諸

〔一〕《馬一浮全集》第一册上《語録》，第一一六頁。

經統之。〔一〕

因此，他在《復性書院講録》中，專闢「通治群經必讀諸書舉要」，首列《四書》、《孝經》類著作，以爲入門，然後開列六經類著作，續以諸子、史部、文學類著作。

對於整個儒學的源流，如果取人物，馬一浮以「孟、荀、董、鄭、周、二程、張、朱、陸、王」爲主綫，以爲「不讀十一子之書，亦不能通群經大義也」；〔二〕但如以六經爲本，則視野自應更開闊。因此馬一浮在復性書院創辦之初，在《復性書院簡章》中就擬定：

> 書院宜附設編纂館及印書部。編定《群經統類》（先儒説經主要諸書）、《儒林典要》（漢、宋以來諸儒著述之精粹者）、《諸子會歸》（先秦、兩漢、六朝、唐、宋著述在子部者），并得修訂通史，漸次印行，以明文化淵源、學術流别，使學者知要能擇。〔三〕

其中，先儒説經主要諸書無疑是核心，《群經統類》的設定、編目與刊刻，即是具體的落實。由於《群經統類》的設定突破了人物的限制，而又以宋明時期的著述爲主，因此對於理解宋明儒學，提供了六經維度下的别樣視角。

〔一〕《馬一浮全集》第四册《雜著》，第四一頁。
〔二〕《復性書院講録》，《馬一浮全集》第一册上《語録》，第一二一頁。
〔三〕《馬一浮全集》第四册《雜著》，第四一頁。

《群經統類》的名目雖然在籌辦復性書院之初就已擬定，但具體的著作并没有明確。一九四五年底馬一浮寫了《復性書院擬先刻諸書簡目》，首列的「《群經統類》擬先刻諸書簡目」算是最明確的目録，但由標題中「擬先刻」便知所列并非全部。後來復性書院停辦，馬一浮雖曾鬻字堅持刻書，但最終力不能支而結束，僅此「擬先刻簡目」所列著作也未全部刊刻。這裏且以《復性書院擬先刻諸書簡目·〈群經統類〉擬先刻諸書簡目》爲本，輔以馬一浮别處提及的説經著作，略作説明。

馬一浮在《〈群經統類〉擬先刻諸書簡目》中列目凡八類共四十四種，〔二〕具體如下：

一、《易》類五種：

（宋）程　頤　《伊川易傳》四卷

朱　震　《漢上易傳》十一卷、《附録》四卷

楊　簡　《慈湖易傳》二十卷

王宗傳　《童溪易傳》三十卷

胡方平　《易學啓蒙通釋》

〔二〕《復性書院擬先刻諸書簡目》，《馬一浮全集》第四册《雜著》，第三五六—三五八頁，書中誤合計爲四十二種。

二、《書》類五種：

（宋）蘇　軾　《東坡書傳》十三卷

呂祖謙　《東萊書説》三十五卷

胡　瑗　《洪範口義》二〔二〕卷

楊　簡　《五誥解》四卷

（明）黄道周　《洪範明義》四卷

三、《詩》類八種：

（宋）歐陽修　《詩本義》十六卷

蘇　轍　《蘇氏詩集傳》十九卷

王　質　《詩總聞》二十卷

輔　廣　《詩童子問》十卷

嚴　粲　《詩緝》三十六卷

袁　燮　《毛詩經筵講義》四卷

〔二〕據上海圖書館藏《復性書院擬先刻諸書簡目》，此書爲二卷。《馬一浮全集》此處誤爲「一卷」。

(明)季　本《詩説解頤》四十卷
(清)李光地《詩所》八卷

四、三《禮》類八種：

(宋)王安石《周禮新義》十六卷、附《考工記解》二卷
　　叶　時《禮經會元》四卷
　　李如圭《儀禮集釋》三十卷
(元)敖繼公《儀禮集説》十七卷
　　吴　澄《儀禮逸經傳》二卷
(宋)衛　湜《禮記集説》一百六十卷
(明)黄道周《儒行集傳》二卷
(清)江　永《禮書綱目》八十五卷

五、《春秋》類十種：

(唐)陸　淳《春秋微旨》三卷
(宋)孫　復《春秋尊王發微》十二卷
　　劉　敞《春秋權衡》十七卷

孫覺《春秋經解》十五卷
張大亨《春秋五禮例宗》七卷
吕大圭《春秋或問》二十卷、附《春秋五論》一卷
（元）吴澄《春秋纂言》十二卷、《總例》二卷
趙汸《春秋集傳》十五卷
趙汸《春秋屬詞》十五卷
趙汸《春秋金鎖匙》一卷

六、《孝經》類一種：

（明）黄道周《孝經集傳》四卷

七、《四書》類五種：

（梁）皇侃《論語義疏》十卷
（宋）張九成《孟子傳》二十卷
朱熹《論孟精義》三十四卷
戴溪《石鼓論語答問》三卷
袁甫《蒙齋中庸講義》四卷

八、《樂》類二種：

（宋）陳　暘　《樂書》二百卷

（明）朱載堉　《樂律全書》四十二卷

這份簡目雖然專爲復性書院開列，但據馬一浮一九四五年十二月寫在《復性書院擬先刻諸書簡目·〈諸子會歸〉總目并序例》的跋語，知後者最初草於清宣統二年（一九一〇年），雖然不能由此斷定《群經統類》也草於同時，但考慮到前此馬一浮正是潛心閱讀四庫，并有心闡明秦漢以降的學術與文學流變，因此可以斷定這份簡目不是一時編定，而是基於他的多年研究與體會。

除了這份簡目外，在一九三九年十二月的《提議從速成立董事會增廣師生及刻書與講學并重兩種辦法》中，馬一浮曾開列了「第一次擇要刊刻書目」共十五種，其中涉及經説類著作是《四書纂疏》《孝經集傳》《詩緝》《東萊書説》《易學啓蒙通釋》《禮記集説》《春秋胡氏傳》七種，比對前引簡目，可知《四書纂疏》《春秋胡氏傳》二種在簡目之外。但《春秋胡氏傳》一九四三年四月已刊刻，〔二〕説明最後開列簡目時已完成。趙順孫的《四書纂疏》，馬一浮一直予以高度重視，早在一九二五年的《四書纂疏札記跋》中就指出：

〔二〕　《重印宋本春秋胡氏傳序》，《馬一浮全集》第二册上《文集》，第三二一—三五頁。

經義如日月，朱注如江河，無俟於贅言，獨趙氏之書，其有功於朱子，譬猶行遠之賴車航，入室之由門户。〔一〕

故此書應當列入，不必置疑。

真正比《群經統類》更大的一份目録，是馬一浮在《復性書院講録》「通治群經必讀諸書舉要」中所列舉的説經著作。雖然他强調「所舉，約之又約，此在通方之士，或將病其陋略」，但就其所列，不僅增設了「小學類」與「群經總義類」，僅比較前引簡目八類，也增了一倍强，總數達九十六種。這説明，《群經統類》是更精細的一個選擇，這可以從馬一浮的相關説明中得到佐證。以選書最少的《孝經》類爲例。在「通治群經必讀諸書舉要」中，馬一浮列舉了三種：唐玄宗的《孝經注疏》、吴澄的《孝經章句》、黄道周的《孝經集解》，在跋語中馬一浮講：

玄宗注依文解義而已。吴草廬合今古文刊定，爲之《章句》，義校長，然合二本爲一，非古也。唯黄石齋作《集解》，取二《戴記》以發揮義趣，立五微義、十二顯義之説，爲能得其旨。今獨取三家，以黄氏爲主。〔二〕

〔一〕《馬一浮全集》第二册上《文集》，第七四頁。
〔二〕《馬一浮全集》第一册上《語録》，第一一二—一一三頁。

故在《群經統類》中，只選了黄道周的《孝經集傳》四卷。

總的來講，《群經統類》反映了馬一浮對於宋明儒學在經學的維度上對儒學作出發展的認識，這份目録是經過深思熟慮的，但又不是全部。在根據馬一浮的《群經統類》來進行宋明儒學的闡發時，還應該綜合考慮馬一浮提及的其他著作，比如前已述及的《春秋胡氏傳》、《四書纂疏》，以及《群經統類》没有列入而實際於一九四四年已刊刻的《周易系辭精義》。此書舊題吕祖謙編，但向有懷疑，四庫館臣更據陳振孫《書録解題》的托名之説而斷「殆必有據」，將之劃入「存目」。〔二〕但馬一浮頗不以爲然，他在《重刊周易系辭精義序》中運用材料辯正，通過邏輯分析，進行了很有力的考證。尤其值得重視的，是他在這篇序文中明晰地指出了説經的體例，并通過比較，闡明朱子宋學的高明，而貶斥清儒治學的偏狹。他講：

從來説經不出兩例。自爲一家之學，無取參會異説，一例也。兼采衆説，而不專主一家，又一例也。……朱子於《詩集傳》取後例，於《易本義》取前例，若其注四書，則兼用之。其於前人之説義苟有當，無敢或遺，若在所疑，必加料簡。故於《精義》之外，又草《或問》，以明其去取之所由。説經至此，用無遺憾。清儒猶以義理爲空疏，好以漢學標榜。或張皇家法，輕詆異義，或

〔二〕《四庫全書總目上》壹，第一八七頁，河北人民出版社，二〇〇〇年。

惟務該洽而迷其指歸，是由先有成見，遂闕精思。故矜創獲者其失則固，貴折中者其失則膚，後之治經者必改是。因刻《系辭精義》，明舊説之不可輕棄，泛論及此，庶學者知切己體會而慎所擇焉，毋徒以斷斷考辨爲能事也。〔二〕

結合前引《孝經》類的跋語，以及《重印宋本春秋胡氏傳序》、《四書纂疏札記跋》，足以看到，馬一浮選擇先儒説經著作的一個重要標準，重在「義趣」，重在思想理論上對於儒學的闡發，雖然版本考據等技術性前提他同樣重視。在學術取徑上，馬一浮繼承的主要是以朱子爲代表的宋學，但他并不偏狹，不僅對陸、王心學非常重視，注意理學與心學的圓融，而且對朱子直接批評的學者，如張九成，甚至對向被排斥於理學之外的王安石也同樣重視。《群經統類》收録了張九成的《孟子傳》，還收録了王安石的《周禮新義》，并特别注明：

王氏新經義，向爲洛閩諸儒所詬病。今特存之，以廣異義，示不以一廢百。〔三〕

由於具體的説經著作，將在文獻整理中一一説明，故這裏僅就《群經統類》對於宋明儒學研究

〔二〕《馬一浮全集》第二册上，第四二〇頁。
〔三〕《馬一浮全集》第四册《雜著》，第三五七頁。

以及儒學現代創新的意義略作闡明，以爲結尾。〔一〕

首先，《群經統類》能使宋明儒學的研究範式獲得探索性突破。宋明儒學的全部實際展開都是基於傳統經典與新經典的詮釋與闡明來實現的，但是受禪宗燈録體及其譜系思想的影響，宋儒也開始出現了朱子的《伊洛淵源録》。此後，從元代《宋史·道學傳》到明末清初《明儒學案》和《宋元學案》，直至當下，以人物爲對象、以學派爲歸趣，構成了宋明儒學最基本的研究範式。這一研究範式，當然有它重要的價值，即旨在藉助學派的建構以判明思想的異同，但缺陷也是明顯的，即淡化或消解了儒家思想的整體性，而這正是馬一浮「六藝論」的精神所在。反觀宋明儒學，事實上無論是大量説經著作的存在，還是語録體的呈現，歷史中的宋明儒學始終沒有溢出六經的整體性來思考，這種整體性對於歷史中的儒者而言，幾乎是共同的不言而喻的知識與精神背景。因此，當他們引入譜系學的觀念時，這種背景依然强烈地映襯着他們的思考。現代人已完全失去了這樣的精神背景，因此雖然在某些分析上顯得很有合理性，殊不知已可能完全誤讀了宋明儒者的思想，二十世紀以來

〔一〕拙稿《探索基於經典詮釋的宋明儒學研究新範式》（《中國社會科學報》二〇一四年九月十日）曾作過一些討論，這裏大致引用，略作申説。

映照在西學之下的宋明儒學研究完全彰顯瞭這一特性。〔二〕馬一浮從根本上否定這種瓜裂儒學的研究方法。馬一浮并不是對各家各派没有深刻的瞭解，相反，他是在深入其中之後，始終以六藝整體的儒家觀念來透視各家各派，從而斷其流弊，正如他講先秦諸子對六藝的延異一樣。因此，《群經統類》足以讓研究者跳出既有窠臼，跳出現有的以人物爲對象、以學派爲歸趣的範式，可以在相當程度上回歸到宋明儒學歷史展開的原生形態中去重新認識。這樣的範式改變，不僅將使得具體的研究方法根據宋明儒學的實際展開而産生許多大的改變，導致這一領域研究方法上的新探索，而且將會更真切地呈現中國學術傳統探求與表達真理的方法，重新建立起中國學術的新自覺與新自信。

其次，能使研究對象與研究文獻獲得基本性拓展與基礎性夯實。以人物爲對象的研究範式，使得宋明儒學的研究長期來聚焦於代表性人物，順及其傳人。這當然是非常重要的，但同時也帶來了負面性，即不僅忽視了作爲思想文化復興運動的宋明儒學參與者的廣泛性，更主要的是碎化了宋明儒學的整體系統性，淡化了宋明儒學的系統結構、内在關係及其思想展開。返歸以經典系統爲核心對象，就在於力圖通過經典而聚焦於宋明儒學的整體性認識，同時也以經典來涵蓋更多的參與者。

〔二〕參見拙稿《西學映照下的宋明哲學與思想史研究——二十世紀中國學術史的幾帖剪影》，《杭州師範大學學報》，二〇一二年第五期。

事實上，從《群經統類》的目録可知，相當多的學者没有進入現代研究的視野。由此，研究文獻也獲得基礎性夯實。當然，當研究對象由人物轉向經典，最直接面臨的挑戰是如何在浩繁的經部著述中確定有代表性的文獻。《群經統類》應該説是提供了一個很好的依據。這一選目，一方面反映了馬一浮的學養與卓識，代表了二十世紀對於宋明儒學的獨特認識，另一方面本身内容系統完整，既包含了從宋至明，尤其是學界較爲忽視的元代學者，兼及若干種與宋明儒學高度相關的宋以前與清代文獻，又涵蓋了六經與《四書》，兼及《孝經》，爲宋明儒學研究夯實了新的文獻基礎。關於《四書》與《孝經》，這裏尚需略作説明。按照馬一浮的六藝論，此二類不在其中，但在《復性書院講録》「通治群經必讀諸書舉要」中，馬一浮作有説明，即漢儒確立的傳統，「《論語》《孝經》，聖人言行之要，宜究其意」，以此二書爲進入六經的門徑，《四書》則是由《論語》延展而成，此又是繼承了宋儒的新傳統。〔二〕

最後，能使研究目標獲得創新性訴求。宋明儒學是中華優秀思想與文化傳統在直面外來佛教與本土道教的巨大衝擊下，充分吸收精華而實現的有效創造。當研究超越具體的人物，而從整體系統來分析儒學的演化，力求探明作爲有機整體的宋明儒學，其實現傳統儒學傳承與創新的内在機理

〔二〕《馬一浮全集》第一册上《語録》，第一一二—一一三頁。

和實現路徑，其訴求不僅在於對歷史中的宋明儒學獲得深刻的認識，而且在於期望由此彰顯中華優秀傳統文化亘古彌新的内在動因，直接啓發當下中國的民族精神弘揚和中華優秀傳統文化的傳承與創新。馬一浮不認同對儒學整體性的淡化或消解，這也正是他「六藝論」的精神所在。馬一浮非常清楚，儒學在現代的轉型創新，必有待於思想者的開闢，但是儒學如果失其精神的圓融，不僅乖張四起，而且失其根本。「道術爲天下裂」也許是思想興起的顯象，但并不足以否定馬一浮在整體繼承儒學圓融性基礎上的創新追求。相反，在二十世紀整個傳統中國學術完全西學化的潮流中，知識已完全專門化，如何真正體會傳統學術以人爲目的的圓融整合，從而在自己的傳統上開放性地重建新的學術話語與思想，這是越來越顯得重要的訴求。從「六藝論」到《群經統類》正是馬一浮此一畢生努力的見證，折射出彌久愈新的思想與學術光芒，充滿了對當下的啓示。

丁酉年七夕於杭州師範大學國學院

謹以我們的工作紀念馬一浮先生逝世五十周年

整理説明

一

敖繼公字君善（據明劉沂春、徐守細纂《烏程縣誌》，又作「敖繼翁」），福州長樂人。敖繼公生卒年均不詳，趙孟頫早年曾向其問學，據元歐陽玄撰《元翰林學士承旨榮禄大夫知制誥兼修國史贈江浙等處行中書省平章政事魏國趙文敏公神道碑》云，趙孟頫早年「每從里中老儒敖繼公質正，數歲大進」。按，趙孟頫出生於宋理宗寶祐二年（一二五四），成年之際以父蔭補任真州司户參軍，宋亡後賦閑在家，時二十三歲左右。此後則在趙母的督促下，從敖繼公、錢選等人分別學習經學與書畫，歷時十年之久。由歐陽玄稱敖繼公爲「老儒」來看，可知敖氏在宋亡之際至少已在四五十歲左右，其生年則可能在宋寧宗寶慶（一二二五—一二二七）至紹定（一二二八—一二三三）年間。

敖繼公早年曾出仕爲定成尉，受父官恩蔭，獲得補任京官的機會，卻將其推讓于弟。他雖然不久獲中進士，卻因廷試對策忤逆國相而受到排擠。外加宋末國勢積重難返，他于是辭仕不出，全身心致力於研討經學。敖繼公《儀禮集説・自序》稱「半生游學」，知其飽經居無定所之苦，以授業教學爲生。后寓籍吴興,「築一小樓,坐卧其中。冬不爐,夏不扇,日從事經史」(《宋元學案·教授敖先生繼公學案》)。當然,敖繼公長期生活潦倒、四處漂泊,除了生性耿介不願依附權貴外,也與宋末戰亂頻仍的時勢有關。

敖繼公晚年纔致意于《儀禮》的整理研究,自稱:「晚讀此書,沉潛既久,忽若有得。每一開卷,則心目之間如親見古人於千載之上,而與之揖讓周旋於其間焉,蓋有手之舞、足之蹈而不自知者。夫如是,則其無用、有用之説尚何足以蒂芥於胸中哉?」(《儀禮集説·自序》)足見其拙於生計而鋭意禮學的澹泊心境。元成宗大德中,年事已高的敖繼公因其才學而得到江浙平章政事高彦敬的舉薦,擬任信州教授。然而,未到任即病卒,卒年不詳。敖繼公一生仕歷不顯,以致《元史》無傳,卻著有《儀禮集説》十七卷、詩文集二十卷,在經學史上産生重要影響。同時,其門人中不乏聲名赫奕者,除趙孟頫外,還有名儒倪淵。倪淵「字仲深,烏程人。嘗受業於繼公,得《禮經》、《易》數之奥。平居動必以禮,著《易説》二十卷、《圖説》、《序例》各一卷。官湖州教授」(清邵遠平《元史類編》卷三十四《儒學傳四》)。另外,楊維楨爲倪淵門生,在《宋元學案》中被視作敖繼公的再傳弟子。

二

《儀禮》在儒典中號爲難讀,清人梁章鉅就説:「《儀禮》不特經難讀,即注疏亦難讀。鄭注簡約，又多古語。賈疏繁贍而傷於蕪蔓，端緒亦不易尋。《朱子語録》且苦其不甚分明，何況餘子？蓋《周禮》猶可談王談霸，《禮記》猶可言敬言誠，《儀禮》則全爲度數節文，非空辭所可敷演。故講學者避而不道，淺學者又欲言而不能。」（《退庵隨筆》卷十五《讀經二》）《儀禮》之學肇始於魯高堂生《士禮》十七篇，此後馬融、鄭玄、王肅、袁準、孔倫、陳銓、蔡超宗、田僧紹、劉道拔、周續之、裴松之、雷次宗等諸多名家均有箋釋之作，遍及《儀禮》注、音、義疏、章疏等。不過，除鄭玄《儀禮注》十七卷、王肅《儀禮注》十七卷、沈重《儀禮義疏》三十五卷、张冲《儀禮傳》八十卷等注釋全經外，馬融至雷次宗諸家的箋注多集中在喪服禮、冠婚儀、鄉射等單篇，尤以喪服禮的詮釋蔚爲大觀。筆者據《三國志》、《晉書》、《華陽國志》，南北朝八史，《隋書・經籍志》，秦荣光、文廷式《補晉書藝文志》，聶崇岐《補宋書藝文志》，《兩唐志》，《經典釋文・序録》，《通典・藝文略》，《經義考・儀禮》等統計，有關《喪服》的箋釋之作多達一百十四种。王安石熙寧變法以來，《儀禮》之學日趨興盛，較可代表者如朱熹《儀禮經傳通解》、陳祥道《儀禮注解》、陸佃《儀禮義》、楊復《儀禮圖》等。

敖繼公著《儀禮集説》十七卷，旨在辨明《儀禮》經、傳、記的區别，闡發鄭玄《儀禮注》的疏失，即其所謂「此書舊有鄭康成注，然其間疵多而醇少，學者不察也。予今輒删其不合於經者而存其不謬者，意義有未足，則取疏、記或先儒之説以補之。又未足，則附之以一得之見焉」（《儀禮集説・自序》）。《儀禮集説》主要徵引鄭玄注、賈公彦疏，兼及馬融、王肅、陳詮、崔靈恩、孔穎達、陳祥道、朱熹、李心傳、楊復、李如圭、吕大臨等衆多箋釋成果，最終斷以己意。敖繼公按照《儀禮》各卷的主旨分段歸章，每一章均擬一簡短標題如「右……」加以揭示，起到擘肌分理、提綱挈領的作用。

敖繼公不迷信經典及鄭玄注，每一卷之後多列有「正誤」數則，敢於質疑經文訛誤、鄭玄疏失，並能言之有據。如卷三「與衆言言慈祥」句，敖氏説：「今本云言『忠信慈祥』。《大戴記》注引此，無『忠信』字。今有之者，蓋後人因下文有『言忠信』三字而誤衍之也。今以彼注爲據，删之。」上述爲據《大戴禮記》改正《儀禮》正文之例。卷十一「傳曰：何以期也？妾不得體君，得爲其父母遂也」句下，敖氏説：「傳意蓋謂妾於其父母亦本自有服，非因君而服之，故不得體君，則爲之得遂然。妾以不得體君之故而遂其服者，惟自爲其子耳。若其私親，則無與於不體君之義。蓋女君雖體君，亦未見有重降其私親者，傳義似誤也。」此爲質疑《儀禮》傳義之例。卷九「宰東夾北西面」句下，敖氏説：「鄭本此下有『南上』二字。注曰：『古文無南上。』繼公案：經文惟言宰而已，是獨立於此也。『南上』之文，無所用之，又以下文證之，益可見矣。蓋傳寫今文者，因下文而衍此二字也。鄭氏不察而從之，非是，宜從古文。」上述則爲利用古文《儀禮》校正鄭氏衍文之例。他還籠統地指正「先儒」的過失，如「先儒乃以天子之子同於公子之禮，似誤也」，又如「他篇之有《記》者多矣，未有有《傳》者也。有《記》而復有《傳》者，惟此篇耳。先儒以《傳》爲子夏所作，未必然也。今且以《記》明之，《漢·藝文志》言《禮經》之《記》，顔師古以爲七十子後學者所記是也。而此《傳》則不特釋經文而已，亦有釋《記》文者焉，則是作《傳》者又在於作《記》者之後明矣。今考《傳》文，其發明禮意者固多，而其違悖經義者亦不少。然則此《傳》亦豈必皆知禮者之所爲乎？而先儒乃歸之子夏，過矣」。上述則是其對《儀禮》相關既有成果的總體商榷，體現出《儀禮》學史的深湛修養。

敖繼公在注釋過程中，最常使用理校法和歸納互見法。理校法如卷六《燕禮》「設洗于阼階東南」句，敖氏説：「諸本皆云『設洗篚』。繼公謂，諸篇於此但言『設洗』，無連言『篚』者，而此有之，衍文耳。又下別云『篚在洗西』，則於此言『篚』，文意重複，似非經文之體。且篚在洗西，亦不可以東霤爲節，其衍明矣。今以諸篇爲據，删之。」卷十五《特牲饋食禮》「宰自主人之左贊命」句下，其認爲「左當作右」，并解釋説：「《儀禮》他篇凡於贊命者皆言『自右』，與《少儀》所謂『詔辭自右』者合。惟此經言『自左』，似無他義，蓋字誤耳。『左』當作『右』。」上述即是運用《儀禮》不同校本及不同卷章的相似記載展開考證。運用歸納互見法之例，則如卷十六《少牢饋食禮》「史朝服」句下，「史亦公有司也。《周官·筮人職》中『士二人、史二人』，《士冠》、《特牲》之筮者言『筮人』，此言『史』，蓋互文也。大夫筮亦朝服者，降於卜也。《雜記》言大夫卜宅與葬日，云『占者皮弁』，又云『如筮，則占者朝服』，是其服異也。」卷十七《有司徹》之「尸辭洗，主人對」句下敖氏説：「辭對之儀，見《鄉飲酒》，故此略之。」又同卷「主人坐取爵，酌，獻尸。尸北面拜受爵」句，敖氏説：「獻受之儀，亦當如《鄉飲酒禮》。」其以《儀禮》其他卷章的相似内容解釋本卷章《儀禮》撰制者的寫作意圖，同時也簡化了自身的注釋文字。

敖繼公繼承宋人「我注六經」的治學精神，又能徵引詳贍、持之有故，避免了宋人羌無故實、游談無根的浮疏之弊。雖然其箋釋未必均爲可據，但不失爲一家之言。故而四庫館臣評價説：「鄭注之中録其所取而不攻駁所不取，無吹毛索垢、百計求勝之心，蓋繼公于禮所得頗深，其不合于舊説者，不過所見不同，各自抒其心得，初非矯激以爭名，故與目未睹注、疏之面而隨聲佐鬬者有不同也。且鄭注簡約，又多古語，賈公彦疏尚未能一一申明，繼公獨逐字研求，務暢厥旨，實能有所發揮，則亦不病其異同矣。卷末各附正誤、考辨，字句頗詳，知非徒騁虚詞者。」上述洵爲公允之論。

敖繼公《儀禮集説》入明後受到一定的重視，如朱朝瑛撰《讀儀禮略記》十七卷，就「録多敖繼公、郝敬之説」（《四庫全書·讀儀禮略記·提要》）。入清後，尤其在乾隆之前，《儀禮集説》因詮釋簡潔易曉而頗爲學界推崇。如清人馬駉《儀禮易讀》十七卷就「仿高頭講章之式，彙諸説於上方，大約以鄭注、賈疏爲主，而兼採元敖繼公《集説》、明郝敬《集解》及近時張爾岐《句讀》諸書，間亦參以己意」（《四庫全書·儀禮易讀·提要》）。韋謙恒則是較早校點《儀禮集説》者，其《坳芥亭即事》云：「幾葉寒蘆依柳岸，一彎流水接沙汀。機心不耐窺棊局，原注：兒輩嗜奕戒之。老眼猶貪校石經。原注：適校元板敖氏《儀禮集説》。」（韋謙恒《傳經堂詩鈔》卷五）由其自注，不難看出對《儀禮集説》的喜愛。另外，伊秉綬贊譽友人翁覃溪先生説：「勗之《儀禮》學，猥云道不孤。採敖繼公説，補楊信齋圖。即《喪服》一篇，心疚淚眼枯。」（清伊秉綬《留春草堂詩鈔》卷五）由上亦可見敖繼公在康乾時期的影響。康熙年間，納蘭成德將《儀禮集説》納入《通志堂經解》後，客觀上也提升了此書的學術地位，擴大了學術影響，以至出現「後之言禮家，主鄭者十之一二，主敖者十之八九」的情況（褚寅亮《儀禮管見・自序》）。乾隆以降，學界宗鄭一派佔據主流，《儀禮集説》因多與鄭説立異而遭到學界的猛烈抨擊。褚寅亮爲維護鄭玄注的權威，而專作《儀禮管見》四卷與《儀禮集説》辯難，其大要如下：

《鄉飲酒記》「北面者東上」，敖改「東」爲「西」。駁之曰：「注明言統於門，門在東，則不得以西爲上也。」《鄉射記》「勝者之弟子洗觶，升酌南面，坐奠於豐上，降，袒，執弓，反位」，敖以「袒執弓」句爲衍。駁之曰：「勝者之子弟，即射賓中年少者。以是勝黨，故袒執弓非衍文也。」《燕禮》「媵觚於賓」，敖改「觚」爲「觶」。駁之曰：「凡獻以爵者，酬以觶。《燕禮》宰夫主獻，既不以爵，則酬亦不以觶矣，安可破觚爲觶乎？」《大射儀》「以耦左還，上射於左」，敖依《鄉射》改爲「於右」。駁之曰：「上射位在北，下射位在南。鄉射大射所同，但鄉射位在楅西，從楅向西則北爲右；大射次在楅東，從楅向東則北爲左。敖比而同之，昧於東西之别矣。」《喪服記》「公子爲其妻縓冠」，敖改「縓」爲「練」。駁之曰：「練冠之紕亦飾以縓，故《間傳》云『練冠縓緣』。就其質言之曰練冠，就其紕言之曰縓冠。母重故言其質，妻輕故言其紕，非有二也。」《士虞禮》「明齊醙酒」，敖以「醙酒」爲衍文。駁之曰：「注明言有酒無醴，據下文『普薦醙酒』亦專言酒不及醴，豈得妄解明齊爲醴，輒删經文乎？」《特牲饋食禮》「三拜衆賓，衆賓答再拜」，敖改「再」爲「一」。駁之曰：「《鄉飲酒》衆賓答一拜者，大夫爲主人也。有司徹之答一拜者，大夫爲祭主也。此士禮安得以彼相例乎？」（清錢林《文獻徵存録》卷五《褚寅亮傳》）

褚寅亮的觀點得到王鳴盛、錢大昕、俞正燮、翁方綱、曹元弼等人的贊同，如王鳴盛《儀禮管見序》就稱其「辨敖氏之失，而鄭氏之精乃明，抑其特爲鄭氏之功臣哉！」相對褚寅亮的理性批判而言，曹元弼批敖的措辭則更爲激烈，諸如「始作俑之繼公，則意在駁注而忍於絶小宗，誣經旨，背《傳》文，無所忌憚。學者以繼公爲有無親之心，而後有非聖之説」（曹元弼《駁胡氏申敖繼公「爲人後者爲本宗服」説》）、「妄人敖繼公，襲王肅故智，務與鄭立異。或隱竊疏義而小變之，即成巨謬。改竄經文，以就其私」（曹元弼《禮經纂疏序》），就頗見「宗宋」抑或「宗漢」的黨派義氣之爭了。當然，敖繼公《儀禮集説》的學術價值和過失都是客觀存在的，並不會因爲時代風氣宗尚的不同而增損，其正面價值亦得到後世認可。如清人朱景英評價：「元初又有敖繼公《儀禮集説》十七卷，則與《通解》異。有識者恒以細密精確稱之，其書殆不可湮没已。」（朱景英《畬經堂詩文集》之《文集》卷二《三禮授受考》）四庫館臣則充分發揚《儀禮集説》的學術體例及獨到觀點，將其應用到《儀禮義疏》的編纂中，其云：「元敖繼公《儀禮集説》疏通鄭注而糾正其失，號爲善本。故是編大旨以繼公所説爲宗，而參核諸家以補正其舛漏。……所分章段則多從朱子《儀禮經傳通解》，而以楊復、敖繼公之説互相參校。」這當是對敖氏最大的褒獎和慰藉。

三

敖繼公《儀禮集説》的版本，分爲十三卷本和十七卷本兩種。明孫能傳《内閣藏書目録》卷二載：「《儀禮集説》十五册全，元大德間長樂敖公注，多仍舊文，與朱子《通解》稍異，凡十七卷，又十二册不全。」《文淵閣書目》卷一亦載：「敖繼公《儀禮集説》一部十二册、敖繼公《儀禮説》一部十五册。」清邵遠平《元史類編》卷三十四《敖繼公傳》載敖繼公《儀禮集説》十三卷，此後曾廉《元書》卷二十三《藝文志》第九上、柯劭忞《新元史·敖繼公傳》均沿襲其説。可知，十三卷本似爲十七卷本傳世不全者。

《儀禮集説》十七卷本則又分爲三種，邵懿辰、邵章《增訂四庫全書簡明目録標注》卷二「《儀禮集説》十七卷」條有明確敘述，其云：「通志堂本，何云每卷後有一紙最善，惜尚缺幾卷，失記其詳，應訪求補足。《附録》：陸有元刊元印本，每葉二十四行，行十八字，板心有字數及刻工姓名，字體遒勁。每卷後有《考異》一葉，元板中之最精者。《續録》：元板大字本，明成化程敏政本。」由上可知，清代所傳《儀禮集説》至少有納蘭成德通志堂本、陸心源元刊元印本、程敏政元刻明修本三種。

清代《儀禮集説》的元板元刻本爲陸心源所得，其《皕宋樓藏書志》評《儀禮集説》元刊本説：「按每葉二十四行，每行十八字，版心有字數及刻工姓名，字體遒勁，每卷後有《考異》一葉，元版中之最精者。」可見，邵懿辰《四庫全書簡明目録標注》所用版本信息即由此而來。通志堂本則較爲常見，清陸隴其《三魚堂日記》卷十「庚午八月廿三」條説：「在朱錫鬯所見通志堂所刻敖繼公《儀禮集説》、衛湜《禮記集説》、王次點《周禮訂義》、楊復《儀禮圖》。又見宋陳均《皇朝編年録要》，係宋板。又見李燾《長編》，係鈔本。錫鬯言通志堂諸書初刊時皆有跋，刻在『成德』名下，後因交不終刊去，然每葉板心『通志堂』之名猶在。」因納蘭成德將《儀禮集説》廣爲刊佈，而使之成爲易得之本。《儀禮集説》元刊明修十七卷本直到晚清還在市面流通，葉昌熾《緣督廬日記鈔》卷十五「乙卯歲二月廿六日」條載：「敖繼公《儀禮集説》首二册前有大德序，刻畫清勁，原刻可信，或明印耳。索五百元。」

據《儒藏總目》「經部·禮類」載，《儀禮集説》現存版本爲五種：元大德刻本，現存臺北「中央圖書館」、天一閣（闕卷八）；元大德刻明修本，現存中國國家圖書館、山東博物館，此本收入《中華再造善本·金元編》「經部」，共三函二十四册（北京圖書館出版社，二〇〇四年九月版）；清藍格抄本，現存中國國家圖書館。此外，還有納蘭成德刻《通志堂經解》本、清乾隆《文淵閣四庫全書》本。由於客觀條件限制，本書所用《儀禮集説》主要有四種：其一，《中華再造善本》之元大德刻明修本，此書校文中簡稱「元刊明修本」。雖然此本年代最早，但並不適合作底本。這不僅因其字跡漫漶、内容缺失之處較多，不符合「足本」的要求；還因其經明人遞修而有幾處新增之誤，如元刊明修本《儀禮集説》卷八「卿爲上擯，大夫爲承擯，士爲紹擯」後衍「擯者出請事」五字，而諸本均無。又同卷「爲肆，又齎皮馬」句，元刊明修本脱「又」字，而諸本均有，等等。其二，納蘭成德《通志堂經解》本，因其刻印精良，是爲本書所用底本，校文中簡稱「底本」。其三，《影印摛藻堂四庫全書薈要》本，校文中簡稱「摛藻堂本」。《摛藻堂四庫全書薈要》本爲乾隆御覽所用，底本爲元板元印本，加之校勘精審，爲較好的參校本。其四，《影印文淵閣四庫全書》本，校文中簡稱「文淵閣四庫本」。此本雖與「摛藻堂本」大同小異，但在《儀禮集説》卷十四每一章節的總結語如「右……」類，與上述諸本有多達十六處不同；而且「祭酒如初。賓以燔從如初。尸祭燔、卒爵如初。注曰：初，主人儀。繼公謂：賓，謂次賓。燔者，蒙如初者，如肝從之儀也」爲一段，段下另起一行以「右主婦亞獻」加以總結；又以「酌獻祝，籩、燔從，獻佐食，皆如初。以虚爵入于房。皆，皆獻祝以下四事也。籩位則豆俎西」爲一段，段下另起一行以「右主婦獻祝佐食」爲總結，也與前述諸本不同。因此，「文淵閣四庫本」具有一定的參校價值。

除了上述諸本，清王太岳《四庫全書考證》卷十針對《儀禮集説》卷一、卷二、卷三、卷四、卷五上、卷六、卷八上、卷八下、卷十一、卷十二、卷十四、卷十五、卷十六、卷十七等共有二十四處校文，是爲本書重要的參校資料，其書爲清《武英殿聚珍版叢書》本。

此次整理過程中，若《儀禮集説》四種傳世版本均明顯有誤、有缺，纔以阮元校刻《十三經注疏》本之《儀禮注疏》作爲參證，書中簡稱「十三經注疏」本（中華書局影印本，一九八〇年九月版）。如《儀禮集説》卷八「君貺寡君，延及二三老，拜」句下注文作「闕」，四種版本均同。據《十三經注疏》本，補此「闕」爲「此贊拜問大夫之辭。貺，賜也。大夫曰老」。又卷十五「宗人執畢，先入，當阼階，南面」句下注中「狀如乂」、「少牢饋食及虞無『乂』者」、「桑乂」之「乂」字四種版本均同而不通，據《十三經注疏》本改「乂」爲「叉」。除此之外，則不用《十三經注疏》本作參校之用，以避免《十三經注疏》各種版本之不同與《儀禮集説》經文、注疏産生差異後的繁瑣出校。另外，在對《儀禮集説》經文、注疏部份的標點過程中，還參考了李學勤主編《十三經注疏》標點本中彭林校點、王文錦審定的《儀禮注疏》的成果（北京大學出版社，一九九九年十二月版）；也參考了楊天宇著《儀禮譯注》的標點成果（上海古籍出版社，二〇〇四年七月版）。特此致謝！

由於《儀禮》之學隱賾幽微，先儒亦視爲畏途，加之整理者自身學殖淺陋，在校點過程中錯點、誤斷、失校等錯訛之處定當不少，懇請前輩時彦、學界同仁惠予指正！

孫寶

癸巳暑月謹誌于果城

目録

儀禮集説序

納蘭成德

魯高堂生傳《士禮》十七篇，即今《儀禮》也。生之傳既不存，而王肅、袁準、孔倫、陳銓、蔡超宗、田僧紹諸家注亦未流傳於世。今自注疏而外，他無聞焉，豈非昌黎所言文既奇奥，且沿襲不同，復之無由，學者不好，故亦不之傳説邪？夫亦周公之著作三代之儀文，學者有志稽古禮文之事，乃以其詞之難習，遂無以通其義，非有志于學者之所爲也。

元大德中，長樂敖繼公以康成舊注疵多醇少，輒爲删定。取賈疏及先儒之説補其闕，又未足，則附以己見，名曰「集説」，蓋不以其艱詞奥義自委者已。宋相馬廷鸞生五十八年始讀《儀禮》，稱其「奇詞奥旨中有精義妙道焉，纖悉曲折中有明辨等級焉」。觀於繼公是書，不信然歟？繼公字君善，閩人而家于吴興。居小樓，日從事經史，吴士多從之遊，趙孟頫其弟子也。以江浙平章高彦敬薦，爲信州教授。

康熙丁巳納蘭成德容若序

儀禮集説序

敖繼公

《儀禮》何代之書也？曰：周之書也。何人所作也？曰：先儒皆以爲周公所作。愚亦意其或然也。何以言之？周自武王始有天下，然其時已老矣，必未暇爲此事也。至周公相成王，乃始制禮作樂以致太平。故以其時考之，則當是周公之書。又以其書考之，辭意簡嚴，品節詳備，非聖人莫能爲，益有以見其果爲周公之書也。然周公此書乃爲侯國而作也，而王朝之禮不與焉。何以知其然也？書中十七篇，《冠》、《昏》、《相見》、《鄉飲》、《鄉射》、《士喪》、《既夕》、《士虞》、《特牲饋食》凡九篇，皆言侯國之士禮；《少牢饋食》上、下二篇，皆言侯國之大夫禮；《聘》、《食》、《燕》、《大射》四篇，皆言諸侯之禮；惟《覲禮》一篇，則言諸侯朝天子之禮，然主於諸侯而言也。《喪服篇》中言諸侯及公子、大夫、士之服詳矣，其間雖有諸侯與諸侯之大夫爲天子之服，然亦皆主於諸侯與其大夫而言也。由是觀之，則此書决爲侯國之書無疑矣。

然則聖人必爲侯國作此書者，何也？夫子有言曰：「夫禮必本於天，殽於地，列於鬼神，達於喪祭、冠昏、射御、朝聘。聖人以禮示之，故天下國家可得而正也。」以夫子此言證之，則是書也，聖人其以爲正天下之具也歟？故當是時，天下五等之國莫不寶守是書而藏之有司以爲典籍。無事，則其君臣相與講明之；有事，則皆據此以行禮。又且班之於其國，以教其人。此有周盛時所以國無異禮，家無殊俗，兵寢刑措，以躋太平者，其以是乎？其後王室衰微，諸侯不道，樂於放縱而憚於檢束也。於是惡典籍之不便於己而皆去之，則其鼏之受於王朝者，不復藏於有司矣；鼏之藏於有司者，或私傳於民間矣。此十七篇之所以不絶如綫而幸存以至今日也。或曰：此十七篇爲侯國之書固也，豈其本數但如是而已乎？抑或有亡逸而不具者乎？曰：是不可知也。但以經文與其禮之類考之，恐其篇數本不止此也。是經之言士禮特詳，其於大夫則但見其祭禮耳，而其昏禮、喪禮則無聞焉，此必其亡逸者也。《公食大夫禮》云「設洗如饗」，謂如其公饗大夫之禮也，而今之經乃無是禮焉，則是逸之也明矣。又諸侯之有覲禮，但用於王朝耳；若其邦交，亦當有相朝、相饗、相食之禮。又諸侯亦當有喪禮、祭禮，而今皆無聞焉，是亦其亡逸者也。然此但以經之所嘗言、禮之所可推者而知之也，而況其間又有不盡然者乎？由此言之，則是經之篇數本不止於十七，亦可見矣。但不知諸侯既去其籍之後，即失之邪？抑傳之民間久而後失之也？是皆不可得而考矣。《記》有之曰：「經禮三百，曲禮三千。」所謂「經禮」，即十七篇之類也。其數乃至於「三百」者，豈其合王朝與侯國之禮而言之歟？若所謂「曲禮」，則又在經禮之外者，如《内則》、《少儀》所記之類是也。先王之世，人無貴賤，事無大小，皆有禮以行之。蓋以禮有所闕，則事有所遺，故其數不容不如是之多也。

去古既遠，而其所存者乃不能什一也，可勝歎哉！夫其已廢壞而亡逸者，固不可復見矣。其幸存而未泯者，吾曹安可不盡心而講明之乎？固不宜以其無用於今爲説而絶之也。

繼公半生游學，晚讀此書。沉潛既久，忽若有得。每一開卷，則心目之間如親見古人於千載之上，而與之揖讓周旋於其間焉，蓋有手之舞、足之蹈而不自知者。夫如是，則其無用、有用之説尚何足以蒂芥於胸中哉？嗚呼！予之所玩者僅十七篇耳，而其意已若此。設使盡得「三百」、「三千」之條目而讀之，又將何如耶？此書舊有鄭康成注，然其間疵多而醇少，學者不察也。予今輒删其不合於經者而存其不謬者，意義有未足，則取疏、記或先儒之説以補之。又未足，則附之以一得之見焉，因名曰「儀禮集説」。自知蕪陋，固不敢以示知禮之君子。然初學之士或有取焉，亦未必無小補云爾。

大德辛丑孟秋望日，長樂敖繼公謹序

儀禮集說卷一

士冠禮第一

鄭注曰：童子年二十而冠，主人玄冠、朝服，則是諸侯之士。天子之士，朝服、皮弁、素積。古者四民世事，士之子恒爲士。冠於五禮屬嘉禮。

繼公謂：此篇主言士冠其適子之禮。然此士云者，據其子而立文也。下篇放此。冠者，加冠之稱。凡經言士禮者，皆謂諸侯之士，其言大夫禮者亦然。蓋此經乃天子爲諸侯制之，以爲其國之典籍者也，故不及王朝大夫、士之禮。

士冠禮。冠，古亂反。篇内不音者並同。

此目下文所言之禮也，後篇皆放此。

筮于廟門。

注曰：筮，以蓍問吉凶於《易》也。廟，謂禰廟。

繼公謂：此目筮日之事也。凡經文類此者，不悉見之。筮日者，重冠事也。于廟門者，爲將有事於廟中故也。必于門者，明其求於外神也。

主人玄冠，朝服，緇帶，素韠，即位于門東，西面。冠，如字。朝，音潮，下同。韠，音畢。

注曰：素韠，白韋韠。長三尺，上廣一尺，下廣二尺。其頸五寸，肩革帶博二寸。天子與其臣玄冕以視朔，皮弁以日視朝。諸侯與其臣皮弁以視朔，朝服以日視朝。凡染黑，五入爲緅，七入爲緇，玄則六入與？

繼公謂：主人，將冠者之父也。玄冠，黑繒委貌也。朝服，十五升之玄布衣而素裳也。士朝服以筮，敬其神也。士服以玄端爲正。緇帶，緇繒帶。士帶以襌〔二〕練爲體，其博四寸。又以緇繒之博二寸者二合而辟其帶下之垂者，故謂之緇帶。帶下長三尺，其屈垂者二尺。素韠，象裳色也。士之韠，率象裳，色或近焉。惟有爲而變者，乃大異也。韠之義，說者謂古者田狩而食其肉，衣其皮。先以兩皮如韠，以蔽前後，後世聖人易之以布帛，猶存其蔽前，示不忘古云。

〔二〕「襌」原作「禪」，摛藻堂本作「襌」，是，據改。

有司如主人服，即位于西方，東面，北上。

有司，即筮者、占者、宰宗人之類。

筮與席、所卦者，具饌于西塾。饌，士戀反。塾，音孰。

注曰：筮，謂蓍也。具，俱也。饌，陳也。西塾，門外西堂也。門側之堂，謂之塾。

繼公謂：蓍而云筮者，以其所用名之。席，蒲筵也。士用蒲席，神人同。所卦者，所以畫地記爻及書卦之具也。《士喪》筮日之禮云：「奠龜于西塾上，南首有席，爇在龜東。」然則此時具饌之位，蓍亦當南鄉。席在其後，而所卦者則在蓍右，亦變於筮時也。

布席于門中，闑西閾外，西面。闑，魚列反。閾，音域。

注曰：闑，門橛。閾，閫也。

繼公謂：闑西，東西節也。閾外，南北節也。此席西於闑，乃云門中，則二扉之間惟有一闑明矣。

筮人執筴，抽上韇，兼執之，進受命於主人。筴，音筮。韇，音獨。

注曰：韇，藏筮之器。今時藏弓矢者，謂之韇丸也。兼，并也。進，前也。自西方而前。

疏曰：言上韇者，其制有上、下。下者從下，鄉上承之；上者從上，鄉下韜之也。《少牢》曰：「史左執筮，右抽上韇，兼與筮執之。」

繼公謂：筮人，有司之共筮事者也。《少牢饋食禮》言爲大夫。筮者，史也。此爲士筮，宜亦如之史，而云「筮人」者，因事名之也。「執筴」當作「執筮」，「筮」亦謂「蓍」也。上云「筮與席」，下云「徹筮席」，以其上下文徵之，則此「筴」字乃傳寫誤也。又《特牲》、《少牢禮》皆云「執筮」，益可見矣。

宰自右少退，贊命。

注曰：自，由也。贊，左也。《少儀》曰：「贊幣自左，詔辭自右。」

繼公謂：鄉者宰亦在有司位，至是乃來主人之右。贊命，爲主人釋辭也。其辭蓋曰：「某將以來日某，加布於其子某之首，敢筮。」

筮人許諾，右還，即席坐，西面。卦者在左，卒筮書卦。還，音旋。下同。

注曰：即，就也。東面受命，右還，北行就席。卒，已也。

繼公謂：筮人即席，抽下韇，乃釋之而坐筮也。凡卜筮于門者，皆西面。筮宅於兆南，則北面。蓋以西北陰方，故鄉之，以求諸鬼神也。筮用四十九蓍，分而爲二，掛揲而歸奇焉。又以所餘蓍，如上法者再，乃成爻，六爻備而成卦。卦者，主識爻書卦者也。《少牢饋食禮》曰：「卦者在左坐，卦以木。卒筮，書卦于木。」此不言「坐」，則是立也，其亦士禮異與？立則卦時乃坐，既則興。

執以示主人。主人受眡，反之。 眡，音視。

執之不言筮人，文省也。反之，反於筮人。

筮人還，東面旅占。卒，進告吉。

注曰：旅，衆也。

繼公謂：筮人東面而言還，明其位亦[一]在有司中也。旅占，與有司旅占之。占者，占所遇之卦。若其爻之吉凶也，必旅占者，欲盡衆人之見也，其人數未聞。士之占卜者，則三人。告吉，亦執卦。

若不吉，則筮遠日，如初儀。

遠日，去初筮者蓋旬有一日也。以其干同，故謂之遠日。《少牢》日用丁、己，而以後丁、後己爲遠日，則可見矣。初儀，筮人執筮以下者也。凡經言不吉而改筮者，皆不至於再，重瀆神也。此

〔一〕「亦」原作「人」，文淵閣本、摛藻堂本改作「亦」，王太岳云：「刊本『亦』訛『人』，據《義疏》改。」今據改。

筮若又不吉，則直用其後之遠日，不復筮矣。凡筮賓、筮尸卜日之屬皆類此，議見《特牲篇》張子説中。

徹筮席。徹，直列反。下並同。

筮，蓍也。蓋既筮，則釋于闑西。今乃并與席徹去之。

宗人告事畢。

注曰：宗人，有司主禮者。

繼公謂：宰宗人，筮人之屬，皆公家所使，給事於私家者也。告事畢，東北面。《特牲禮》，宗人「東北面，告濯具」。

右筮日

主人戒賓，賓禮辭，許。主人再拜，賓答拜。

注曰：戒，警也、告也。禮辭，一辭而許。

繼公謂：賓者，主人同鄉之士也。戒者，告之使知其事，且欲勞之也。此上更當有賓主爲禮一節，與宿賓者同，文不具耳。凡賓之與冠事者，主人皆親戒之，而以將爲筮者爲先，餘人亦各以次爲先後也。是時主人皆親戒之者，未筮，則未有所别異也。戒賓亦朝服，凡既筮而有事，如戒宿之類，皆因筮服無變也。賓許而主人再拜，謝其許也。後禮類此者，其義皆然。此雖親相見，其辭則皆擯者傳之。宿賓放此，説見《特牲篇》。

主人退，賓拜送。

此言戒賓之儀。略者，蓋以宿賓之儀見之也。必拜送者，所以謝之。凡拜送客者，皆於其既退乃拜之，故不答拜，亦異於迎也。吉禮拜送者必再拜，經或不見之，文省耳。

右戒賓

前期三日，筮賓，如求日之儀。

注曰：筮賓，筮其可使冠子者。《冠義》曰：「古者冠禮，筮日、筮賓，所以敬冠事。」

繼公謂：前，猶先也。期，即下文所謂「爲期」者也。此所空者，但爲期之一日耳。乃云「前期三日」，未詳。筮賓之辭，蓋曰：「某以來日某，加布於義子某之首，將以某爲賓，敢筮。」言如求日之儀，是亦不過再筮而已。初筮者若不吉，則改筮，其次者爲正賓。若次者又不吉，則不復筮，而即以第三者爲正賓，亦以初筮者爲次賓也。主人於賓既次第其先後矣，然猶筮之者，蓋慮其異日或以他故而不及與，則將廢冠事。此乃非人之所能預知者，故不可不問於神，而用舍壹聽之。雖或先後易位，有不能盡如人意者，亦不以爲嫌也。

右筮賓

乃宿賓。賓如主人服，出門左，西面再拜。主人東面答拜。

注曰：主人朝服。左，東也。出以東爲左，入以東爲右。

朱子曰：此云宿賓，言主人往而宿之以目下事，如篇首言「筮于廟門」，後亦多有此例也。

繼公謂：既筮，即宿賓，故云乃宿之，爲言速也。既戒之，則宜速之使來也。不曰「速」而曰「宿」者，以其事在異日也。賓尊，故主人親宿之。出門左，出大門而左也。西面再拜，拜其辱也。禮文謂之拜迎。

乃宿賓。賓許，主人再拜，賓答拜。主人退，賓拜送。

注曰：乃宿賓者，親相見，致其辭。

宿贊冠者一人，亦如之。

注曰：贊冠者，佐賓爲冠事者。

繼公謂：贊冠者一人，贊者之長也。尊次於正賓，如《鄉飲酒》之介然，故主人亦親宿之也。經之所言，乃主人親宿者耳。若衆賓，則或使人宿。其禮簡，故經不著之。《鄉飲酒禮》惟言主人戒賓及介之儀，而於衆賓則闕焉，其例正與此相類。宿賓及此贊冠者，其禮與辭皆同，惟以先後爲別。衆賓不親宿者，宜別於尊者也。

右宿賓

厥明夕，爲期于廟門之外。主人立于門東，兄弟在其南。少退，西面，北上。有司皆如宿服，立于西方，東面，北上。

注曰：宿服，朝服。兄弟，主人親戚也。

疏曰：期，加冠之期也。

繼公謂：云有司皆如宿服，則主人及兄弟可知矣。

擯者請期，宰告曰：「質明行事。」擯，必刃反。

注曰：擯者，有司佐禮者。質，正也。旦日正明行冠事。

繼公謂：請期，東西。《少牢禮》：「主人南面，宗人北面，請祭期。」

告兄弟及有司。

注曰：擯者告也。

疏曰：上文兄弟、有司皆已在位，此復告者，禮取審慎之義也。

繼公謂：此告兄弟，蓋東北面。告有司，蓋西北面也。《特牲饋食禮》曰：「宗人東北面，告濯具。」

告事畢，擯者告期于賓之家。

别言擯者，事更端也。賓，謂賓及衆賓也。

右爲期

夙興，設洗，直于東榮，南北以堂深。水在洗東。直，音值。深，式鴆反。

注曰：夙，早也。興，起也。洗，承盥洗者棄水器也。

疏曰：堂深，從堂廉北至房室之壁。南北以堂深者，洗去堂遠近，取於堂上深淺。假令堂深二丈，洗亦去堂二丈，以此爲度。

繼公謂：《説文》曰：屋梠之兩頭起者爲榮。又曰：梠，楣也。《爾雅》曰：楣，謂之梁。然則榮者，乃梁東西之兩端也。直東榮，謂遥當之。周制，卿大夫以下爲夏屋，故其設洗以東榮爲節。人君爲殿屋，故以東霤爲節。其處同也。南北以堂深者，謂設洗南北之節，視堂深之度而爲之。深，謂其修也。水，所以盥洗者也。其器則國君及大夫用罍，士未聞。洗在東方，則沃洗者宜西面，故水在洗東。

陳服于房中西墉下，東領，北上。

墉，牆也。東領，統於主位也。北上，便其先取在南者也。

爵弁服，纁裳，純衣，緇帶，韎韐。纁，香云反。純，如字。韎，音妹。韐，音閤。

注曰：爵弁，其色赤而微黑，如爵頭然。纁，淺絳。凡染絳，一入謂之縓，再入謂之赬，三入謂之纁，朱則四入與？韐，合韋爲之。冠弁不與衣陳而言於上，以冠名服耳。

繼公謂：爵弁，服士之上服也。純衣，絲衣而緇色者也。《周官》云「純帛」，《論語》云「今也純，儉」，此其徵矣。言纁裳於衣上者，以其與冕服之裳同尊之也。韎者，韋之蒨者也。韐之制如韠，不曰韠者，尊之異其名耳。其在冕服者尤尊，則謂之韍。

皮弁服，素積，緇帶，素韠。

注曰：皮弁者，以白鹿皮爲冠也。積，猶辟也。以素爲裳，辟蹙其要中。

繼公謂：皮弁次於爵弁，亦士之尊服也。其衣蓋亦絲衣，而色如其裳。二弁之衣用絲者，宜别於冠服也。冠服之衣用布，此裳之辟積，亦幅三袧。

玄端，玄裳，黄裳、雜裳可也。緇帶，爵韠。

注曰：玄端，即朝服之衣易其裳耳。不以玄冠名服者，是爲緇布冠陳之。

繼公謂：玄端，士之正服也。「玄端，玄裳」，謂玄端之服，其裳以玄者爲正也。若無玄裳，亦許其用黃裳若雜裳，故曰「黃裳、雜裳可也」。雜裳者，或前玄後黃，或前黃後玄也。黃裳雖貶於玄裳，然其色純，故言於雜裳之上。玄裳、黃裳、雜裳而皆爵韠，近裳色也。

緇布冠缺項，青組纓屬于缺。緇纚，廣終幅，長六尺。皮弁笄，爵弁笄。緇組紘，纁邊。同篋。冠，如字。下同。缺，如字。屬，音燭。纚，山買反。廣，古曠反。長，直亮反。笄，音雞。紘，音宏。篋，苦協反。

注曰：屬，猶著也。纚，今之幘梁也。終，充也。纚一幅長六尺，足以韜髮而結之矣。笄，今之簪。纁邊，組側赤也。同篋，謂此以上凡六物。隋方曰篋。

疏曰：二弁之笄，天子、諸侯用玉，大夫、士用象。

繼公謂：下經言「賓受冠，右手執項，左手執前」，則是冠後亦謂之項也。此缺項者，蓋別以緇布一條圍冠而後不合，故名之曰「缺項」，謂其當冠項之處則缺也。其兩端有䋿，別以物貫穿而連結之以固冠，其兩相又皆以纓屬之而結於頤下以自固。蓋太古始知爲冠之時，其制如此。後世之冠縫著於武，亦因缺項之法而爲之也。纚，舊説謂繒爲之。纚長六尺，則固足以韜其髮矣。然廣惟一幅，則圍髮際而不足，或亦缺其後與？古者布帛幅廣二尺，經言纚於缺項二笄之間，以見三加同一纚也。紘，弁之繫也，以組一條爲之。冠用纓，弁用紘，各從其便也。

櫛實于簞。蒲筵二，在南。櫛，莊乙反。簞，音丹。

注曰：筵，席也。

疏曰：二者，一冠一醴。

繼公謂：簞，笥類也。南，謂簞南。

側尊一甒醴，在服北。有篚，實勺、觶、角柶。脯醢。南上。甒，音武。觶，之豉反。柶，音四。醢，音海。

注曰：側，猶特也。服北者，纁裳北也。篚，竹器如笭者。勺，尊升，所以㪺酒也。爵三升曰觶。柶，狀如匕，以角爲之，欲滑也。

繼公謂：尊，設尊也。甒，瓦甒。醴，尊設於房，臣禮也。國君則於東箱。南上，醢在北。案注云「柶，狀如匕」，蓋如有司所謂挑匕者也。

爵弁、皮弁、緇布冠各一匴，執以待于西坫南。南面，東上。賓升，則東面。匴，素管反。坫，丁念反。

注曰：匴，竹器名，今之冠箱也。執之者，有司也。坫在堂角。

陳用之曰：士之服止於爵弁，而荀卿曰「士韋弁」、孔安國曰「雀韋弁」也，則爵弁即韋弁耳。

又曰：古文弁象形，則其制上鋭，如合手然。韋，其質也。爵，其色也。

繼公謂：爵弁、皮弁，其制同也。《周禮》言，王與諸侯及孤卿、大夫之弁飾以玉琪，各以其等爲之。（又有象邸，則士之弁無玉，又無象邸也。此三冠特別。）于西方而統於賓，蓋以賓專掌冠事，使若賓之物然。執匴者，皆主人之贊者也。南面而東上及東面則北上矣，不言者可知也。坫在東西堂之南。案，陳氏以爲爵弁即韋弁，其説近是。今考經傳，見物色之言爵者，於爵弁之外惟曰爵韠、爵韋耳。若絲與布之類，則皆絶不聞。其或以爵名之者，以是參之，則爵弁其果以韋爲之與？然《禮經》言士之服則曰爵弁，言大夫以上之服則曰韋弁，是其物雖同而名則以尊卑而異，蓋必有義存焉。但禮文殘缺，未能定也。

屨，夏用葛。玄端，黑屨，青絇、繶、純。純博寸。絇，其子反。繶，音億。純，章允反。下同。

注曰：屨，順裳色。玄端、黑屨，以玄裳爲正也。絇，狀如刀，衣鼻在屨頭。繶，縫中紃也。純，緣也。三者皆青。博，廣也。

疏曰：屨順裳色者，禮之通例。衣與冠同，屨與裳同也。縫中紃，謂相接之處縫中有條紃也。緣，謂繞口。緣，邊也。絇、純亦以條爲之。博寸，謂純之廣也。

繼公謂：絇，取屈中之義而名之，綴於屨頭以爲飾也。

素積，白屨，以魁柎之，緇絇、繶、純。純博寸。

魁、柎，皆未詳。注云：魁，蜃蛤。柎，注之。

爵弁，纁屨，黑絇、繶、純。純博寸。

黑屨青飾，白屨緇飾，則此纁屨當飾以白，而白非所以爲飾也，故越之而用黑焉。此見屨者，或言衣，或言裳，或言冠，錯綜以爲文也。先卑而後尊，以三加之次言之也。三屨陳之，蓋在其裳之西。

冬皮屨，可也。

疏曰：冬時寒，許用皮，故云可也。

繼公謂：皮屨不見其色與飾，同於上可知。上言夏，此言冬，則是周之禮四時皆可冠矣。又此及《士喪禮篇》其於屨惟云「冬夏」者，蓋以純用皮葛之時言之。若春秋，則或先皮後葛，或先葛後皮，故不言與？

不屨繐屨。繐，音歲。

不屨之屨，著屨之稱也。繐，乃布之疏者。以之爲屨，則輕涼也。言此者，嫌夏時冠或得用之。繐非吉布而冠，則嘉禮之重者，是以不宜屨此屨。若燕居，則或屨之可。自「屨，夏用葛」至此，本在辭後，朱子移之於此，今從之。

右陳服器

主人玄端，爵韠，立于阼階下，直東序，西面。直，音值。

注曰：堂東西牆，謂之序。

繼公謂：此言玄端，亦不言冠者，可知也。主位謂之阼，故東階謂之阼階，下云「禮于阼」是也。凡牆在堂上者謂之序，堂下者謂之壁，在房室者謂之墉，在庭者謂之牆。

兄弟畢袗玄，立于洗東，西面，北上。袗，之忍反。

畢，猶盡也。袗，如「袗、絺、綌」之袗，乃被服之别稱也。玄，玄端也。「畢袗玄」者，謂盡服玄端也。洗東，於主人爲東南。

擯者玄端，負東塾。

此見其少東於入門右之位也。東塾，西塾其北，蓋與東西堂相對，而廣亦如之。立於塾北而云「負」，則塾之崇其過於堂與？士之堂，崇三尺。

將冠者采衣，紒，在房中，南面。紒，音計。

注曰：采衣，未冠者所服。《玉藻》曰：「童子之節也，緇布衣，錦緣、錦紳，并紐，錦束髮，皆朱錦也。」紒，結髮。

朱子曰：房户宜當南壁東西之中，而將冠者在房中當户而立也。

繼公謂：童子之衣，蓋亦深衣制也。《曲禮》曰：「童子不衣裘裳。」不裳，則連裳於衣矣。紒，露髮爲紒也。凶時謂之髽，吉時謂之紒。《内則》言，男子未冠者亦用纚。此乃紒者，爲將冠去之。

右即位

賓如主人服，贊者玄端從之，立于外門之外。

注曰：從，猶隨也。外門，大門。

繼公謂：賓言「如主人服」，贊者言「玄端」，亦互文也。贊者，贊冠者而下之衆賓也，皆俟于賓之門。賓出，乃從之，立于主人外門之外西方，東面，北上。

擯者告。

上言擯者負東塾，則在廟也。至是，則賓之將命者入告擯者，擯者東面以告主人也。此賓乃主人戒宿而來，故不出請事。

主人迎，出門左，西面再拜。賓答拜。

答拜不言再，可知也。凡答再拜而不言其數者，皆放此。

主人揖贊者，與賓揖，先入。

注曰：與賓揖，先入道之，贊者隨賓。

繼公謂：揖贊者，尊正賓也。

每曲揖。

每曲揖，謂大門之内、廟門之外。賓主於凡所行曲折之處，則相揖也。周左宗廟，尊卑同之。主人迎賓入門右，西面而立；賓入門左，東面。乃折而北，又折而東，又折而南，與主人相鄉而前，乃東行入閤門。主人入門右，賓入門左。接西塾，東面而立。主人折而東，又折而北，又折而西，與賓相鄉而前，乃北行入禰廟也。凡主人以賓入而有每曲揖者，惟將入廟之禮，然其餘則否。

至于廟門，揖入。三揖。

揖入，主人揖而先入門右西面也。賓入門左，贊者皆入門左，東面北上，主人乃與賓三揖也。三揖者，於入門左右之位揖，參分庭一在南揖，參分庭一在北揖。凡經言揖入三揖者，放此。

至于階，三讓。

讓，據主人言也。主人三讓而客三辭，既則主人先升一等而賓從之。凡讓升之法，賓主敵，則主人先讓而先升；主人尊，亦然；客尊，則客先讓而先升也。惟天子之使則不讓。

主人升，立于序端，西面。賓西序，東面。

注曰：序端，東序頭。

繼公謂：主人立于序端北，當序也。賓在西序，負序也。主人不立于東序者，辟子之坐且不參冠禮也。賓不言升，省文。

右迎賓

贊者盥于洗西，升，立于房中，西面，南上。 盥，音管。

注曰：立于房中，近其事也。

朱子曰：贊者西面，則負東墉，而在將冠者之東矣。

繼公謂：盥者重冠禮，故將執事而自潔清也。盥于洗西者，以洗西無篚，故得辟正賓而盥於此也。不然，則否。升，升自西階也。不言者，可知也。房中南上，賓位也。《特牲饋食》，內賓東面于西墉下，亦南上是也。

主人之贊者筵于東序，少北，西面。

注曰：筵，布席也。東序，主人位也。適子冠於阼少北，辟主人。

繼公謂：主人之贊者，私臣也。此席南上。

將冠者出房，南面。

注曰：南面，立于房外之西，待賓命。

贊者奠纚、笄、櫛于筵南端。

注曰：贊者，賓之贊冠者也。奠，停也。

疏曰：不言餘物及篋簞者，皆來可知也。又凡言主人之贊者，即加主人字。今此不言，故知是賓之贊冠者也。

繼公謂：奠，猶置也。奠于筵南端，以將冠者升降由下也。

賓揖將冠者，將冠者即筵坐。贊者坐，櫛，設纚。

疏曰：此二事皆勞役之事，故贊者爲之。

繼公謂：揖者欲其即筵，以揖見意也。下文凡揖者，多類此。「贊者坐，櫛，設纚」，宜於筵後爲之，不言者可知也。

賓降，主人降。

主人降，以賓爲己事而降，則不敢安於上而從之也。後放此，凡賓主從降之義皆然。其異者，則別見之。主人降，亦立于阼階東，當東序，西面。

賓辭，主人對。

注曰：辭對之辭，未聞。

繼公謂：辭者，謂主人無事不必降也。蓋於階前辭之，主人少進，既則復位。

賓盥，卒，壹揖，壹讓，升。主人升，復初位。

賓盥，當於洗南北面也。一揖，揖賓，進也。一讓，禮宜殺於初也。升，亦主人先而賓從之。惟云主人「復初位」，所以見賓之不然。

賓筵前坐，正纚，興，降西階一等。執冠者升一等，東面授賓。冠，如字。

注曰：正纚者，將加冠宜親之。冠，緇布冠也。

繼公謂：士階三等，堂不與焉。此降階一等，蓋并堂爲二等也。東面授賓，則賓西面受之也。授冠時亦以匴，既則以匴退矣。

賓右手執項，左手執前，進容，乃祝，坐如初，乃冠。興，復位。贊者卒。

祝，之又反。下同。

注曰：進容者，行翔而前，鶬焉，至則立祝。坐如初，坐筵前。復位，西序東面。卒，謂設缺項、結纓也。

疏曰：項謂冠後，翔謂行而張拱也。鶬，與蹌同。

繼公謂：右手執項，以冠時進右手便也。容者，示之以威儀。

冠者興，賓揖之。適房，服玄端、爵韠。出房，南面。

「服玄端、爵韠」，亦贊者爲之。「出房，南面」，亦待賓命也。不言帶與屨，可知也。下皆放此。

賓揖之，即筵坐。櫛，設笄。賓盥，正纚如初。降二等，受皮弁，右執項，左執前，進祝，加之如初，復位。贊者卒紘。

注曰：如初，爲不見者言也。卒紘，謂繫屬之。

繼公謂：笄，皮弁笄也。設笄于加弁之前，則此笄之度其短與？不言去冠、去纓及設纚，可知也。卒紘，謂終其設紘之事也。其設之也，先繫一端於笄之左端，繞頤下而上，復繫一端於笄之右端，所以固弁也。

興，賓揖之。適房，服素積、素韠，容，出房，南面。

上不見皮弁之衣，故此亦不言之，皆省文也。容與「進容」之意同。再加祝辭曰：「敬爾威儀。」此言「容，出房」，見其奉賓戒也。

賓降三等，受爵弁，加之。服纁裳韎韐。其他如加皮弁之儀。

注曰：降三等，下至地。

繼公謂：「受爵弁」、「降三等」者，以其最尊，故就而受之，《雜記》言襚者受服之節。云「受爵弁」，服於門内霤；皮弁，服於中庭。朝服於階，玄端於堂，亦尊者遠而卑者近，其義似與此所受冠弁之差相類。不言純衣，亦文省。他，謂賓揖之，即筵而下凡所不見者也。云如皮弁之儀者，以有設笄、容出、卒紘之事，惟與再加者同也。

徹皮弁、冠、櫛、筵，入于房。冠，如字。

注曰：徹者，主人之贊者爲之。

繼公謂：再加去冠，三加去皮弁，亦置于篋。此所徹者，篋與櫛之簞也。不言缺、纓、笄、紘，與冠弁同處可知。賓贊者徹篋簞，主人贊者徹筵。

右冠三加

筵于户西，南面。

注曰：筵，主人之贊者。户西，室户西。

繼公謂：户西，即户牖間也，後皆放此。户西，客位也。筵於此者，以其成人尊之，不因冠位者遠辟主人也。著代之義，惟於冠時見之此席東上。

贊者洗于房中，側酌醴，加柶，覆之，面葉。

注曰：面，前也。葉，柶大端，古文「葉」爲「擖」。

繼公謂：洗，洗觶也。房中，有洗在北堂，《士昏記》詳之。酌醴，蓋西面也。云側，明無佐之酌者。面葉，葉鄉外也。「覆之，面葉」，爲冠者祭時當覆手執枋也。凡贊者酌醴皆側也，特於此見之。

賓揖，冠者就筵。筵西，南面。賓受醴于户東，加柶，面枋，筵前，北面。

枋，音柄。

注曰：户東，室户東。今文「枋」爲「柄」。

繼公謂：贊者出房，西面。賓由西序往，故受醴于室户東，與主人受醴之處異矣。言面枋，見其訝受也。非所與行禮者而訝受，辟君禮也，固加柶矣。乃言之者，見其更爲之也。「筵前，北面」，欲其受於席也。

冠者筵西拜受觶，賓東面答拜。

注曰：筵西拜，南面拜也。賓還，答拜於西序之位。

繼公謂：受觶于筵前，乃復位。醴用觶，亦以其質也。東面答拜，别於答孤子。孤子之冠行主人禮，賓則北面答拜于西階上。

薦脯醢。

注曰：贊，冠者也。薦，進也。

繼公謂：不言於席前，可知也。薦脯醢，脯在西。

冠者即筵坐，左執觶，右祭脯醢，以柶祭醴三，

注曰：祭於脯醢之豆間，必祭者，示有所先也。

疏曰：祭醴三者，如《昏禮》「始扱一祭，又扱再祭」也。注云「有所先」，即先世之造此食者也。

繼公謂：祭脯醢，以脯祭擩醢而祭之。古人飲食，於其重者，則有祭禮。既祭，不言右執觶者可知也。

興。筵末坐，啐醴，建柶，興。降筵坐，奠觶拜。執觶，興。賓答拜。冠者奠觶于薦東。 啐，七内反。

注曰：啐，嘗也。其拜皆如初。

繼公謂：筵末，席之西端也。亦以柶兼諸觶，乃坐啐醴。建，猶立也。云建者，上葉下枋，與扱時異。又以明其已入于觶，則不復執之也。降筵，坐於筵西也。不卒爵，故既啐則拜，其意與拜既爵者同。冠者升筵，乃奠觶。不卒爵而奠之者，此禮不主於飲也。于薦東者，堂上自奠其觶者之節也。籩豆而云薦者，上經云「薦脯醢」，故因其事而名之，省文耳。後皆放此。

右醴

降筵，北面，坐取脯。降自西階，適東壁，北面見于母。見，賢遍反。

取脯，亦右取而左奉之。必取脯者，見其受賜也。執脯見于母，因有脯而爲之，且明其禮成也。云適東壁而見之，則是時母位在此與？

母拜受，子拜送，母又拜。

母於其子乃俠拜者，重冠禮也。子拜送，亦再拜。此拜非主於受送也，亦因有脯而言之耳。凡婦人與丈夫爲禮，其禮重者，則俠拜。

右見于母

賓降，直西序，東面。主人降，復初位。直，音值。

但云直西序，則當南於階。初位，阼階東，直東序之位。

冠者立于西階東，南面。賓字之，冠者對。

注曰：對辭未聞。

繼公謂：賓當少進，乃字之。

右字

賓出，主人送于廟門外。

賓出而贊者不從，以其當與冠者爲禮也。

請醴賓，賓禮辭，許。賓就次。

注曰：醴賓者，謝其勤勞也。次，門外更衣處也，以帷幕簟席爲之。

繼公謂：請者，有白於人而恭孫之辭也。醴，亦謂以醴飲之也。請醴之辭，則《士昏記》有之。此禮雖與彼異辭，宜略同醴賓之禮。壹獻有俎有幣，似饗矣。乃曰醴者，亦因用醴而名之。

右賓出就次

冠者見于兄弟，兄弟再拜，冠者答拜。見贊者，西面拜，亦如之。見，並賢遍反。下「入見」、「見母」、「見于」、「見於」並同。

注曰：見贊者西面拜，則見兄弟東面拜。

疏曰：亦如之者，言贊者先拜而冠者答之也。

繼公謂：兄弟與贊者皆先拜之，亦重冠禮也。兄弟位在洗東，贊者位在西方，亦西當西序。贊者爲禮竟，則亦出而就次。此時兄弟之在廟者，冠者皆見之。乃不見父者，以難爲禮也。蓋此時冠者於凡所見者皆不先拜而答拜，乃其禮當然爾。父至尊也，是禮有不可行，故闕之。且父爲冠主，雖不見之，亦無嫌也。不見賓者，賓既醴之則交拜矣，是亦見也。若復行禮，則幾於褻。

入見姑姊，如見母。

注曰：入，入寢門也。如見母者，亦北面，姑與姊亦俠拜也。

繼公謂：見姑姊于寢，未詳其處。不見妹者，未成人則不與爲禮也。古者男女皆年二十乃冠、笄，其説見《喪服》。

右見兄弟、贊者、姑姊

乃易服，服玄冠、玄端、爵韠。奠贄見于君，遂以贄見於鄉大夫、鄉先生。

冠，如字。贄，音至。

注曰：贄，雉也。

疏曰：鄉先生，即《鄉飲酒》所謂「先生」。

繼公謂：此玄端更言玄冠者，别於爵之緇布冠也。奠贄見于君，謂執贄至下奠贄再拜稽首也。見於君亦玄端而不朝服者，以其未仕也。所見者亦玄端見之。鄉大夫，鄉之異爵者也。或曰鄉大夫即主治一鄉者，未知孰是？先生，德齒俱尊者也。《士相見禮》曰：「士見於大夫，終辭其贄。」於其入也，一拜其辱。見於先生之禮，亦宜如之。

右見君見鄉大夫、鄉先生

乃醴賓以壹獻之禮。

注曰：此醴，賓泲其醴。《内則》曰：「飲：重醴，稻醴清、糟，黍醴清、糟，粱醴清、糟。」凡醴事質者用糟，文者用清。

繼公謂：醴賓之時，贊者皆與贊冠者爲介，與《鄉飲酒》相類，則是壹獻之禮，賓介而下皆然也。共獻及酢酬，亦略如《鄉飲酒》之儀與？

主人酬賓，束帛儷皮。儷，音麗。

注曰：飲賓客而從之以財貨曰酬，所以申暢厚意也。凡物十曰束，束帛，十端也。儷，兩也。

皮，鹿皮。

繼公謂：醴之而有俎，又酬以皮帛，重謝之也。此酬賓之禮，當行於賓受獻之後，未卒爵之前，猶食禮既受侑幣，乃卒食也。

贊者皆與，贊冠者爲介。與，音預。

言此於酬賓之後者，明酬幣惟用於正賓也。贊者，亦兼贊冠者而言。介，副也。以副於正賓名之。飲酒之禮，有賓、有介、有衆賓。此贊冠者爲介，其餘爲衆賓也，衆賓之位亦在堂。《鄉飲酒》，禮賓席于户牖間，介席于西序，衆賓之席繼賓而西。

賓出，主人送于外門外，再拜，歸賓俎。

注曰：一獻之禮有薦有俎，其牲未聞，使人歸諸賓家也。古者與人飲食必歸其盛者，所以厚禮之。

右醴賓

此禮用醴，蓋因醴子用醴而爲之。若不醴子而醮，則此禮亦因之而用酒與？用酒，則爲饗也。

若不醴，則醮用酒。醮，子召反。

此醮與醴，大意略同，惟用酒而儀物繁爲異。上既見醴禮矣，此復言不醴，則醮者，蓋冠禮之始惟醴而已。然少近於質，故後世聖人又爲此醮禮與之並行焉。言若者，文質在人，用之惟所欲耳。

尊于房户之間，兩甒，有禁。玄酒在西，加勺，南枋。

注曰：房户間者，房西室户東也。禁，承尊之器也。玄酒，新水也。雖今不用，猶設之不忘古也。在西，上也。

繼公謂：此醮而設酒甒，與醴而設醴甒者其節同，亦於陳服之後爲之兩甒，一酒一玄酒也。玄酒在西，尊西上也。尊西上者，以冠者之位在其西，故順之。他篇不見者，其義皆放此。加勺，加於二尊之上而覆之也。玄尊亦加勺者，不以無用待之也。南枋，爲酌者北面覆手，執之便也。《少牢饋食禮》曰：「主人北面酌酒。」

洗，有篚在西，南順。

注曰：洗，庭洗。篚，陳於洗西。南順，北爲上也。順，從也。

繼公謂：醮而設洗之節亦與醴同，惟有篚爲異，此見其異者耳。篚以盛爵也，不醴則服北無甒，又無篚，惟有三加之豆籩也。下篚之爵三。

始加，醮用脯醢。賓降，取爵于篚，辭降如初。卒洗，升酌。

注曰：一升曰爵。辭降如初，如將冠時降盥辭主人降也。

朱子曰：「始加」二字，乃疊見前「始加緇布冠」一章之禮。醮用脯醢，乃題下事，其實賓答拜後乃薦之也。賓升時，冠者猶在出房南面之位。

繼公謂：贊者筵于户西，賓乃降也。用爵醮，禮文也。卒洗，亦當壹揖、壹讓乃升。

冠者拜受，賓答拜如初。

注曰：賓升，揖冠者，就筵乃酌。冠者南面拜受，賓授爵，東面答拜，如醴禮也。於賓答拜，贊者則亦薦之。凡薦出自東房。

繼公謂：初醴時之儀也。言如初，所以見其先有醴後有醮。

冠者升筵，坐。左執爵，右祭脯醢，祭酒，興。筵末坐，啐酒，降筵拜，賓答拜。冠者奠爵于薦東，立于筵西。

注曰：冠者立，俟賓命。賓揖之，則就東序之筵。

徹薦、爵，筵尊不徹。

注曰：徹薦與爵者，辟後加也。不徹筵尊，三加可相因，由便也。

繼公謂：徹之，亦贊冠者也。每醮禮畢必徹薦、爵者，所以新後醮之禮，若不相因然。徹薦、爵，蓋入于房。

加皮弁，如初儀。再醮，攝酒。其他皆如初。

注曰：攝，猶整也。整酒，謂撓之。

朱子曰：此如初儀者，如前「再加」一章之儀也，下條放此。「再醮，攝酒。其他皆如初」，言唯攝酒異於始醮，其他皆如之也。

繼公謂：攝酒，亦示新之之意。

加爵弁，如初儀。三醮，有乾肉折俎，嚌之。其他如初。乾，音干。折，之設反。嚌，才計反。

注曰：乾肉，牲體之脯也，如今涼州烏翅矣。

朱子曰：初儀，見上三醮唯攝酒及「有乾肉折俎，嚌之」爲異，其他皆如始醮也。

繼公謂：乾肉折俎，猶言乾肉俎也。俎，盛牲體之折者，故名曰折俎，設之於脯醢之南。《士虞禮》曰：「有乾肉折俎，二尹縮，祭半尹。」此乾肉，亦縮俎，而左朐右末。其所嚌，即「祭半尹」

者也，亦振祭乃嚌之。唯言「嚌」，省文耳。物至齒謂之嚌，知其味謂之嘗。

北面取脯，見于母。

著此者，見其與醴同也。下放此。

右醮禮

若殺，則特豚，載合升，離肺實于鼎，設扃鼏。扃，古螢反。鼏，眉狄反。

注曰：特，一也。合升，合左右胖，升於鼎也。離，割也。離肺，小而長，午割之，不提心。扃，鼎扛所以舉之者也。鼏覆之。

繼公謂：載，衍文。《士喪禮》曰：「特豚，四鬄，去蹄，兩胉，脊。」此其合升之體數也。肺離之者，使絶之而爲祭也。既祭則嚌之，故又名嚌肺。其與脊同舉者，則謂之舉肺。鼎設扃，是亦舉之也。孤子則舉鼎陳于門外，此不陳，惟俟時而入，錯于阼階前也。是篇始言醴，次言醮，後言殺，聖人制禮，愈變則愈盛，此亦可見其尚文之意也。鼏，見《公食大夫禮》。

始醮如初。

朱子曰：初，謂前章之始醮也。

再醮，兩豆：葵菹、蠃醢。兩籩：栗、脯。菹，莊魚反。蠃，力禾反。

注曰：蠃，螔蝓。今文「蠃」爲「蝸」。

繼公謂：此見其異於上者爾。是禮愈文，故於此即加其籩豆以起三醮之禮，且示禮隆有漸也。兩豆、兩籩之位，若以有俎之禮言之，則醢在菹東、栗在菹西、脯在栗南也。此薦雖不與三醮有俎者相因，而位則亦放之與？又籩豆有加，則祭之之儀亦與祭脯醢者略異。蠃，未詳。

三醮，攝酒如再醮，加俎，嚌之，皆如初嚌肺。

注曰：攝酒如再醮，則再醮亦攝之矣。

朱子曰：初，謂上章之始醮也。嚌肺者，釋上嚌之爲肺也。上章之俎無肺而此有肺，故又特言之而不嫌於複出。凡言之法多此類。

繼公謂：攝酒如再醮，此與不殺之禮互言也。加俎者，謂於籩豆之外又加豚俎也。設之當菹醢之南，三加後者彌尊，故三醮而後者愈盛，禮宜相稱也。嚌之，謂絶祭嚌之。不言祭者，亦文省。肺之嚌者必祭，祭者不必嚌也。皆如初，謂此再醮、三醮之所不見者，皆如不殺始醮之禮也。云嚌肺者，又明其所嚌之異於不殺者也。不殺，則祭用乾肉而嚌之。

卒醮，取籩脯以降，如初。

籩脯，謂其在籩者也。言此，以別於所祭者耳。三醮，亦兩豆、兩籩如再醮而又加俎焉。一俎而兩豆、兩籩，變於常禮亦盛之。

右殺牲而醮

若孤子，則父兄戒、宿。

父，伯父、叔父也。兄，親兄也。無則疏者亦可。孤子雖尊於家，然未冠，則不可與成人爲禮於外，故戒、宿賓客，則諸父若兄爲之。惟言父兄戒、宿，則筮日、筮賓爲期之事，皆將冠者自主之可知。

冠之日，主人紒而迎賓。拜，揖，讓，立于序端。皆如冠主，禮於阼。

必云紒者，嫌與父在者異也。冠主將冠者，親父也。孤子未冠而於此乃行成人之禮者，無父，則得伸其尊也。諸父若兄不主其事者，家無二主也。必主于序端者，因冠主之位也。禮，謂賓與冠者行禮也，蓋指三加與醴之類而言。行禮皆於阼，亦見其異於父在者，以其爲主人故也。然則，若醴、若醮皆因冠席爲之與？

凡拜，北面于阼階上。賓亦北面，于西階上答拜。

此賓主相拜之正位也。凡拜，謂主人於醴若醮時拜受之類也。

若殺，則舉鼎陳于門外，直東塾，北面。直，音值。

注曰：孤子尊，得伸禮盛之。父在，有鼎不陳於門外。

繼公謂：殺，謂醮而殺牲也。直東塾，當其南也。鼎陳於此，亦俟時而入錯之。凡鼎既升，乃舉而別陳之者，正禮也。是禮爲主人而設，故得如禮大夫士陳鼎於門外皆北面，惟喪奠乃西面耳。國君陳鼎南面，天子未聞。

右孤子冠

若庶子，則冠于房外，南面，遂醮焉。

注曰：房外，謂尊東也。不於阼，非代也。不醮於客位，成而不尊。

繼公謂：言遂者，見其因冠席也。冠、醮同處，可以不必別布席。經惟言冠而遂醮，略無異文，則是三加三醮皆與上文適子之禮同，惟以冠、醮在房外爲異。若不醮而醴，其位亦如之。經不言醴者，蓋見其文者耳。此言庶子，指父在者也。父在而冠，宜別於適；父没，則其禮同矣。凡冠者於廟。

右庶子冠

冠者，母不在，則使人受脯于西階下。

言於此者，見以上冠者之禮同也。母不在者，或已没，或疾病，或見出，皆是也。授人脯，正禮也。此正禮乃後言之者，以母在者爲主也。授人脯之禮，男子則於階下，婦人則於門外云。

右母不在〔二〕

戒賓，曰：「某有子某，將加布於其首，願吾子之教之也。」

注曰：吾子，相親之辭。子，男子之美稱。

疏曰：上某主人名，下某子之名。布，緇布冠也。教之者，以加冠行禮爲教之也。

繼公謂：冠禮三加，乃惟云布者，取其始加而質者，言之謙也。又以《士昏禮》例之，此以下所載諸辭皆當爲《記》文，乃在經後《記》前，亦未詳。

賓對曰：「某不敏，恐不能共事，以病吾子，敢辭。」共，音恭。

不能共事，則冠禮不成，故云「病吾子」。病，猶辱也。

主人曰：「某猶願吾子之終教之也。」賓對曰：「吾子重有命，某敢不從！」重，直用反。

重，再也。

〔二〕「在」原作「出」，文淵閣本、摛藻堂本改作「在」，是，據改。

宿曰：「某將加布於某之首，吾子將莅之，敢宿。」賓對曰：「某敢不夙興！」

止賓而下，其宿之之辭皆同，惟以主人之親宿與否別之耳。莅，臨也。

始加，祝曰：「令月吉日，始加元服。

注曰：令、吉，皆善也。元，首也。

朱子曰：諸辭皆當以古音讀之，其韻乃叶。

棄爾幼志，順爾成德。壽考惟祺，介爾景福。」

注曰：祺，祥也。介、景，皆大也。因冠而戒且勸之：女如是，則有壽考之祥，大女之大福也。

朱子曰：順，古與「慎」通用。

繼公謂：「棄爾幼志」，戒之也。「慎爾成德」，勉之也。言先去幼志而後能慎成德也。幼志，即傳所謂童心。成德，成人之德。

再加，曰：「吉月令辰，乃申爾服。

注曰：辰，子丑也。申，重也。

敬爾威儀，淑慎爾德。眉壽萬年，永受胡福。」

注曰：胡，猶遐也、遠也。

繼公謂：有威而可畏，謂之威；有儀而可象，謂之儀。德者，得也，行道而有得於心之謂。德者，内也；威儀者，外也。學者固當以德爲先，威儀爲後。然不重其外，亦未必能保其中之所有者也。故此先言敬威儀，乃後言慎德。淑，善也。眉壽，豪眉也。人年老者，必有豪眉秀出者。

三加，曰：「以歲之正，以月之令，咸加爾服。

注曰：咸，皆也。皆加女之三服，謂緇布冠、皮弁、爵弁也。

繼公謂：歲之正，謂當冠之年也。古者男子二十而冠。歲言正，而月言令、言吉，則周禮冠無常月又可見矣。

兄弟具在，以成厥德。

厥者，指兄弟而言。能成兄弟之德，則正身、齊家之事也。以此勉之，其所以責成人之道也深矣。

黄耇無疆，受天之慶。」耇，音苟。

注曰：黄，黄髮也；耇，凍梨也，皆壽徵也。疆，竟。

醴辭曰：「甘醴惟厚，嘉薦令芳。

注曰：嘉，善也。善薦，謂脯醢。芳，香也。

繼公謂：醴，謂以醴飲冠者也。言厚，見其未泲。

拜受祭之，以定爾祥。承天之休，壽考不忘。」

注曰：休，美也。不忘長有令名。

繼公謂：言拜受祭之，亦教之也。然則賓釋此辭，其在筵前北面，冠者未拜之時與？「壽考不忘」者，謂至於壽考而人不能忘之也。此蓋古人祝頌之常語，《詩》亦多用之。

醮辭曰：「旨酒既清，嘉薦亶時。亶，丁但反。

注曰：旨，美也。亶，誠也。

繼公謂：進此醮辭，當與醴辭之節同。亶時，謂誠得成熟之時也。

始加元服，兄弟具來。孝友時格，永乃保之。」

注曰：善父母爲孝，善兄弟爲友。時，是也。格，至也。永，長也。保，安也。行此乃能保之。

繼公謂：具，俱也，保守而有之也。言女方加元服而兄弟皆來者，蓋女孝友之德有以感格之也。然自今以後，當常常保守此德而勿失之，美而復戒之也。一加則一醮，故每醮之辭輒見加冠之序，以明其各有所爲而不嫌與祝辭同也。經於醮禮始加無異文，於再加、三加皆云「如初儀」，乃見醮禮，則是醮者亦祝明矣。醮禮文，故以多儀爲貴。

再醮曰：「旨酒既湑，嘉薦伊脯。湑，思吕反。

注曰：湑，清也。伊，惟也。

繼公謂：獨言脯者，欲協音耳，亦但舉其所上者言也。凡一籩、一豆，則先脯後醢。醮辭蓋主爲不殺者而作，故其言如此。若殺，則籩豆有加乃因用之而不改者，以其亦有脯故也。

乃申爾服，禮儀有序。祭此嘉爵，承天之祜。」祜，音户。

序，謂始加、再加之次第。祜，福也。

三醮曰：「旨酒令芳，籩豆有楚。

注曰：楚，陳列之貌。

咸加爾服，肴升折俎。承天之慶，受福無疆。」

肴，謂乾肉若豚也。《詩》曰：「爾殽伊脯。」

字辭曰：「禮儀既備，令月吉日。昭告爾字，爰字孔嘉。髦士攸宜，宜之于假。假，音嘏。

注曰：昭，明也。爰，於也。孔，甚也。髦，俊也。攸，所也。于，猶爲也。

繼公謂：假，《通典》作「嘏」，今從之。髦士，才德過人之稱。言髦士，乃與「嘉」字相宜。若宜之，則爲「嘏」矣。嘏，福也。

永受保之，曰伯某甫。」仲、叔、季，唯其所當。

注曰：伯、仲、叔、季，長幼之稱。甫，是丈夫之美稱。孔子爲尼甫，周大夫有嘉甫，宋大夫有孔甫，是其類。甫字，或作「父」。

李微之曰：「伯某甫」、「仲、叔、季，唯所當」，如伯休甫、仲山甫之類。

繼公謂：「永受保之」，謂字也。「仲、叔、季，唯其所當」，謂其第若當在仲，則云仲某甫也。叔、季亦然。

《記》。冠義：始冠，緇布之冠也。大古冠布，齊則緇之。其緌也，孔子曰：「吾未之聞也。冠而敝之可也。」始冠，古亂反。冠而同。大，音泰。齊，側皆反。緌，如誰反。

注曰：大古，唐虞以上。緌，纓飾。未之聞，大古質，蓋亦無飾重古。始冠，冠其齊冠。

疏曰：凡言《記》者，皆是記經不備及經外遠古之言。云「冠義」者，記冠中之義。

繼公謂：大古冠布，謂始知作冠之時，但以白布爲之。初無吉凶之異，至齊則緇之，以變於無事時也，是大古惟有白布、緇布二冠耳。後世冠制既與大古異，則古冠廢矣。然有故，則或亦用之，如始冠緇布冠之類是也。「其緌也，孔子曰：吾未之聞」者，謂大古之時冠但有纓，未聞其緌也。緌者，以纓之餘長爲飾者也。古者之纓足以固冠，則已未知爲飾。後世若或用古冠，亦宜存古意。若緌之，則失之矣。《玉藻》曰：「緇布冠繢緌，諸侯之冠也。」此其夫子之所非者與？冠謂始加之後也，敝猶毀壞也。敝之猶可，則不復用可知。既不復用，則亦何必以緌爲飾乎？

適子冠於阼，以著代也。適，丁歷反。冠，古亂反。下並同。

著，明也。著代，明其代父也。

醮於客位，加有成也。

冠禮或醴或醮，此《記》惟言醮，亦見當時尚文之意。加，猶尚也、尊也。有成，謂有成人之道也。尊其有成，故以客禮待之。

三加彌尊，諭其志也。

凡人之志皆欲自卑而尊，故三加之禮其最尊者在後，蓋諭其志而然也。諭，謂深曉之。彌，益也。

冠而字之，敬其名也。

注曰：名者，質，所受於父母。冠成人，益文，故敬之也。

委貌，周道也。章甫，殷道也。毋追，夏后氏之道也。毋追，舊音牟堆。

注曰：其制之異同未之聞。

繼公謂：此言三代之冠各不同也。道，猶制也。三冠之名義未聞。

周弁，殷冔，夏收。冔，況甫反。

注曰：其制之異同亦未聞。

繼公謂：弁，爵弁也。冔、收與弁同稱，是亦弁之類也。其名義亦未聞。

三王共皮弁、素積。

三王共之者，以其制善不可得而變也。《記》言此於爵弁之下者，欲令異者以類相從，然後言同者耳。蓋文法宜然。

無大夫冠禮，而有其昏禮。古者五十而后爵，何大夫冠禮之有？

注曰：五十乃爵，重官人也。大夫或時改取，有昏禮是也。

繼公謂：無大夫冠禮而有其昏禮，據禮經而言也。其下二句所以釋無大夫冠禮之意也，古者謂始有冠禮之時也。五十而爵者，以其年艾德盛乃可服官政也。後世雖未必五十而后爵，然亦不至於未冠而爲大夫。故作《記》之時，去古雖遠，而猶不別立大夫冠禮也。

公侯之有冠禮也，夏之末造也。

造，作也。下文云「繼世以立諸侯，象賢也」，則是公侯父死子繼，其來久矣。或有幼而嗣位者，是雖未冠而其爵固已爲諸侯矣，則及其冠也，不容不與士冠禮異，此所以至夏末而始作公侯之冠禮也。然夏初以前未有此禮者，其義則未聞。

天子之元子猶士也，天下無生而貴者也。

注曰：元子，世子也。

繼公謂：元子，長子也。天子之元子，其冠時猶士而用士禮，以其未即位則無爵故也。未有爵而自異於士，是生而貴也。舉天子之元子，以見其餘。

繼世以立諸侯，象賢也。以官爵人，德之殺也。死而謚，今也。古者生無爵，死無謚。殺，色界反。謚，時志反。

朱子曰：此於冠義無所當，疑錯簡也。蓋老子不尚賢貴，因任之意。言上古之時，各推其賢者奉以爲君，没則復奉其子以繼之，其後遂以爲諸侯。然其子之立也，但象似其賢而已，非故擇賢而立之也。至于中古，乃在上者擇人任官而爲之爵等，此則德之衰殺不及上古之時矣。又至於周而有謚法，則生而有爵者死又加謚，此則又其殺也。上古民自立君，故生無爵；中古未有謚法，故雖有爵而無謚，又以申言古今之變也。

繼公謂：古，惟謂上古也。《記》之意蓋謂以官爵人已不如古，死而有謚則愈不如古矣。故曰：「古者生無爵，死無謚。」

儀禮集説卷二

士昏禮第二

注曰：娶妻之禮，以昏爲期，因以名之。日入三商爲昏，於五禮屬嘉禮。

繼公謂：此篇主言士之適子娶妻之禮。娶必以昏者，取其近夜也。

昏禮。

此不言士者，辟「下達」之文也。

下達，納采用鴈。

此謂自天子下達於庶人，納采皆用鴈也。經惟有《士昏禮》，故因以「下達」之文見之也。以此推之，則餘禮之用鴈者皆當下達，惟納徵之禮或異耳。媒妁傳言女家已許，乃敢納其采女之禮。采者，取也。用鴈者，先儒謂取其不再偶義，恐或然。《春秋傳》曰：「鄭徐吾犯之妹美，公孫黑使強委禽焉。」是大夫納采亦用鴈也，此其徵矣。

主人筵于户西，西上，右几。

注曰：主人，女父也。筵，爲神布席也。有几筵者，以其廟受，宜依神也。席有首尾。

疏曰：《公食記》言席卷自末，是席有首尾。

繼公謂：主人筵于户西，謂主人之家布席于廟之室户西也。筵之者，有司也。乃云主人者，對使者立文也。《覲禮》云：「天子設斧依于户牖之間。」其語意與此相類，下文放此。几，漆几也。右几，席南面，几在席西端也。席「西上，右几」，變於生人也。神位於室則居主位，於堂則居客位。凡受禮於廟而不於户牖之間行禮者，必設神位於客位，示有所尊且敬其事也。士用漆几，亦神人同。是時主人立于阼階東，而擯者亦玄端負東塾，下禮放此。

使者玄端至。使，色吏反。

使者，壻父之家臣，奉壻父之命而爲使者也。此士之家臣也，乃服玄端以行禮，則玄端亦不獨爲士之正服矣。至，謂至於門外。

擯者出請事，入告。

此亦賓之將命者入告，擯者告主人，乃出請事也。其辭蓋曰：「某也使某請事。」凡賓非主人之所戒速而來者，則有請事之禮。擯者請事，賓執鴈、納采，擯者乃入告。凡請事者西面，入告者東面，大夫士之禮也。

主人如賓服，迎於門外，再拜。賓不答拜。

門，大門。拜迎之禮主於使者，乃不答拜者，使事未致，不敢以私禮雜之也。

揖入。

與賓揖，先入也。揖入之後，亦每曲揖不著之者。此與上篇皆士禮，其同可知。下文放此。

至于廟門，揖入。三揖，至于階，三讓。主人以賓升，西面。賓升西階，當阿，東面致命。主人阼階上北面，再拜。

主人以賓升，謂主人先升而賓從之也。西階之下，似有脱字。致命，謂致其主人之辭也。阿，未詳。

授于楹間，南面。授，音受。

此文承主人之下，則「授」宜作「受」。受者南面，則授者北面矣。爲人使而授于堂，乃不南面者，辟君使於大夫之禮也。授受于楹間，敵也。使者雖賤於主人，然主人士也。其爵卑，未足以自别，故使者無降等之嫌，而得與主人於楹間相授，用敵者禮也。主人拜受而賓不拜送，以其非己物也，此與上文不答拜之意異。凡爲使之禮，皆放此。

賓降，出。主人降，授老鴈。出，出廟門。老，室老，大夫士之貴臣。授鴈於階下，既則進立於中庭。

右納采

擯者出請。請，請事也。下文放此。

賓執鴈，請問名，主人許。賓入，授，如初禮。注曰：問名者，將歸卜其吉凶。繼公謂：問名，問女之名也。擯者入告，主人許，乃出告賓而賓入也。初禮，三揖以下之儀也。此雖俟於中庭，亦有三揖，與聘禮同。

右問名

擯者出請，賓告事畢。入告，出請醴賓。醴，與「醴子」之「醴」同。凡自敵以下其使之行重禮者，事畢則醴之，所以見殷勤也。擯者請醴賓，亦以其降等也。若敵者，則主人自請之。

賓禮辭，許。主人徹几改筵，東上。側尊甒醴于房中。徹，直列反。

注曰：徹几改筵者，鄉爲神，今爲人。側尊，亦言無玄酒。側尊於房中，亦篚有籩豆，如冠禮之設。

繼公謂：改筵者，易他筵而布之也。

主人迎賓于廟門外，揖讓如初。升，主人北面，再拜。賓西階上，北面，答拜。

疏曰：初，納采時也。主人再拜，拜至也。

繼公謂：復迎之禮更端也。拜至者，將與賓行禮，先爲此以發之也。主人拜至賓答拜，禮爲己也。凡爲使者之禮類此者，皆可以意推之。

主人拂几，授校，拜送。賓以几辟，北面設于坐，左之，西階上答拜。校，下孝反。辟，音避。

注曰：拂，拭也。拭几者，尊賓新之。辟，逡巡。

疏曰：拂几，亦外拂几三也。凡授几，横受之。及其設之，皆旋几從執，乃於坐南設之。

繼公謂：几者，所以安體。賓雖不隱几，主人猶進之，崇優厚也。拂几者，新之且爲恭也。凡拂几以袂，几、校未詳。以《有司徹》執几之法推之，則校者其謂左廉與？云以几辟者，嫌辟時或釋几也。凡自敵以下，其於拜者皆辟，經不盡見之也。左之，在席上之東也。設几於左，便其右也。授几於筵前，西面拜送，亦於阼階上北面。設几之法，《有司徹》備之矣。

贊者酌醴，加角柶，面葉，出于房。

注曰：贊者，亦洗酌加角柶，覆之，如冠禮矣。出房南面，待主人迎受。

主人受醴，面枋，筵前西北面。賓拜受醴，復位。主人阼階上拜送。

西北面，以賓在西階上，不可背之也。醴子、醴婦皆北面者，以其立於席西也。賓拜亦於西階上。復位，俟既薦，乃升席於賓之拜也。主人少退，主人拜送，賓亦如之。

贊者薦脯醢。賓即筵坐，左執觶，祭脯醢，以柶祭醴三。西階上北面坐，啐醴，建柶，興。坐奠觶，遂拜。主人答拜。

祭不言右，可知也。後文類此者皆同。

賓即筵，奠于薦左。降筵，北面坐，取脯。主人辭。

注曰：取脯者，尊主人之賜也。

繼公謂：即筵，奠觶者以取脯當北面，禮貴相變也。主人辭者，蓋見賓珍己之物而取之，則以不腆辭之。

賓降，授人脯，出，主人送于門外，再拜。

注曰：人，謂使者從者，授於階下西面。

繼公謂：門者，外門也。

右醴賓

納吉，用鴈，如納采禮。

注曰：歸卜得吉兆，復使使者往告，昏姻之事於是定。

繼公謂：如納采禮，兼醴賓而言也。下禮放此。

右納吉

納徵，玄纁束帛、儷皮，如納吉禮。

注曰：徵，成也。執束帛以致命，兩皮爲庭實。

繼公謂：納吉則成昏矣，故於納吉之後復納其成昏之禮。六禮惟此最重，故特用皮帛而不用鴈也。玄纁合而爲兩束帛，玄纁各五端也。《周官》曰：「凡嫁子取妻，入幣純帛，無過五兩。」云「純」，則玄而不纁也，與此異。用束帛、儷皮，則當至廟門。主人揖先入，賓乃執束帛而庭實先入設也。如是，則納吉禮不足以蒙之。乃云「如」者，以其異者可得而見也。下言「如納徵禮」，類此。

右納徵

請期，用鴈。主人辭，賓許告期，如納徵禮。

注曰：主人辭者，陽倡陰和，期日宜由夫家來也。夫家卜之得吉日，乃使使者往辭，即告之。

繼公謂：壻家既得吉日，乃不敢直以告女家而必請之者，示聽命於女家之意，尊之也。許告期，即《記》所謂「某敢不告期」者也。

右請期

期初昏，陳三鼎于寢門外東方，北面，北上。其實：特豚，合升，去蹄，舉肺脊二，祭肺二；魚十有四；腊一純，髀不升，皆飪。設扃鼏。去，起吕反。髀，步米反。飪，而甚反。

注曰：期，取妻之日。寢，壻之室也。「北面，北上」，鄉内相隨也。去蹄，蹄甲不用，爲不絜清也。舉肺脊者，食時所先舉也。每皆二者，夫婦各一耳。凡魚之正十五，而鼎減一爲十四者，欲其敵偶也。純，全也。合升，左右胖曰純。髀不升者，近竅，賤也。飪，孰也。今文扃作鉉。

疏曰：命士以上，父子異宮。壻自別有寢也。

繼公謂：初昏，謂日方入之時。東方，直東塾少南也。陳鼎東方，大夫士之禮也。「北面，北上」，使其入設，亦臣禮之異者也。其實，鼎實也。合升者，用豚之法宜然也。去蹄者，指兩肩、兩髀而言，《士喪禮》曰「四鬄去蹄」是也。舉肺脊者，所舉之肺脊也。此二者先飯則舉之，每飯則啗之。脊，正脊也。祭肺，切肺也。他肺亦祭，此乃直以祭名之者，以其惟主於祭而已，無他用也，故又謂之肺祭。凡食而有牲俎者皆有祭肺，不言四鬄兩胉者，《士喪禮》有成文，故此略之。《士禮》腊用一胖，此一純，乃用左右胖者，亦異昏禮也。《特牲記》曰「腊如牲骨」，然則此腊之體骨亦略放於豚，惟去髀爲異，去髀則用肫也。設扃鼏，鼏在上也。腊所用之物，未詳，《少牢禮》云「用麋」。

設洗於阼階東南。

設洗之節，詳於前篇，故此略之。

饌于房中，醯、醬二豆，菹、醢四豆，兼巾之。黍稷四敦，皆蓋。饌，士戀反。

醯，呼西反。敦，音對。下並同。

注曰：醯醬者，以醯和醬。兼巾之者，六豆共巾也，爲禦塵。蓋爲尚温。《周禮》曰：「食齊視春時。」

繼公謂：此饌蓋順其設之先後也。然則豆、敦皆二以並，而醢、醬二豆其在南與？菹醢，葵菹、蝸醢也。蓋以會。

大羹湆在爨。大，音泰。湆，音泣。爨，七亂反。

注曰：爨，竈也。《周禮》曰：「羹齊視夏時。」今文湆皆作汁。

繼公謂：大羹，上牲之肉汁也。以其重於他牲，故曰大。云「大羹」，復云「湆」者，嫌羹當用肉也，此上牲謂豚。爨，烹豚之竈也，不言鑊者可知也。

尊于室中北墉下，有禁，玄酒在西，綌幂，加勺，皆南枋。幂，眉狄反。

注曰：綌，麤葛。幂，覆尊巾。

繼公謂：《士虞禮》曰：「尊于室中北墉下，當户。」此東西之節宜如之。尊不言其器，如上篇可知。以巾覆物謂之幂。

尊于房户之東，無玄酒。篚在南，實四爵，合巹。巹，音謹。

注曰：合巹，破匏也。四爵、兩巹凡六，爲夫婦各三酳。

繼公謂：無玄酒，則惟一尊而已。無玄酒用一尊，且不尊于房户之間，又不幂，皆遠下尊者也。篚，實爵。巹，主酳夫婦也。乃設於此者非常禮，因有尊而爲之耳。凡設此篚于堂者，必在尊南鄉。《飲酒禮》曰：「設篚于禁南。東肆。」巹云合者，謂合而實之也。

右陳器饌

主人爵弁，纁裳、緇袘。從者畢玄端，乘墨車，從車二乘，執燭前馬。袘，以豉反。從，並才用反。二乘，繩證反。

注曰：主人，壻也。爵弁，玄冕之次。大夫以上，親迎冕服。袘，謂緣也。從者，有司也。乘，貳車從行者也。畢，猶皆也。士而乘墨車，攝盛也。燭，燋也。執燭前馬，使徒役持炬火，居前炤道。燭用蒸。

繼公謂：此禮據壻家而言，故以壻爲主人。爵弁者，以親迎，當用上服也。此言緇袘，不言衣帶韠，與前篇互見也。從者，謂在車及執燭者也。從者，棧車也。從車二乘與乘車而三，士之車數於此可見。墨車加黑色而漆之，棧車不加黑色漆之而已。案，注云「攝盛」，謂乘大夫車也。《巾車職》曰：「大夫乘墨車。」

婦車亦如之，有裧。裧，昌占反。

注曰：亦如之者，車同等。士妻之車，夫家共之。大夫以上嫁女，則自以車送之。

繼公謂：如之者，如從者畢玄端而下之儀也。有裧者，婦人重自蔽且以别於男子之車也。裧亦以布爲之。在上曰裧，在下曰裳帷。此惟有裧而已，其形制則未聞。喪時，婦車裧用疏布。

至于門外。

注曰：婦家大門之外。

主人筵于户西，西上，右几。

注曰：主人，女父也。

繼公謂：此主於女家而言，故復以女父爲主人。凡經文之類此者，以意求之。

女次，純衣纁袡，立于房中，南面。純，如字。袡，如占反。

注曰：次，首飾也。《周禮·追師》掌「爲副、編、次」。

繼公謂：次之形制亦未詳。袡者，裳連於衣而異其色之稱。此緇衣而纁裳，故曰纁袡也。婦人衣裳異色者，惟此時耳。嫁時特服此衣者，亦所以重之。《喪大記》曰：「婦人復不以袡。」然則婦人之嫁者用袡，亦不獨士妻也。立于房中，亦當户純衣，説見前篇。

姆纚、笄、宵衣，在其右。姆，音茂。

注曰：纚，亦廣充幅，長六尺。姆在女右，當詔以禮。

繼公謂：姆，女師也。此笄，象笄也，長尺二寸。《少牢饋食禮》主婦被裼衣，《特牲饋食禮》主婦纚笄宵衣，以是差之，則宵衣次於裼衣矣，亦用布爲之。但其所以異於裼者，則未之聞。

女從者畢袗玄，纚、笄，被纇黼，在其後。從，才用反。被，皮義反。纇，若迥反。黼，音甫。

注曰：女從者，謂娣姪也。

繼公謂：玄者，玄衣也，其亦宵衣，與纇絅同。《玉藻》曰禪〔一〕爲絅，蓋指衣而言。《考工記》曰，白與黑謂之黼纇。黼者，以黼爲禪衣而被之於玄衣之上，亦猶婦之加景然也。昏禮尚飾，故用纇黼。不登車乃被之者，遠別於婦也。被纇黼，則玄衣不見矣。必言袗玄者，以其正也。在其後，蓋東上。

主人玄端迎于門外，西面再拜，賓東面答拜。

賓，壻也，亦擯者出請入告，乃出迎之。此時賓爵弁服而主人玄端，不嫌於服異者，主人不正與賓爲禮，特迎而道之入廟耳。拜之者，迎賓之禮也。

主人揖入，賓執鴈從。至于廟門，揖入。三揖，至于階，三讓。主人升，

〔一〕「禪」原作「襌」，元刊明修本、文淵閣本、摛藻堂本均作「禪」，是，據改。下同。

西面。賓升，北面奠鴈。再拜稽首，降，出。婦從，降自西階。主人不降送。稽，音啓。

注曰：賓升奠鴈拜，主人不答，明主爲授女耳。主人不降送，禮不參。

繼公謂：賓於外門外，即執鴈別於幣也。凡幣爲禮者，至廟門乃執之。北面奠鴈，以女在房也。稽首，頭下至手也。拜時兩手至地，左手在上。若稽首，則以頭加於左手之上。再拜稽首者，始拜則但拜而已。於其卒拜，則因而遂稽首焉，《書》曰「拜手稽首」是也。此禮之重者而爲之，重昏禮之始也。《昏義》曰：「再拜奠鴈，蓋受之於父母。」是亦一義也。降、出，謂出外門俟。上經云至于門外，是婦車亦在大門外也。案，注云「授女」者，謂奠鴈以授女也。云「禮不參」者，據凡行禮者言也。此壻迎女而女從之，是壻、女二人爲禮矣，故主人不參之。

壻御婦車，授綏，姆辭不受。壻，悉許反。

注曰：壻御者，親而下之。綏，所以引升車者。僕人之禮，必授人綏。

繼公謂：《曲禮》曰：「凡僕人之禮，必授人綏。」若僕者降等則受，不然則否。此壻爲御，故如僕人之禮而授綏。然非降等者也，故姆辭不受。於姆之辭也，壻乃至綏，既則女自取之以升。

婦乘以几，姆加景，乃驅。御者代。乘，繩證反。

注曰：加景，以爲行道禦塵令衣鮮明也。景，亦明也。驅，行也。行輪三周，御者乃代壻。

疏曰：乘以几者，謂登車時也。景，蓋以襌縠爲之。

繼公謂：此乘升車之稱也。乘以几，尊之。《曲禮》曰：「尸乘必以几。」亦此意也。衣名以景者，取其鮮明之意。《詩》云：「衣錦褧衣，裳錦褧裳。」然則，此景之制亦連衣裳爲之，與其他上衣同矣。姆爲加之，是姆亦與女同車也。已登車乃加景，則未下車其脱之與？女從者脱纚，蓋於下車之後。

壻乘其車，先俟于門外。

注曰：壻車在大門外，乘之先者道之也。門外，壻家大門外。

繼公謂：御者既代，止車以俟壻乘其車先，然後從之。

右親迎

婦至，主人揖婦以入。及寢門，揖入，升自西階。媵布席于奥。夫入于室，即席。婦尊西，南面。媵、御沃盥交。媵，以證反。

注曰：升自西階，道婦入也。媵，送也，謂女從者也。

李微之曰：御，壻家之女侍也。

繼公謂：奥，室中面墉下少南也。布席東面北上，宜變於神席也。夫婦既升而並俟于堂，媵既布席乃入也。即席，立于席上也。婦立于尊西，則尊亦當户明矣。交者，御沃媵盥、媵沃御盥也。居室之始即行此禮，相下相親之義也。此盥蓋於北洗。

右夫婦入室

贊者徹尊冪。徹，直列反。下並同。

事已至也。

舉者盥出，降冪，舉鼎入。陳于阼階南，西面，北上。

盥，北面盥於南洗也。冪，當作鼏。除鼏者，右人也。除鼏而後舉鼎，吉禮也。陳鼎於内而當階，士禮也。既陳鼎，則右人抽扃委于鼎北，而西面于鼎東以俟。《少牢禮》陳鼎南於洗西，其與士禮異者，當東序耳。

匕俎從設。匕，必履反。

匕，所以出鼎實也。俎，所以載也。執匕俎者，從鼎入而設於其鼎之西也。設，謂設俎也。既設俎，則各加匕於其鼎東枋，遂退此三匕。三俎從設，則是有司三人各兼執一匕一俎與？

北面載，執而俟。

注曰：執俎而立，俟豆先設。

繼公謂：北面載者，左人也，右人則西面匕。此載，以俎承物之稱。《士喪禮》載豚云「載兩髀于兩端，兩肩亞，兩胉亞，脊、肺在於中，皆進柢」，載魚「左首，進鬐，三列，腊進柢」。此魚十有四，則爲二列也。載腊如豚，惟無肺耳。俟，俟時而升。

匕者逆退，復位于門東，北面，西上。

匕者，乃右人以匕出鼎實者也。以匕出物而謂之匕，亦因其所用者稱之。逆退，則匕下鼎者在先，匕上鼎者在後也。言復位，見其初位在此。「門東，北面，西上」，私臣之位也，此亦因文而見之耳。《特牲饋食記》曰：「私臣門東，北面，西上。」逆退者，由便也，亦便其復位也。凡逆退而復位者，其義皆然。

贊者設醬于席前，菹醢在其北。俎入，設于豆東，魚次。腊特于俎北。

注曰：豆，菹醢。

繼公謂：菹醢在醬北南上也，别見魚腊，則此俎云者，指豚俎也。經蓋因文以見特俎之位也。當豚俎北端而云「特」者，明不與豚俎爲列，亦横設之。凡俎數奇，故於其下者特設之。

贊設黍于醬東，稷在其東，設湆于醬南。

黍在豚南，稷在魚南。湆不言其器，在豆可知。《少牢禮》曰：「進二豆湆。」

設對醬于東，

注曰：對醬，婦醬也。

繼公謂：下文云設黍于腊北，而此醬宜在黍東，則於特俎爲東北也。

菹醢在其南，北上。

二豆在醬南，俱當特俎之東也。

設黍于腊北，其西稷。

腊北，即醬西也。必云腊北者，所以見對饌東西南北之節也。稷在黍西，則在腊之西北，而遥當壻醢之北矣。惟於「設黍」云「腊北」，可見特俎亦横設之也。

設湆于醬北。

此豆敦之位，其左右皆與壻饌同，惟南北爲異。

御布對席。

對席，婦席也。經於婦之菹醢云北上，則此對席南上矣。凡設豆於生人之席前者，其所上率與席之所上相變，此禮於《少牢》下篇見之。未設而布，壻席已設，乃布婦席示尊卑之義也。媵布夫席，御布婦席，見其事之之意也。此於壻席爲少北，不正相鄉，特取其一東一西，故云對耳。對醬之類亦然。

贊啓會，卻于敦南，對敦于北。會，如字。

注曰：啓，發也。會，合也。謂敦，蓋也。

繼公謂：卻，仰也。對敦于北，謂啓婦敦之會，則卻于敦北也。其南北之會，各當其湇之東西。

贊告具，揖婦。即對筵，皆坐，皆祭。祭薦、黍、稷、肺。

注曰：贊者西面告饌具也。

繼公謂：贊，揖婦使即席者，以主此禮故也。祭薦、黍、稷、肺，釋上所謂祭者此也。祭薦，以菹擩于醢而祭也。祭黍、稷，取於其敦而祭之。肺，祭肺也，亦皆祭于豆祭。

贊爾黍，授肺脊。皆食，以湇、醬，皆祭舉、食舉也。

注曰：爾，近也。近之置席上，便其食也。皆食，食黍也。以，用也。

繼公謂：古文邇、爾通。惟「爾黍」者，夫婦各有二敦，故但取其尊者而食之。凡爾敦者，皆右之於席，上經特於《少牢禮》見之。授肺脊，兼舉而授之也，皆受以右手，惟飯時則左執之也。贊授夫於饌南西面，婦則於饌北東面，皆訝受之。皆食，謂一飯也。以湆醬，皆謂咂之。未食舉，故用此安食耳。舉，謂肺脊以其先食舉之，因名之曰舉。祭，謂振祭，嚌之。一飯乃祭舉，異於《饋食禮》也。食舉謂啗之，再飯、三飯則皆食舉，不復以湆醬矣。

三飯，卒食。 飯，扶晚反。

三飯而卒食，其遠下饋食之禮與士之饋食九飯而止。飯，猶食也。或言食，或言飯，隨文便耳。不言贊者受肺脊，文省。

右食

贊洗爵，酌，酳主人，主人拜受。贊户内北面答拜。酳婦亦如之。皆祭。 酳，以刃反。

注曰：酳，酌，内尊。

繼公謂：洗爵，洗于庭也。酳之言胤也、繼也，其字從酉，蓋既食之而復繼之以酒，故因以爲名，取其酒食相續之意也。其禮如是，所以見殷勤也。此拜受者皆在席。户内，户内之西也。祭，謂祭酒。凡酳皆坐受爵。

贊以肝從，皆振祭，嚌肝，皆實于菹豆。

注曰：肝，肝炙也。

繼公謂：以肝從，謂以肝俎從於酒而進之肝。蓋共俎而進本，贊則縮執之，振祭者執而振動之以爲祭也。此亦以肝擩于鹽，乃振祭肝從之法，《少牢饋食禮》備之矣。

卒爵，皆拜。贊答拜，受爵。

卒爵而拜，拜其飲己之賜也。贊答拜，亦一拜也。受爵，出奠于篚，乃復洗他爵以升。

再酳如初，無從。

初者，初酳時洗爵以下之儀也。無從，見其異於初耳。

三酳用巹，亦如之。

至是乃用巹者，昏禮將終，示以合體相親之意也。亦如之者，亦如初而無從也。食後進酒，至於再三猶云酳者，同牢之禮。贊主其事，而此酒則皆贊進之，故皆謂之酳。少牢、特牲饋食之禮進酒於尸者，惟主人言「酳」，主婦、賓長則皆不曰「酳」而曰「獻」，以食禮非一人主之故也。由是觀之，足以見其立言之意矣。

贊洗爵，酌于户外尊。入户，西北面奠爵，拜。皆答拜。坐祭，卒爵，拜。

皆答拜。興。

注曰：贊酌者，自酢也。

繼公謂：三酳，乃自酢變於常禮也。自酢之禮，代人酢己耳。洗爵者，象其爲己洗也。奠爵拜者，象受也。夫婦皆答拜，則象同酢之也，故主人不必親酌。凡此時夫婦室中之拜，皆順其東西面。興，謂夫婦也。上「户」字疑衍，下云「贊酌外尊」，則可見矣。

右酳

主人出，婦復位。

注曰：復，尊西南面之位。

繼公謂：主人出，爲將説服于房也。婦但當説服于室，故不出，惟變位而已。

乃徹于房中，如設于室。尊否。

注曰：徹室中之饌設于房中，爲媵御餕之。徹尊不設，有外尊也。

繼公謂：徹之者，亦贊也。如設于室，謂其饌與席之位也，亦皆東西相鄉。

主人説服于房，媵受。婦説服于室，御受。姆授巾。説，並吐活反。下同。

注曰：巾，所以自絜清。

繼公謂：説服，皆謂去上服也。于房、于室，男女宜異處，亦重褻也。《記》云「母施衿結帨」，是婦自有帨巾也。今既説服，御亦併受此物，故姆還以他巾授之。

御衽于奥，媵衽良席在東，皆有枕，北止。衽，而甚反。

注曰：婦人稱夫曰良。《孟子》曰：「將見[一]良人之所之。」止，足也。古人「止」作「趾」。

繼公謂：卧席謂之衽，此衽云者，謂設衽也，亦猶布筵而謂之筵矣。夫東婦西者，變於坐席也。

主人入，親説婦之纓。

注曰：入者，從房還入室也。婦人許嫁，笄而醴之，因著纓，明有繫也。蓋以五采爲之，其制未聞。

疏曰：纓有二。《曲禮》云：「女子許嫁，纓。」示有從人之端也，即此「説纓」之「纓」也。《内則》云：「男女未冠、笄者，總角衿纓。」此幼時纓也，皆與男子冠纓異，故云其制未聞。

[一] 元刊明修本同底本，文淵閣本、摛藻堂本「見」作「瞯」。彭林校點《儀禮注疏》作「見」，其校語云：「見，徐本《集釋》、敖氏同，與疏合。《釋文》作覵，云今本亦作見。臧琳云，賈本作將見，故後人校《釋文》云今本亦作見，乃注疏本反作覵，此又近人依《釋文》改也。」覵與瞯同。由彭氏校語知「覵」（「瞯」）、「見」版本差異之所由，且敖氏本原作「見」，故不改。

繼公謂：主人親説之者，明此纓爲己而繫也，亦示親之。

燭出。

注曰：昏禮畢，將卧息。

媵餕主人之餘，御餕婦餘。贊酌外尊酳之。餕，音俊。

食人之餘曰餕，餘謂其所嘗食者也。媵、御各餕夫婦之餘者，見其惠之及之也。此餕之位，媵當東面而長者在南，御當西面而長者在北，略如《少牢饋食》𩞁者之位也。不洗而酌，略賤也。此酳之儀，惟拜受拜送而已，不拜既爵。外尊，房户東之尊。

媵侍于户外，呼則聞。

注曰：爲尊者有所徵求。今文侍作待。

繼公謂：媵雖婦之從者，然自婦至之後，凡主人有事皆媵爲之。此侍于户外乃不使御而使媵者，亦主於夫也。呼則聞，釋所以侍于户外之意也。今文侍作待，其義亦通。若然，則昏禮既畢，其就内寢與？

右昏禮成

夙興，婦沐浴。纚、笄、宵衣以俟見。見，賢遍反。下同。

注曰：夙，昏明日之晨。

繼公謂：士妻之纚、笄、宵衣，猶士之玄冠、玄端也。《内則》言「子事父母服玄端」，又云「婦事舅姑如事父母」，則「宵衣」者，亦士妻事舅姑之常服耳。婦之始嫁即以此服見而不爲之加者，昏禮不主於舅姑也。俟見者，質明乃見，此時俟於已之寢。

質明，贊見婦于舅姑。席于阼，舅即席。席于房外，南面，姑即席。

注曰：房外，房户外之西。

繼公謂：見者，通言於舅姑使得見也。舅姑，夫之父母也。阼席亦西面，舅姑即席，亦立于席也。凡設席，其在東者則西面，其在西者則東面，南北放此。經或不見之者，以其可知也。

婦執笲棗、栗，自門入。升自西階，進拜，奠于席。笲，音煩。

注曰：笲，竹器。其形蓋如今之筥、䉛、籚〔一〕矣。奠之者，舅尊不敢授也。

繼公謂：笲棗、栗，二物同一器也。《聘禮》曰：「卷幣實于笲。」然則，笲之制蓋亦隋方如篋矣。門，舅姑寢門也。必云自門入者，嫌婦人出入當由闈門也。進乃拜，則拜處近於席，不當階

〔一〕摛藻堂本改「䉛」字爲「篆」，其校文云：「刊本『䉛、籚』二字訛從『艹』，據鄭注改。」王太岳同此説。按，元刊明修本作「䉛、籚」，「籚」字並不從「艹」，故知摛藻堂本所言「刊本」與元刊明修本不盡相同。

矣。不言東面者，可知也。始執笲，用二手。及拜時，則惟右手執之。凡婦人之拜，以左掌據地，故右手執物而可以拜也。《内則》曰：「凡女拜，尚右手。」

舅坐撫之，興。答拜，婦還又拜。

注曰：還又拜者，還於先拜處拜。

繼公謂：撫之，示受也。興而後拜，敬也。婦還者，婦於筵前少立，俟舅卒拜而後還也。又拜者，俠拜也。

降階，受笲、腶脩，升，進北面拜。奠于席。姑坐，舉以興，拜，授人。 腶，丁亂反。

注曰：腶脩，擣肉之脯。人，有司。姑執笲以起，答婦拜，授有司徹之，舅則宰徹之。

繼公謂：婦於舅並用棗栗而執於門外，於姑惟用腶脩而受於階下，皆輕重之差也。進北面拜者，既入堂深，東行當席，乃北面而拜也。奠于席，亦不敢授也。棗栗、腶脩，所以爲贄也，乃皆奠之而不敢授者。凡相見之禮，尊卑不敵則奠之，亦示親授也。此不撫之者，不敢同於舅也。舉以興乃拜，既拜乃授人，則拜時亦不釋笲矣。

右婦見舅姑

贊醴婦。

贊爲舅姑醴婦也。舅姑必醴之者，答其行禮於己也。婦見醴乃成爲婦，舅不自醴之者，於其始至宜示以尊卑之禮也。是時，舅姑皆立于席。

席于户牖間，

注曰：室户西，牖東，南面位。

疏曰：醴子、醴婦、醴賓客皆以此，尊之故也。

側尊甒醴于房中。

亦有籩豆在其北，惟云側尊，文省。

婦疑立于席西。疑，舊魚乞反。

是時已東西立，「疑」字未詳。

贊者酌醴，加柶，面枋，出房，席前北面。婦東面拜受，贊西階上北面拜送。婦又拜。

疏曰：東面拜者，以舅姑在東，宜鄉之拜也。

繼公謂：婦於贊乃俠拜者，重其爲舅姑醴己也。婦又拜，蓋執觶拜也。其下二拜亦然。

薦脯醢。亦贊薦之。

婦升席，左執觶，右祭脯醢。以柶祭醴三，降席，東面坐。啐醴，建柶，興，拜。贊答拜。婦又拜，奠于薦東，北面坐，取脯。降，出，授人于門外。

注曰：奠于薦東，升席奠之。人，謂婦氏人。

繼公謂：拜，皆執觶拜也。門，寢門也。授人於外，變於男子之禮。

右醴婦

舅姑入于室，己禮畢也。

婦盥，饋。於既授脯，即反而行饋禮也。以食食人謂之饋，適婦之禮在養舅姑，故即行饋禮以見其意。

特豚合升，側載。無魚、腊，無稷，並南上。其他如取女禮。取，七注反。

注曰：側載者，右胖載之舅俎，左胖載之姑俎，異尊卑。女，謂婦也，如取婦禮同牢時。

疏曰：自「側載」以下，「南上」以上，與「取女」異。周人吉禮尚右，故知右胖載之舅俎，左胖載之姑俎，以異尊卑也。

繼公謂：二俎載之乃云側者，以無魚、腊也。南上之文，主於菹醢，蓋特舉此以見舅姑之皆東面，且明席之北上也。席北上，則舅在北、姑在南矣。姑不別席於北方者，辟婦之位也。其他，謂爾黍以至卒食也。此特豚合升而載之二俎，則是每俎皆有肩髀、胉脊，與其他豚解而載於一俎者略異矣。《士喪禮》言豚解之法，兩肩、兩髀、兩胉與脊共有七段也。

婦贊成祭，

此祭謂祭薦黍、稷、肺也。凡贊祭必授祭，而此云成者，其爲之祭而不授與？

卒食。一酳，無從。

卒食，亦三飯而止也。此禮每節皆殺於同牢之禮，俎則無魚、腊，敦則無稷，至是又惟一酳。以其一酳，故無肝從，是皆其禮之當然也。婦之酳也，當洗於北堂，而酌于室中北墉下之尊。酳舅於席前之南，姑於席前之北，皆西面。其拜亦在户西北面也，舅姑亦皆答拜于其席。

席于北墉下。

此席當在尊西而東上。

婦徹，設席前如初，西上。

此所設者，皆如饋之設，但易處，則所上之面位不同之耳。

婦餕，舅辭易醬。

注曰：婦餕者，即席將餕也。

繼公謂：舅辭者，見婦即席將餕己饌，故辭之。婦不言對，不敢與尊者爲禮也。下經云「婦餕姑之饌」，則是從舅命矣。易醬，易姑醬也，蓋御爲之。

婦餕姑之饌。御贊祭豆、黍、肺，舉肺、脊。

豆祭亦贊之，則是此三祭亦皆不授之而直爲之祭矣。祭肺，亦祭切肺也。舉肺、脊，其姑之所已舉者與？亦御者舉以授之。

乃食，卒。

食，謂食黍也，亦以湇醬祭舉、食舉、三飯而卒食也。

姑酳之，婦拜受，姑拜送。坐祭，卒爵，姑受，奠之。

注曰：奠之，奠于篚。

繼公謂：婦拜于席南面，姑亦拜于西墉下東面之位也。卒爵而姑受，亦不拜既爵矣，餕禮輕。

婦徹于房中，媵、御餕，

注曰：媵餕舅餘，御餕姑餘也。

繼公謂：此與上經「徹下」皆不云設，未詳。其設之，當略如同牢禮。

姑酳之。雖無娣，媵先。

注曰：古者嫁女，必姪、娣從，謂之媵。姪，兄之子。娣，女弟也。娣尊姪卑，若或無娣猶先媵，客之也。

繼公謂：此酳亦酌外尊。

於是與始飯之錯。錯，音措。

此句未詳。尋其語脉文意，似謂既酳則於是乎改設之，如饋之錯也。錯，猶設也。若然，則「與始飯」三字皆誤與？

右婦饋舅姑

舅姑共饗婦以一獻之禮。舅洗于南洗，姑洗于北洗。奠酬。

注曰：南洗，在庭。北洗，在北堂。

疏曰：舅獻姑酬，共成一獻。

繼公謂：飲人而用牲焉曰饗，饗婦，蓋答其饋也。舅洗，洗爵以獻也。姑洗，洗觶以酬也。婦酢舅，亦洗于北洗，皆不辭洗、不拜洗。其獻酢則各于其席前，舅拜于阼階上北面，婦拜于席西東面。姑酬婦，則于主人之席北而奠觶于婦之薦西。奠酬者，婦取姑之酬酒而奠之於薦東也。必言此者，明其禮止於是也。不燕者，尊卑之分嚴也。《昏義》云「厥明」，此不言者，文不具耳。

舅姑先降自西階，婦降自阼階。

明將授之室也。舅姑先降自西階，然後婦乃敢降自阼階，蓋達尊者之意也。

歸婦俎于婦氏人。

注曰：婦氏人，丈夫送婦者。使有司歸以婦俎，當以反命於女之父母。

繼公謂：此牲俎，其亦用豚與？

右舅姑饗婦

舅饗送者以一獻之禮，酬以束帛。

注曰：送者，女家有司也。

繼公謂：饗之而用帛，亦重謝之也。酬以束帛，其節當與冠禮醴賓者同。

姑饗婦人送者，酬以束帛。

注曰：婦人送者，隸子弟之妻妾。

疏曰：《左氏傳》云：「士有隸子弟。」尊無送卑，故知「婦人送者」是「隸子弟」之妻妾。

若異邦，則贈丈夫送者以束帛。

注曰：贈之，就賓館。

繼公謂：以物餽將行者曰贈，酬之外又贈以此幣，以其勞於道路故也。古之士得取於異邦，則大夫可知矣。獨云贈丈夫，則是古者婦人不越疆而送嫁也。

右禮送者

若舅姑既没，則婦入三月，乃奠菜。

崔靈恩曰：若舅姑偏有没者，厥明盥饋於其存者，三月又廟見於其亡者。

繼公謂：乃奠菜，亦題下事也。必三月乃奠菜者，三月一時天氣變，故以之爲節也。

席于廟奥，東面，右几。席于北方，南面。

注曰：北方，墉下。

疏曰：生時見舅姑，舅姑别席異面，是今亦别席異面，象生也。

繼公謂：右几，見席南上也。凡設几，例在席之上端。舅席東面而南上，姑席南面其西上與？生人室中之席東面者北上，南面者東上，鬼神則變之。生時見舅姑，舅不用几，此有之者，異其神也。姑席無几，几主於尊者也。是亦質明行事。

祝盥。婦盥于門外。婦執笲菜，祝帥婦以入。祝告，稱婦之姓曰：「某氏來婦，敢奠嘉菜于皇舅某子。」

注曰：帥，道也。入，入室也。來婦，言來爲婦。嘉，美也。皇，君也。言君者，尊之。菜，蓋用菫。

繼公謂：執笲菜亦於門外，廟見用笲菜，異於生時之贄也。云帥婦以入，是婦亦升自西階也。此時婦入室西面，祝在左而爲之告也。某氏者，高國之女則曰姜氏，季孟之女則曰姬氏。皇者，尊大之之稱。某子者某，謚也，猶言文子、武子矣，此蓋指其爲大夫者也。假設言之，以著其廟見之禮與爲士者同耳。

婦拜扱地，坐，奠菜于几東席上。還，又拜如初。扱，初合反。

婦拜，拜于其位也。扱地，未詳。奠菜于几東席上，則是几前猶有餘席，亦可見設几之節矣。還又拜，亦反於故位復拜也。此又拜者，接神禮然也，其例見於《聘禮》及《特牲》、《少牢饋食禮》。

婦降堂，取笲菜入。祝曰：「某氏來婦，敢告于皇姑某氏。」奠菜于席，如初禮。

注曰：降堂，階上也。於姑言敢告，舅尊于姑。

繼公謂：取，猶受也。降堂取笲菜，以其行禮於室也。在堂則降階，在室則降堂。遠近之差，禮亦宜然。入，入而北面也，祝亦在左告之。如初禮，拜而奠于席上之右，還又拜也。

婦出，祝闔牖户。

疏曰：先牖後户者，先闔牖，後闔户也。

繼公謂：婦出户，則老釋辭請醴之，而婦入于房矣。

老醴婦于房中，南面，如舅姑醴婦之禮。

婦既廟見而老醴之，象舅姑生時使贊醴婦之禮，蓋達神意也。不于堂，辟尊者在之處也。上云「贊醴婦」，此云「如舅姑」，見上贊者爲代舅姑醴之也。房中行禮，則老其西面拜與？婦見醴乃成爲婦，若廟見舅姑之偏没者，恐無此禮。

壻饗婦送者丈夫、婦人，如舅姑饗禮。

疏曰：舅姑没，故壻兼饗丈夫、婦人。

繼公謂：壻饗丈夫、婦人，亦當異日而皆酬之以束帛也。此禮之節宜在始嫁之時，因言廟見而及之。故其文在此，非謂行之於老醴婦之後也。

右舅姑已没之禮

《記》。士昏禮：凡行事，必用昏昕，受諸禰廟。昕，音欣。禰，乃禮反。

注曰：用昕，使者。用昏，壻也。

疏曰：用昕，謂納采、問名、納吉、納徵、請期五者，皆用昕，即《詩》所謂「旭日始旦」也。昏，親迎時也。

繼公謂：禰廟，父廟也。廟受，重其事也。經凡言士禮多主於一廟者，一廟則祖禰皆在焉。惟云禰，主於禰也。蓋祖尊而禰，親受昏禮宜於親者。

辭無不腆，無辱。腆，他典反。

腆，善也。言當善其辭，又不可以辱命也。

贄不用死。

注曰：贄，鴈也。

繼公謂：此文在皮帛之前，則是指納采之類言也。夫贄云者，親奉其物以相見之稱也。納吉之類，禮雖用鴈，然遣使爲之，固不可謂之贄。以贄爲言，《記》者過也。且「不用死」之云，亦似長語。古人非昏禮而用鴈，豈有用死者乎？似重失之。

皮、帛必可制。

注曰：儷皮、束帛也。

繼公謂：制，制爲衣裘也。然則他禮之用皮帛者，其有不可制者乎？亦似長語矣。

腊必用鮮，

惟云「腊必用鮮」，是魚用薨矣。一腊而用鮮，亦異昏禮也。

魚用鮒，必殽全。鮒，音附。

注曰：殽全者，不餒敗，不剥傷。

繼公謂：他時，魚或用鱄，此則惟許用鮒，云「必殽全」，語亦似過他禮。用魚，豈有不殽全者乎？

女子許嫁，笄而醴之，稱字。

注曰：許嫁，已受納徵禮也。笄，女之禮，猶冠男也，女賓執其禮。

繼公謂：此禮當於房中行之。醴之，亦謂以醴飲之也。字，若伯姬、仲氏之類矣。女子之笄有二節，一則成人之笄，一則許嫁之笄。其醴之而婦人執，其禮並同，惟以稱字與否爲異。《周易·屯》六二之辭曰「女子貞不字，十年乃字」，言許嫁乃字也。然則，未許嫁而笄者，不字明矣。古者女子成人，乃許嫁。

祖廟未毁，教于公宫三月。若祖廟已毁，則教于宗室。

注曰：嫁女必就尊者教之，教之者，女師也。祖廟，女所出之祖也。公，君也。教以婦德、婦言、婦容、婦功。宗室，大宗之家。

李微之曰：此言公族之爲士者也。若祖廟已毁而教于宗室，然則異姓者，亦教于宗子之家與？

繼公謂：此據士族之貴者言也。祖，女所自出之君也。毁，壞也。《傳》曰：「壞廟之道，易檐可也，改塗可也。」《禮》，國君五廟，太祖之廟不毁，其餘先君若過高祖，則毁其廟而遷之。未毁者，以其猶在今君四親廟之中也。其與君共太祖者，若太祖去今君五世，廟雖不毁，其禮亦與既毁者同。祖廟未毁而教於公宫，統於祖也。祖廟既毁而教於宗室，統於宗也。凡别子之廟亦皆三世，若四世而毁。

問名，主人受鴈，還，西面對。賓受命，乃降。

問名之儀，主人以賓升西面，賓升自西階東面，問名。主人阼階上北面，再拜，進受鴈于楹間，還於阼階上西面，賓亦還於西階上東面。主人對，賓受命，乃俱降也。

祭醴，始扱壹祭，又扱再祭。

疏曰：始扱壹祭及又扱，則分爲兩祭，是爲祭醴三也。

繼公謂：始扱一祭，又扱則再祭，示隆殺也。一扱而可以再祭，則柶葉如勺矣。

賓右取脯，左奉之，乃歸，執以反命。奉，芳勇反。

疏曰：右手取脯，左手兼奉之，以降授從者於西階下，乃歸。

繼公謂：以疏説考之，則《記》文似不備也。右取脯，左奉之，不游手也。執以反命，謂至于壻父之門外，乃受之以反命也。此《記》在問名下、納徵上，則是但據納采、問名之賓而言耳，蓋經文惟見此醴賓之禮故也。若納吉、納徵、請期之賓反，其禮亦如之可知。

納徵，執皮，攝之，内文，兼執足，左首。隨入，西上，參分庭一在南。攝，之涉反。下同。

注曰：兼執足者，左手執前兩足，右手執後兩足。隨入，不並行也。

疏曰：毛在内，故云内文。

繼公謂：先儒讀攝爲摺，則訓叠也。今人屈物而叠之謂之摺，古之遺言與？執皮攝之者，中屈，其反叠而執之也。内文兼執足，攝之之法也。文，獸毛之文也。内文者，事未至也。左首，爲西上也。云隨入者，以其並設嫌，亦並行也。西上，統於賓也。參分庭一在南者，參分庭深，而所立之處當其參分之一，故二分在北，一分在南也。此設皮之位，亦當在西方。

賓致命，釋外足見文。主人受幣，士受皮者，自東出于後，自左受，遂坐，攝皮，逆退，適東壁。見，賢遍反。

注曰：賓致命，主人受幣，庭實所用爲節。

疏曰：經云釋外足見文者，人以足鄉上執之，足遠身爲外，釋之則文見也。注意謂賓升堂致命，則庭中執皮者釋外足；主人堂上受幣，則主人之士於堂下受皮。是庭實所用爲節。

繼公謂：釋外足見文，所謂張皮也。見文者，事已至也。皮以文爲美，故當授受之節宜示之，他時則否。士，謂主人之私臣，非指有爵者也。自東，自門東而來也。士之私臣，其位在門東北面。後與左，皆據執皮者言也。受者居客之左，便其先執前、乃執後也。《聘禮》曰：「賓出，當之坐攝之。」逆退，在東者先退，由便也。此《記》與《聘禮》互見，當參考。

父醴女而俟迎者，母南面于房外。迎，魚敬反。

注曰：女既次純衣，父醴之于房中，南面，蓋母薦焉，重昏禮也。女奠爵于薦東，立于位而俟壻。壻至，父出。母出，「南面，于房外」，示親授壻。

疏曰：舅姑共饗婦而姑薦，故知父醴女亦母薦。

繼公謂：《特牲饋食禮》：「主人致爵于主婦，西面，答拜。」此父醴女于房中，位宜如之，其儀則略與贊醴婦之禮同。

女出于母左，父西面戒之，必有正焉，若衣若笄。母戒諸西階上，不降。

注曰：必有正焉者，以託戒使勿忘。

繼公謂：是時，父立于阼階上，女出於母左而就之，東面受戒。父乃正其衣，或正其笄而戒之。且女之衣笄固自正矣，今乃復正之者，欲其以此爲識耳。女既就父，則母東面于西階上，俟女至而戒之，以女當降自西階也。母不降送，尊也。《孟子》曰：「女子之嫁也，母命之，往送之門，戒之。」或此禮至後世而變與？

婦乘以几。從者二人坐持几，相對。乘，繩證反。從，才用反。

注曰：持几者，重慎之。

婦入寢門，贊者徹尊冪，酌玄酒，三屬于尊，棄餘水于堂下階間，加勺。

屬，音燭。

注曰：屬，注也。玄酒貴新，昏禮又貴新，故事至乃取之。

繼公謂：玄酒，清水也。玄水，色與酒並設，故亦以酒名之。云酌，則以勺也。棄餘水者，不欲人褻用之也。徹冪、加勺，兼指二尊而言。

笲，緇被纁裏，加于橋。舅答拜，宰徹笲。

注曰：被，表也。笲，有衣者，婦見舅姑，以飾爲敬。橋，所以庪笲，其制未聞。

繼公謂：緇被纁裏，竹器之飾也。此文主於棗栗、腶脩者，其實奠菜之笲亦如之。舅既答拜而興，宰乃徹笲，節也。

婦席、薦饌于房。

注曰：醴婦，饗婦之席薦也。

繼公謂：亦如冠禮席在南，籩豆在北也。

饗婦，姑薦焉。

注曰：舅姑共饗婦，舅獻爵，姑薦脯醢。

婦洗在北堂，直室東隅，篚在東，北面盥。直，音值。

注曰：洗在北堂，所謂北洗。北堂，房中半以北。洗南北直室東隅，東西直房户與隅間。

疏曰：房無北壁，故得北堂之名。房與室相連爲之而無北壁，是以得設洗直室東隅。

繼公謂：室之東隅有二，云在北堂，故無嫌於南。篚，盛爵觶爲婦酢，姑酬也。庭中設洗，水在洗東，篚在洗西。此篚在洗東，則水在洗西矣。盥，爲將洗爵以酢舅也。無嫌於不洗，故惟以盥見之。此洗，内洗也，亦曰北洗。凡其設之與盥者之位，皆如此。《記》主爲婦禮發之，故惟云「婦洗」。案，注云「東西直房户與隅間」，言直二者之間也，亦意之之辭，未必有據。

婦酢舅，更爵，自薦，酢，音昨。

凡卑者受尊者獻，則不敢酢。此婦乃酢舅者，饗婦則婦如賓也。更爵，男子不承婦人爵也。自薦者，爲姑親薦己，故不敢使人薦舅，行禮欲其稱也。

不敢辭洗。舅降則辟于房，不敢拜洗。辟，音避。

此謂舅將獻婦之時也。舅降，謂降洗也。婦辟于房者，既不從降，又不敢安於堂上，故宜辟也。從降而辭洗，升堂而拜洗，丈夫於敵者之禮也。若婦人之於丈夫則無之，以是禮不可得而行故也。《記》者於此乃有「不敢辭洗、拜洗」之説，則是謂婦人於舅可以辭洗而不敢辭，可以拜洗而不敢拜與？亦似異於禮意矣。

凡婦人相饗，無降。

注曰：姑饗婦人送者于房，無降者，以北洗篚在上。

繼公謂：此謂姑饗婦人送者與舅没而姑特饗婦者也。故以「凡」言之，言婦人相饗無降，明男女相饗則有降者，如上《記》所謂舅降是也。

婦入三月，然後祭行。

入，入夫之室也。祭行，謂夫家之祭方行也。婦入三月，然後可以入廟。故夫家必至是乃舉其常祭，欲令婦得助祭而成婦之義也。凡舅姑之存，若没，其禮皆然。

庶婦則使人醮之，婦不饋。

注曰：庶婦，庶子之婦也。使人醮之，亦有脯醢不饋者，共養統於適也。

繼公謂：使人醮之，則不必贊矣。是時舅席于阼，姑席于房外，當於受適婦之見之禮，則醮之之位其亦在户牖間與？此儀物亦皆與醴同，惟以用酒爲異，故不取尚文之義而輕於醴也。婦不饋，則舅姑亦不饗之矣。此以上專記事，以下專記辭，不欲其相亂也。

昏辭曰：「吾子有惠，貺室某也。

注曰：昏辭，告擯者請事之辭。吾子，謂女父也。貺，賜也。室，猶妻也，子謂公冶長「可妻也」。某，壻名。

疏曰：壻家舊已有辭，女家見許，故今得言貺室也。

繼公謂：有惠，有貺室某之惠也。

某有先人之禮，使某也請納采。」

注曰：某壻，父名也。某也，使者名也。

繼公謂：云先人之禮，言其前世行之已久。

對曰：「某之子惷愚，又弗能教。吾子命之，某不敢辭。」惷，失容反。

注曰：對曰者，擯者出納賓之辭。某女，父名也。吾子，謂使者。

繼公謂：惷愚，謂不敏也。女之性既不敏，己又弗能教之，言其不足采也。命，謂納采。

致命曰：「敢納采。」

疏曰：此使者升堂致命於主人之辭。

繼公謂：此不言對，則是主人惟拜而已。

問名曰：「某既受命，將加諸卜。敢請女爲誰氏？」

注曰：某，使者名也。

疏曰：此賓升堂致命之辭也。

繼公謂：命，謂已受其納采之禮也。加諸卜，謂指女名以問卜也。氏，謂女之伯仲也。戴嬀爲仲氏，亦其一耳。問名而云「誰氏」，不敢褻之，敬也。此亦使者告擯者請事之辭。

對曰：「吾子有命，且以備數而擇之，某不敢辭。」

命，謂問女名也。備數而擇之，若曰不專采己女然，謙也。此擯者傳主人許之辭也。賓致命於堂，宜亦曰：「敢請女爲誰氏？」主人則以女名對之。

醴曰：「子爲事，故至於某之室。某有先人之禮，請醴從者。」爲，于僞反。從，才用反。

注曰：言從者，謙不敢斥也。

繼公謂：醴，請醴賓也。

對曰：「某既得將事矣，敢辭。」

此言己之事畢，不敢復溷主人也。將，行。

「先人之禮，敢固以請。」

注曰：主人辭。

繼公謂：凡請與辭自再以後，皆謂之「固」。

「某辭不得命，敢不從也。」

注曰：賓辭也。不得命者，不得許己之命。

繼公謂：此皆擯者傳賓主之辭，即經所謂「請醴賓，賓禮辭，許」者也。

納吉，曰：「吾子有貺命，某加諸卜，占曰吉，使某也敢告。」

注曰：貺命，謂許以女名也。某，壻父也。

對曰：「某之子不教，唯恐弗堪。子有吉，我與在，某不敢辭。」與，音預。

弗堪，謂不能盡婦道也。與，如「與聞之」之「與」。與在，謂已亦在吉中也。取婦、嫁女之家，吉凶共之，此亦擯者傳賓主之辭也。賓致命，亦宜曰「某敢納吉」。

納徵曰：「吾子有嘉命，貺室某也。某有先人之禮，儷皮、束帛，使某也，請納徵。」致命曰：「某敢納徵。」

疏曰：「吾子有嘉命」以下至「請納徵」，是門外鄉擯者辭也。致命曰「某敢納徵」，是升堂致命辭也。

繼公謂：納采之屬，使者皆不言行禮之物，此乃言儷皮、束帛者，以其盛於他禮，故顯之。致命之辭宜在「敢不承命」之後，蓋因而遂記之耳，其次則見於納采。

對曰：「吾子順先典，貺某重禮。某不敢辭，敢不承命。」

先典，即彼所謂先人之禮也。納徵於六禮爲盛，故曰「重禮」，此亦擯者傳主人辭也。主人於堂亦惟拜命而已，無辭。

請期，曰：「吾子有賜命，某既申受命矣。惟是三族之不虞，使某也請吉日。」

注曰：虞，度也。不億度，謂卒有死喪。

繼公謂：既申受命，謂壻者重受女家之命，今亦宜然。言此者，欲女家以日告之也。族有親者之稱三族，謂從父、從祖、從曾祖之親也。從父之親，齊衰大功也；從祖之親，小功也；從曾祖之親，緦麻也。喪服不止於此，但舉三者言之耳。有凶服則廢嘉禮，故欲及今之吉也。或曰，三族謂父、母、妻之族。

對曰：「某既前受命矣，唯命是聽。」

注曰：前受命者，申前事也。

繼公謂：言前此皆受壻家之命，今則亦惟命是聽也。

曰：「某命某聽命于吾子。」

注曰：曰某，壻父名也。

對曰：「某固唯命是聽。」曰：「某使某受命，吾子不許，某敢不告期。」曰：「某日。」

曰某日，堂上致命之辭也，其上則皆擯者所傳者也。經云「請期用鴈」，主人辭賓許告期云「許告期」，則是在門外之時，但許告之而未告也。

對曰：「某敢不敬須。」

此乃主人堂上受命時語也。須，待也。

凡使者歸，反命，曰：「某既得將事矣，敢以禮告。」

禮，即女家所受納采、問名之類是也。使者既釋此辭，乃以禮告。《記》不見之者，以其辭各異，故不備載之，省文爾。

主人曰：「聞命矣。」

命，謂使者之言也。

父醮子，

注曰：子，壻也。醮之禮如冠醮，與其異者，於寢爾。

繼公謂：醮之者，重昏禮也，亦母薦焉。不禮者，變於遣女之禮。

命之曰：「往迎爾相，承我宗事。迎，魚敬反。相，息亮反。

注曰：相，助也。宗事，宗廟之事。

繼公謂：相，謂内助。宗事，未詳。

勗帥以敬，先妣之嗣。若則有常。」勗，許玉反。

注曰：勗，勉也。若，猶女也。

繼公謂：此言夫婦之間不可不敬，然夫倡則婦從，故汝當勉帥之。以敬，謂以身先之也。彼能敬則盡婦道，而可以嗣續我先妣之事矣。既又戒之，使常敬也。父命之，亦當在筵前北面之時。

子曰：「諾。唯恐弗堪，不敢忘命。」

堪，任也。唯恐不任帥以敬之事，蓋謙恭之辭。子既對，乃拜受觶。

賓至，擯者請對曰：「吾子命某，以茲初昏，使某將，請承命。」對曰：「某固敬具以須。」

注曰：賓，壻也。命某，壻父名。茲，此也。將，行也，使某行昏禮來迎。

繼公謂：壻家告期而賓乃云吾子命之者，不敢自專，若受命於婦家然也。然期日自壻家出而婦家許之，雖以爲婦家之命亦可也。將，未詳。

父送女，命之曰：「戒之敬之，夙夜毋違命。」

此即正衣若笄時之語也。夙夜，舉一日之始終而言耳。命，謂舅姑與夫之命。

母施衿結帨，曰：「勉之敬之，夙夜無違宮事。」衿，其鴆反。帨，舒鋭反。

此即送于西階上時之語也。施衿結帨，亦欲其以此爲識耳。宮，猶家也。無違宮事者，謂凡宮中之事不可違尊者之命也。婦人無外事，故惟以是戒之。帨，佩巾。衿，未詳。

庶母及門内，施鞶，申之以父母之命，命之曰：「敬恭聽，宗爾父母之言。夙夜無愆，視諸衿鞶。」鞶，步干反。

注曰：庶母，父之妾也。鞶，鞶囊也。男鞶革，女鞶絲。宗，尊也。諐，過也。諸，之也。

繼公謂：門内，廟門内也。庶母位在下，故送之及門内。施鞶，與施衿意同。申之以父母之命命之，庶母賤，不敢有所戒，惟舉尊者之言以重告之，使敬從之也。曰「敬恭聽，宗爾父母之言」，指此時而言也。「夙夜無諐，視諸衿鞶」，指異日而言也。言若欲夙夜無諐，但當視衿與鞶耳。蓋視此則或能識己之語，而父母之戒固自不能忘而可以無諐也。欲其識己之語，云鞶足矣，乃及於衿者，不敢專以己之所施者爲言，亦敬也。

壻授綏，姆辭曰：「未教，不足與爲禮也。」

言未教，蓋謙辭。

宗子無父，母命之。親皆没，己躬命之。

注曰：命之，命使者。母命之，在《春秋》「紀裂繻來逆女」是也。躬，猶親也。親命之，則「宋公使公孫壽來納幣」是也。言宗子無父，是有有父者。《禮》，七十老而傳，八十齊喪之事不及。若是者，子代其父爲宗子。其取也，父命之。

繼公謂：宗子，大宗子也。親皆没，己自命之。雖有諸父、諸兄不稱之者，宗子尊，不統於族人也。此見無父而母命使者之禮，則是父没而母存，亦不可親迎矣。

支子則稱其宗，

支子，謂宗子之族人也。此指其無父母與親兄者而言。宗亦大宗子也，稱其宗子命使者，宗子尊也。言稱其宗，則非宗子自命之矣，下文弟稱其兄亦然。此支子與《喪服傳》所云者不同。

弟稱其兄。

弟，謂凡無父母而有親兄者也。兄雖非宗子，猶稱之也。有兄則不稱宗子者，尚親也。

若不親迎，則婦入三月，然後壻見，曰：「某以得爲外昏姻，請覿。」迎，魚敬反。見，賢遍反，下並同。覿，音狄。

不親迎，謂使人迎之，此指無父者也。《記》曰：「父醮子而命之迎。」《昏義》曰：「子承命以迎。」是親迎者，必受父之命也。若無父，則子無所承命，故其禮不可行。壻見，見於婦之父也。親迎之時，主人迎壻以入。母立于房外，壻奠鴈而降，是亦見婦之父母矣。若不親迎，則壻須別見，故於此時爲之。必俟三月者，婦無舅姑者，三月而廟見，故此壻之行禮於婦家，亦以之爲節也。下文云「某之子未得濯溉於祭祀」，然則此在廟見之後、祭行之前乎？昏姻者，壻、婦兩家相於之通稱。覿者，卑見尊之辭。

主人對曰：「某以得爲外昏姻之數，

言此者，明己當往見也。主人，妻父也。

某之子未得濯溉於祭祀，是以未敢見。」溉，古代反。

言此者，明己所以未往見也。外舅不必先見壻，此蓋謙辭。濯，洗也。溉，拭也。濯溉於祭祀，謂祭祀則濯溉祭器也。此非主婦之事，乃言某之子，亦謙辭也。其意蓋以爲女未與祭則未成爲婦，故云然。

今吾子辱，請吾子之就宫，某將走見。」

言此者，不敢當壻之先見己也。辱，謂自屈辱而來。宫，猶家也。

對曰：「某以非他故，不足以辱命，請終賜見。」

注曰：命，謂將走見之言。

繼公謂：前已言云「得爲外昏姻」，故此但云「非他故」，不欲重言之耳。

對曰：「某得以爲外昏姻之故，不敢固辭，敢不從。」

此所謂禮辭也。得爲昏姻則異於賓客，所以不敢固辭也。先辭其見，而後不辭其贄，亦異於賓客。此賓主之辭，皆擯者傳之。「得以」，宜從上文作「以得」。又，此云「之故」，上云「之數」，疑有一誤。

主人出門左，西面。壻入門，東面。奠贄再拜，出。

注曰：出門，出内門。入門，入大門。出内門不出大門者，異於賓客也。壻見於寢奠贄者，壻有子道，不敢授也。贄，雉也。

繼公謂：主人出門左西面，則近於門矣。此異於見賓客之位，蓋親之也。壻入門，亦入門左也，設似脱一「左」字。壻於主人，長幼不敵，如降等者。然故奠贄而不授，恐主人先拜，故不敢入庭深也。東面奠贄，象其東面訝授也。聘禮私覿、私面，必北面授幣。其始也，或北面奠之，是其例乎？此賓主服玄端。

擯者以贄出，請受。

受，謂主人欲親受之也。壻既出，擯者東面取贄以出，西面于門東，其辭蓋曰：「某也使某請受。」

壻禮辭，許，受贄，入。

壻東面辭，既許，則進訝受其贄入，立于寢門外之右，東面鄉主人也。

主人再拜，受。壻再拜送，出。

主人拜于位，進訝受于門中，皆西面。壻復位，東面拜送。

見主婦。主婦闔扉，立于其內。扉，音非。

主婦，主人之妻也。扉，門扇也。雙言之則謂之門，單言之則謂之扉。扉〔二〕上似脱一「東」字。闔東扉，立于其内，示内外之限也。不言西面，可知擯者出請入告，主婦乃位于此。然後壻入，必出乃入者，禮更端，不敢由便也。主婦此時亦纚、笄、宵衣。

壻立于門外，東面。主婦一拜，壻答拜。主婦又拜，壻出。

主婦與壻行禮，乃俠拜者，重始見也。

主人請醴，及揖讓入。醴以一獻之禮，主婦薦，奠酬，無幣。及，音乃。

及，當作「乃」，字之誤也。於壻之出，主人送于門外，因請醴之，壻亦禮。辭許，主人乃與之揖而入也。入，謂入大門與寢門也。入寢門則三揖，至于階三讓，升，《記》大略言之耳。醴之，亦謝其辱也。醴之而一獻，親之也。主婦薦，示夫婦共此禮也。奠酬，壻奠主婦酬觶於薦東也。必

〔二〕「扉」原作「門」，摛藻堂本改爲「扉」，當是。

云「無幣」者，嫌其如《士冠》醴賓一獻之爲也。士之飲賓不必用幣，其或用幣，有爲爲之耳。此禮略如舅姑饗婦之禮而無俎，其他異者，則以意求之。

壻出，主人送。再拜。

壻莫酬即出。送，謂送於外門外。

【正誤】

酬以束帛

鄭本作「束錦」。注曰：古文錦皆爲帛。繼公案：聘禮使介行禮用錦，不用帛者，辟主國君之幣也。此無所辟，不當用錦，宜從古文皆作「帛」。

外昏姻之故

鄭本無「外」字。注曰：古文曰「外昏姻」。繼公案：上云「外昏姻」，此不宜異，當從古文。

腊一純

鄭本純作肫。注曰：肫或作純，則是當時或本有作肫者也。案：《少牢饋食禮》云「腊一純」者二，然則此亦當作「純」明矣。今以或本爲正，改肫作純。

儀禮集説卷三

士相見禮第三

注曰：相見，於五禮屬賓禮。

繼公謂：此篇主言士相見之禮，其他禮則亦因而及之也。

士相見之禮。贄，冬用雉，夏用腒。左頭奉之，腒，其居反。奉，芳勇反。

注曰：贄，所執以至者。君子見於所尊敬，必執贄以將其厚意也。夏用腒，備腐臭也。

繼公謂：贄者，所依以相見者也。故先言之士贄用雉，其義未聞。必用死者，爲其難生得也。冬言雉，夏言腒，文互見耳。乾禽謂之腒，猶乾獸而謂之腊也。此乾雉乃泛言，腒者與雉互見，不嫌其爲他物也。惟見冬夏而不言春秋，蓋春則先從冬後從夏，秋則反之，亦若屨然與？左頭奉之，亦但言其執之之法如是，其實此時賓未執也。必左頭者，頭宜鄉内也。不言服者，亦玄端可知。

曰：「某也願見，無由達。某子以命命某見。」見，並賢遍反。下不出者，皆同。

注曰：無由達，言久無因緣以自達也。以命者，稱述主人之意。

繼公謂：此答擯者請事之辭也。某子之某，所因緣者之姓也。以命，以主人之命也。言某子以主人之命命某見，乃敢見也，恭孫之辭。

主人對曰：「某子命某見，吾子有辱。請吾子之就家也，某將走見。」

言某子命某見者，明己宜先往見也。吾子有辱者，不敢當其先見己也。有辱，謂有所屈辱也。賓來見己，是自屈辱。走，言其不敢緩。

賓對曰：「某不足以辱命，請終賜見。」

命，謂請吾子就家之言。

主人對曰：「某不敢爲儀，固請吾子之就家也，某將走見。」

爲儀，徒爲辭讓之儀也。再請之，故曰固。

賓對曰：「某不敢爲儀，固以請。」

請，請終賜見也。

主人對曰：「某也固辭不得，命將走見。聞吾子稱贄，敢辭贄。」

注曰：不得命者，不得見許之命也。稱，舉也。

繼公謂：許其見，復辭其贄，賓客之禮尚辭讓也。

賓對曰：「某不以贄不敢見。」

注曰：見於所尊敬而無贄，嫌太簡。

繼公謂：賓言此者，謂始相見不可無贄也。故主人再辭，但以不足以習禮言之。

主人對曰：「某不足以習禮，敢固辭。」

禮，謂授受往來之禮，蓋指用贄而言。

賓對曰：「某也不依於贄，不敢見，固以請。」

注曰：言依於贄，謙自卑也。

繼公謂：依於贄，言託之以爲重。

主人對曰：「某也固辭，不得命，敢不敬從。」

以上賓主之辭，皆擯者傳之，不言者可知也。後放此。

出迎于門外，再拜。賓答再拜。主人揖，入門右。賓奉贄，入門左。主人再拜，受。賓再拜送贄，出。

主人入門而右，賓入門而左，是賓主之位在大門内之東西也。其拜則相鄉，其贄則東西訝授于門中。此賓主相見而授贄於大門内，大夫士之禮也。士惟昏禮受鴈於堂，大夫私面乃受幣于堂者，因問及之，非相見之正禮。

主人請見，賓反見，退。主人送于門外，再拜。下見，如字。

請見於賓，答賓之見於己也。賓反見之，其於主人之堂與？此禮未聞。

右士相見

主人復見之，以其贄，曰：「曏者吾子辱，使某見。請還贄於將命者。」上見，如字。

注曰：復，報也。復見之者，禮尚往來也。以其贄，謂曏時所執來者也。曏，曩也。將，猶傳也。傳命者，謂擯相者。

繼公謂：使某見，謂因其見己而使得於家見之也。云「請還贄於將命」者，不敢斥主人。

主人對曰：「某也既得見矣，敢辭。」

疏曰：上言「主人」者，據前爲主人而言此。云「主人」者，據前賓今在己家而言。

繼公謂：贄，所依以見者也。既得見，則事畢矣，故辭其還贄。

賓對曰：「某也非敢求見，請還贄于將命者。」

注曰：言不敢求見，嫌褻主人。

主人對曰：「某也既得見矣，敢固辭。」賓對曰：「某不敢以聞，固以請於將命者。」

謂不敢以還贄之辭聞於主人，特固以請於將命者耳。請，謂請還之。

主人對曰：「某也固辭，不得命，敢不從。」賓奉贄入，主人再拜受。賓再拜送贄，出。主人送于門外，再拜。

賓得主人見許之命，則不俟主人之迎而即自入，蓋急欲還贄且尊主人也。是亦復見之禮異於始見者與？授受不著其所，如上可知。

右復見

士見於大夫，終辭其贄。於其入也，一拜其辱也。賓退，送，再拜。

注曰：終辭其贄，以將不親答也。凡不答而受其贄，惟君於臣耳。

繼公謂：終辭，謂主人三辭則賓不復請也。士於大夫，降等者也。受贄而不答則疑於君，答之則疑於敵，使人還之則又疑於待舊臣，是以終辭之也。一拜其辱，亦於大門内之東爲之。大夫云一拜，則士或答再拜與？大夫於士不出迎入，一拜又不出送，亦以其降等也。入一拜而送乃再拜，則是凡拜而送者之禮皆然，固不可得而殺也。送而一拜，喪禮也。

右士見於大夫

若嘗爲臣者，則禮辭其贄，曰：「某也辭，不得命，不敢固辭。」

注曰：禮辭，一辭其贄而許也。將不答而聽其以贄入，有臣道也。

繼公謂：嘗爲臣者，謂曏爲其家臣，今爲公臣者也。然則士大夫以贄相見，亦不獨始相見者爲然。禮辭之者，異於見爲臣者也，見爲臣則不辭之。

賓入奠贄，再拜。主人答壹拜。

注曰：奠贄，尊卑異，不親授也。

繼公謂：入，亦入門左也。奠贄再拜，亦東面也。答一拜者，主人尊也。言主人答拜，是不拜其辱矣。

賓出，使擯者還其贄于門外，曰：「某也使某還贄。」

注曰：還其贄者，辟正君也。

繼公謂：賓退而主人不拜送，亦異於不爲臣者也。以其不見爲臣，故當還贄。某也，大夫名。

賓對曰：「某也既得見矣，敢辭。」

亦辭其還贄。

擯者對曰：「某也命某，某非敢爲儀也，敢以請。」

命某，謂命某還贄也。非敢爲儀，言必欲還之。請，亦請還贄也。還贄而擯者自爲之辭，亦以主人尊也。

賓對曰：「某也夫子之賤私，不足以踐禮，敢固辭。」

私，謂私屬。《春秋傳》曰：「邾滕人之私也。」禮與上文「習禮」之「禮」同意，亦指還贄而言。踐，行也。

擯者對曰：「某也使某，不敢爲儀也，固以請。」

使，猶命也。

賓對曰：「某固辭不得命，敢不從。」再拜受。

再拜者，象受於主人也，亦訝受之。

右士嘗爲大夫臣者見於大夫

下大夫相見以鴈，飾之以布，維之以索，如執雉。見，如字。下相見，並同。

注曰：飾之以布，謂裁縫衣其身也。維，謂繫聯其足。

疏曰：如執雉，亦左頭奉之。

繼公謂：下大夫贄用鴈，其義未聞。云飾之以布，則非白布也。《曲禮》曰「飾羔鴈者以繢」，則此布其繢者與？維之謂繫，聯其足翼也。

上大夫相見以羔，飾之以布，四維之，結于面，左頭，如麛執之。麛，音迷。

注曰：上大夫，卿也。面，前也。繫聯四足交出背上，於胸前結之也。如麛執之者，秋獻麛有成禮；如之，蓋謂左執前足，右執後足。

繼公謂：上大夫之贄以羔，其義未聞。

如士相見之禮。

注曰：大夫雖贄異，其儀猶如士。

繼公謂：此相見之禮，蓋兼復見者言之也。上、下大夫亦當有互相見之禮，經不言之者，蒙士禮，故惟見其敵者焉，非謂其得相見者僅止於是也。大夫相見，朝服。

右大夫相見

始見于君，執贄至下，容彌蹙。蹙，子六反。

注曰：蹙，猶促也。促，恭慤貌也。其爲恭，士大夫一也。

繼公謂：至下，謂當帶也。《曲禮》曰：「凡奉者當心，提者當帶。」此執物高下之節也。執贄當帶，見至尊者之禮也。《春秋傳》曰：「邾子來朝，執玉高，其容仰。子貢觀之曰：『高仰，驕也。』」然則，執贄至下之爲恭也明矣。彌，猶甚也。彌蹙，如踧踖屏氣之類。

庶人見於君，不爲容，進、退走。

不爲容，則又甚於彌蹙者矣。進、退走，亦見其不爲容也。

士大夫則奠贄，再拜稽首，君答壹拜。稽，音啓。下同。

臣以贄見於君，北面奠贄於中門之内而拜。是時，君位亦在路門外之東南鄉也。君於臣之再拜稽首而答一拜者，惟奠贄之禮則然，蓋以此明君臣之義也。此奠贄之儀主於大夫士，則庶人之見於君者，其不用贄與？

右大夫士庶人見於君

若他邦之人，則使擯者還其贄，曰：「寡君使某還贄。」賓對曰：「君不有其外臣，臣不敢辭。」再拜稽首，受。

人，蓋通大夫士而言。還其贄者，非己臣也。此於己臣惟以還贄爲異，則是歸者亦奠贄矣。主君於聘使與上介之私覿，乃終不許其奠幣而必親受之者，重其爲使介且幣，又隆於贄故也。不有言外之也，不敢辭尊君也。再拜稽首受，亦若受於君前然。他邦之人以贄見國君者，如去國而適他國，若卿見朝君之類。《春秋傳》公會晉師于瓦，晉大夫執贄以見，非舊禮也。

右他邦之人見於君

凡燕見于君，必辯君之南面。若不得，則正方，不疑君。疑，音擬。

注曰：君南面，則臣見正北面。君或時不然，當正東面。若正西面，不得疑君所處邪鄉之。此謂特見圖事，非立賓主之燕也。疑，度之。

繼公謂：辯，猶視也。下文放此。

君在堂，升見無方階，辯君所在。

注曰：升見，升堂見於君也。君近東則升東階，君近西則升西階。

繼公謂：方，猶常也。此云君在堂則上之，燕見未必專在堂。

右燕見于君

凡言，非對也，妥而後傳言。妥，他果反。

注曰：傳言，猶出言也。

繼公謂：凡言，謂凡與人言也。妥，安也。謂安和其志氣乃言，不可忽遽也。《易大傳》曰：「君子易其心而後語。」惟有所對答，則或可忽遽言之。

與君言，言使臣；與大人言，言事君；與老者，言言使弟子；與幼者言，言孝弟于父兄；與衆言，言慈祥；與居官者言，言忠信。孝弟，音悌。

注曰：博陳言語之儀也。使臣者，使臣之禮也。大人，卿大夫也。事君者，臣事君以忠也。祥，善也。居官，謂士以下。

繼公謂：此陳與人言之義，而言則各主於一端者，亦但舉其切要者以爲法與？

凡與大人言，始視面，中視抱，卒視面。毋改，終皆若是。

注曰：始視面，謂觀其顔色，可傳言未也；中視抱，容其思之，且爲敬也；卒視面，察其納己言否也。

繼公謂：大人，亦謂卿大夫也。毋改，謂不可變亂其三視先後之序也。終皆若是，謂與言之時，自初至終，皆當如上所云，亦不可以久故而或改之也。

若父，則遊目毋上於面，毋下於帶。上，時掌反。下，户嫁反。

此謂與父言之時也，其異於大人者遊目耳。毋上於面，視面時也；毋下於帶，視抱時也。此與視大人者無以異，乃著之者，嫌遊目則或不然也。遊目而不上於面，孝且敬也。

若不言，立則視足，坐則視膝。

視足、視膝，異於言時，且益恭也。

右言視之法

凡侍坐於君子，君子欠伸，問日之蚤晏，以食具告。改居，則請退可也。

蚤，音早。

注曰：君子，謂卿大夫及國中賢者也。志倦則欠，體倦則伸。問日蚤晏，近於久也。改居，謂自變動也。

繼公謂：以食具告，謂以所食之具告從者，蓋欲食也。卑幼之於尊長，請見不請退，而此乃得請退者，緣君子意也。可者，許之之辭，明其異於常禮。

夜侍坐，問夜膳葷，請退可也。葷，香云反。

注曰：問夜，問其時數也。膳，謂食之葷辛物，葱薤之屬，食之以止卧。

疏曰：注云「時數」者，謂若鐘鼓漏刻之數。

右侍坐於君子

若君賜之食，則君祭先飯，徧嘗膳，飲而俟。君命之食，然後食。飯，扶晚反。

注曰：君祭先飯，謂君祭食臣先飯，示爲君嘗食也。此謂君與之禮食。膳，謂庶羞。既嘗庶羞，則飲，俟君之徧嘗也。

疏曰：凡君將食，必有膳宰嘗君之食，備火齊不得，下文是也。此膳宰不在，則侍食者自嘗自己前食。既不嘗君食，則不正嘗食，故注云「示爲君嘗食」。

繼公謂：賓主共食，則賓當祭。此君臣共食，君祭而臣否，所以別尊卑也。臣既不祭，又先飯而嘗膳，所以明臣禮也。君命之食然後食，則臣食或先於君矣。君若不命之，則亦俟君之食乃食與？

若有將食者，則俟君之食，然後食。

注曰：將食，猶進食，謂膳宰也。膳宰進食，則臣不嘗食。《周禮》：「膳夫品嘗食，王乃食。」

繼公謂：君食然後食臣，侍君食之正禮。以其不嘗膳，故君不必命之。

若君賜之爵，則下席，再拜稽首。受爵升席，祭，卒爵，而俟君卒爵，然後授虚爵。下，户嫁反。

賜之爵，使人授之於其席也。下，降也。降席者，降而當席末也。既拜興受爵，君答再拜，乃升席坐。祭，酒既卒爵，興授人爵也。臣先卒爵，亦先飯嘗膳之意。君卒爵而授虚爵，則是授爵亦先於君矣。此受爵、卒爵、授爵之節，皆異於燕之無筭爵者，禮貴相變也。凡升席、降席皆由下。

退，坐取屨，隱辟而後屨。辟，匹亦反。

注曰：謂君若食之、飲之而退也。

繼公謂：是時屨在西階下，《曲禮》曰：「就屨，跪而舉之，屏於側。」此坐取屨，即跪而舉之也。隱辟，即屏於側之時也。屨，謂納屨。

君爲之興，則曰：「君無爲興，臣不敢辭。」君若降送之，則不敢顧辭，遂出。爲，並于僞反。

云「不敢辭」者，明己不敢與君爲禮也。送之，亦當至門。君於士，尊卑懸絶，乃降送之，其禮太崇，故益不敢當。

大夫則辭，退下，比及門，三辭。下，户嫁反。比，必利反。

大夫起而退，則君興。下階，則君降。及門，則君送。於此三節皆辭之，故曰三辭。大夫位尊，不嫌與君爲禮，故得辭也。此著大夫，則上之不敢辭者爲士明矣。

右士大夫侍飲食於君

若先生異爵者請見之，則辭。辭不得命，則曰：「某無以見辭，不得命，將走見，先見之。」見之，並如字。「先見」之「先」，亦當音〔一〕「走」。

注曰：異爵，謂卿大夫也。

繼公謂：卿大夫之爵於士爲踰等，故曰異爵。辭者，謂其以尊就卑，己不敢當也。辭不得命，謂三辭而不見許也。無以見，言其非敵，不可以接見之。走者，行之速也。「先見」之「先」亦當作「走」，蓋既傳言即走而見之也。此禮當在以贄見于先生異爵者之後。又先生異爵者之見於士，其禮同，則士之以贄見於先生亦當如見於大夫之禮，明矣。

右先生異爵者見於士

非以君命使，則不稱寡。大夫士，則曰「寡君之老」。使，所吏反。

〔一〕文淵閣本、摛藻堂本「音」字改作「作」，王太岳云：「刊本『作』訛『音』，據《義疏》改。」

注曰：謂擯贊者辭也。

繼公謂：此文不可强通。或曰，君之老與大夫士之文宜易處，蓋傳寫者因「寡」字之同而誤也。未審是否？

右自稱於他邦之辭

凡執幣者不趨，容彌蹙以爲儀。

注曰：不趨，主慎也。以進而益恭爲威儀耳。

繼公謂：執幣，謂以幣相見及爲使者也。凡者，通尊卑言之。行而張足曰趨，蓋以容彌蹙爲儀，故不趨也。惟著凡執幣者之儀如是，則執贄者或不然矣。士大夫執贄于君前，其儀乃與此同。

執玉者則唯舒武，舉前曳踵。

注曰：唯舒武者，重玉器，尤慎也。武，迹也。舉前曳踵，備蹥跆也。

繼公謂：執玉，謂朝君與聘使執圭璧以行禮之時也。唯舒武，謂僅舒其武耳。舉前曳踵，見其舒武之法也。踵，足後也。足之前起而後不離地，則步之促狹可知。此又不止於不趨而已。

右執幣玉之儀

凡自稱於君，士大夫則曰「下臣」；宅者在邦，則曰「市井之臣」；在

野，則曰「草茅之臣」；庶人，則曰「刺草之臣」；他國之人，則曰「外臣」。刺，七亦反。

注曰：刺，猶剗除也。

繼公謂：士大夫，謂見爲臣者也。宅者，未仕而家居者也。他國之人，亦謂士大夫。

右自稱於君

【正誤】

終皆若是

鄭本終作衆。注曰：今文衆作終。繼公謂：衆字無意義，宜作終。

與衆言言慈祥

今本云言「忠信慈祥」。《大戴記》注引此，無「忠信」字。今有之者，蓋後人因下文有「言忠信」三字而誤衍之也。今以彼注爲據，删之。

儀禮集説卷四

鄉飲酒禮第四

注曰：此於五禮屬嘉禮。

繼公謂：鄉飲酒者，士與其同鄉之士大夫會聚于鄉學而飲酒之禮也。

鄉飲酒之禮。主人就先生而謀賓、介。

將與其鄉人飲酒，乃於衆賓之中擇其最賢者爲賓，其次者爲介。謀，謂商度其孰優也。必就先生謀之者，不敢擅自可否去取，且示有所尊也。

右謀賓介

主人戒賓，賓拜辱。主人答拜，乃請賓。賓禮辭，許。主人再拜，賓答拜。

注曰：拜辱，拜其自屈辱至己門也。

繼公謂：主人戒賓，言主人爲戒賓而來也。此拜辱，即拜迎也。請，謂致戒辭於賓也。其辭卒曰：「請子爲賓。」

主人退，賓拜辱。

此即拜送也。拜迎、拜送皆言「拜辱」者，蓋一儀而兼二義也。迎送者，據己言也。辱者，據彼言也。此經言戒賓之儀略者，亦以《士冠禮》宿賓之儀見之也。下「速賓」放此，後篇同。

介亦如之。

注曰：如戒賓也。

右戒賓介

乃席賓、主人、介。

「席賓、主人、介」者，爲賓、主人、介設席也。席賓於户牖間，主人於東序，介於西序。《少牢》下篇「席主人於東序，西面；席侑於西序，東面」，侑、介之位同也。

衆賓之席，皆不屬焉。屬，音燭。

注曰：席衆賓於賓席之西。

疏曰：《鄉射》云：「席賓，南面，東上。衆賓之席，繼而西。」

繼公謂：衆賓，衆賓長三人也。屬，連接也。必不屬者，爲其升降皆由下也。以是觀之，則賓位在户西牖東而當兩楹之間，明矣。此席亦東上，凡席皆有司設之。

尊兩壺于房户間，斯禁，有玄酒在西。設篚于禁南，東肆。加二勺于兩壺。

疏曰：東肆，以頭首爲記，從西鄉東上，頭在西也。

繼公謂：斯者，禁之名也，其制未聞。設篚于禁南，其間當容人，蓋酌者北面也。東肆，放尊之西上也。《記》云「尊綌冪，賓至徹之」，則此二勺皆加于冪上矣，亦與祭禮微異。

設洗于阼階東南，南北以堂深，東西當東榮。水在洗東，篚在洗西，南肆。深，式鴆反。

右設席器

羹定，

注曰：肉謂之羹。定，猶孰也。著之者，下以爲節。

疏曰：孰云定者，孰即定止故也。

繼公謂：此時肉與湆同在鑊，故謂之羹。案注云「下以爲節」者，謂下事以此爲節也。諸篇凡言「羹定」者皆然。

主人速賓。賓拜辱，主人答拜。還，賓拜辱。

注曰：速，召也。還，猶退。

繼公謂：召之而云速者，欲其來之速也。速賓之儀與戒賓同，此經文又略也。賓不遂從之者，爲主人復當速介。

介亦如之。

注曰：如速賓也。

疏曰：是日必當遣人戒速衆賓，但略而不言，故下云「賓及衆賓皆從之」。

繼公謂：衆賓亦戒速而經惟言「賓介」者，亦以主人親爲之。其禮重，故特著之爾。

賓及衆賓皆從之。

注曰：言及衆賓、介亦在其中矣。

繼公謂：主人既速介，即先歸。介及衆賓皆至于賓之門外，俟賓同往也。

右速賓介

主人一相迎于門外，再拜賓，賓答拜。拜介，介答拜。相，息亮反。

注曰：相，擯贊傳命者。

繼公謂：亦相者入告，主人乃出迎之拜，介亦再拜，文省耳。一相，蓋學中之有司給事於飲射之禮者。變擯言相見，其不獨爲擯者之事而已也。古者與鄉人飲射必於學宫者，以其深廣，且有司及器用皆備具故也。

揖衆賓。

注曰：差卑也。拜介、揖衆賓，皆西南面。

主人揖，先入。

注曰：揖，揖賓也。

繼公謂：不言入門右，可知也，亦以賓入門左見之。

賓厭介，入門左。介厭衆賓，入。衆賓皆入門左，北上。厭，一涉反。

注曰：賓之屬相厭，變於主人也。推手曰揖，引手曰厭。

繼公謂：厭之使入，禮之也，下放此。《鄉射禮》曰：「東面，北上。」

主人與賓三揖，至于階，三讓。主人升，賓升。

三揖、三讓，説皆見《士冠禮》。《鄉射禮》曰：「主人升一等，賓升。」

右迎賓

主人阼階上當楣，北面再拜。賓西階上當楣，北面答拜。楣，音眉。

注曰：楣，前梁也。

繼公謂：此拜至也，説見《士昏禮》。

右拜至

主人坐，取爵于篚，降洗。

取爵，蓋北面也。爲洗而降，故云降洗。下文類此者，不悉見之。

賓降。

注曰：從主人也。

繼公謂：賓降之位，見下文。

主人坐，奠爵于階前，辭。

注曰：重以己事煩賓也。

繼公謂：賓從降而主人辭，亦尚辭讓也，下放此。奠爵乃辭者，事異則不宜相雜，且爲敬也。

西面，坐奠爵，興辭。

賓對。

注曰：賓主之辭未聞。

繼公謂：對時亦少進位，下文云「賓對復位」是也。

主人坐取爵，興，適洗，南面坐。奠爵于篚下，盥、洗。

注曰：篚下，篚南。

繼公謂：南面坐于洗北，乃奠爵于篚南，不敢由便也。盥洗，既盥復坐取爵而將洗之也。凡洗者必盥，經不悉見之也。盥、洗皆立。

賓進，東北面，辭洗。

進者，少南行也。南於洗西，乃止而東，北面鄉主人。辭洗之意與辭降同，凡言洗於辭洗之前，皆將洗而未洗者也。若既洗，則何以辭爲？

主人坐，奠爵于篚。興對，賓復位。當西序，東面。

注曰：言復位者，明始降時位在此。

疏曰：上直云賓降，不言處所，於此見之。是舉下以明上之義。

繼公謂：此奠爵于篚，爲將洗而致敬也。當西序，東西節也。下文云「賓降，立于階西，當序」。

主人坐取爵，沃洗者西北面。沃，烏毒反。

沃洗，謂以枓斟水而沃洗爵者也。西北面，宜鄉洗者也。既則西面于水東，主人南面洗而西北面沃，此則北面洗者，其西南面沃之與？沃洗者，先亦沃盥。

卒洗，主人壹揖，壹讓，升。

升，亦主人先而賓從之。

賓拜洗，主人坐，奠爵。遂拜，降盥。

拜洗者，謝其爲己洗也。必盥者，爲將酌也。既拜而盥，爲拜時以右掌據地，不無坋汙也。

《內則》曰：「凡男拜，尚左手。」

賓降，主人辭。賓對，復位，當西序。

對時違其位，故云「復」。下主人對，放此。

卒盥。揖讓，升。賓西階上疑立。疑，舊魚乞反，下並同。

疏曰：不言一揖、一讓，從上可知。

主人坐取爵，實之，賓之席前西北面，獻賓。

注曰：獻，進也，進酒於賓。

繼公謂：實者，實以酒，謂酌也。西北面者，亦以將授賓而不宜背之也。其下禮之類此者，則因而放之耳。

賓西階上拜，主人少退。

注曰：少退，少辟。

繼公謂：主人西北面於賓席前，賓拜於西階上而主人乃少退，則是凡拜皆有相之者矣。

賓進受爵以復位，主人阼階上拜送爵，賓少退。

注曰：位，西階上位。

疏曰：《鄉射》云：「賓進，受爵于席前。」

薦脯醢。賓升席，自西方。乃設折俎。折，之設反。

賓席，亦東上，西方下也。

主人阼階東疑立。賓坐，左執爵，祭脯醢。

立於阼階上之東者，事未至，宜辟拜處也。

奠爵于薦西，興，右手取肺，卻左手執本。坐，弗繚，右絶末以祭，尚左手嚌之。興，加于俎。繚，音了。

注曰：繚，猶紾也。離肺上爲本，下爲末。

繼公謂：執本卻左手，則絶末覆右手矣。絶末以祭者，絶其末不没之處，所以爲祭也，此與振祭之意相類。尚左手嚌之，謂舉其左手而右手在下，以末授口嚌之也。將嚌，乃尚左手，則祭時不然矣。加于俎，以右手。

坐挩手，遂祭酒。挩，舒鋭反。

注曰：挩，拭也，拭以巾。挩手，爲絶肺染汙也。

疏曰：《内則》事佩之中有帨，則賓客自有帨巾以拭也。

興，席末坐啐酒。

席末，席西端也。無後事而啐酒者，欲知其旨而告之也。

降席，坐奠爵，拜，告旨。執爵，興。主人阼階上答拜。

注曰：降席，席西也。旨，美也。

繼公謂：拜乃告旨，謝其以旨酒飲己也。降席，即拜者欲近於啐酒之處，且以别於拜既也。既拜，則坐以告旨。

賓西階上北面坐，卒爵，興。坐，奠爵，遂拜，執爵，興。主人阼階上答拜。

卒，盡也。必西階上卒爵者，以鄉者於此拜受故也。

右獻賓

賓降，洗，主人降。

注曰：亦從賓也降，立阼階東，西面。

賓坐奠爵，興辭。

注曰：西階前也。

主人對，賓坐取爵，適洗南，北面。

洗南，北面，别於主人也。於賓之取爵也，主人復位。

主人阼階東，南面辭洗。賓坐，奠爵于篚，興對。主人復阼階東，西面。

南面辭洗，猶不離阼階東，示違其位而已。此主人辭洗在賓盥之先，與他禮微異，未詳。

賓東北面盥，坐取爵，卒洗。揖讓如初，升。

凡盥洗於洗南者，皆北面。此云「東北」，未詳，疑「東」衍文也。初，一揖、一讓也。

主人拜洗，賓答拜。興，降盥，如主人禮。

如主人禮，謂如上文降盥以至坐取爵之儀，但面位異耳。

賓實爵主人之席前，東南面，酢主人。主人阼階上拜，賓少退。主人進受爵，復位。賓西階上拜送爵，薦脯醢。主人升席自北方，設折俎，祭如賓禮。

注曰：酢，報也。祭者，祭薦俎及酒，亦嚌啐。

繼公謂：北方，席下也。主人、介席皆南上。

不告旨。

疏曰：云不告旨，明亦啐也。

繼公謂：酒，主人之物也。其不告旨，不言可知。乃必言之者，宜别於如賓禮也。主人不告旨，乃亦啐酒者，若欲知其美惡以拜崇酒然。

自席前適阼階上，北面坐。卒爵，興。坐奠爵，遂拜。執爵，興，賓西階上答拜。

自席前者，啐酒席末，故從北方降也。從北方降，正也。

主人坐，奠爵于序端，阼階上北面，再拜崇酒。賓西階上答拜。

奠爵于序端，拜崇酒之禮然也。奠於其所而拜，則嫌若拜既爵；奠于篚而後拜，則嫌若禮畢而更端。故以奠於此爲節云。崇，重也，謂賓崇重己酒，不嫌其薄而飲之既也，故拜謝之。卒爵乃拜者，若曰己飲之，乃審知其薄然。

右賓酢主人

主人坐取觶于篚，降洗。賓降，主人辭降。賓不辭洗，立當西序，東面。

注曰：不辭洗者，以其將自飲。

繼公謂：主人辭，不言奠觶，又不言賓對者，如上禮可知。自飲乃洗者，亦象賓之飲己也。

卒洗，揖讓，升。賓西階上疑立。主人實觶酬賓，阼階上北面坐。奠觶，遂拜，執觶興。賓西階上答拜。坐祭，遂飲，卒觶，興。坐奠觶，遂拜，執觶興。賓西階上答拜。

注曰：酬，勸酒也。

繼公謂：此象賓之飲已，故其拜亦皆與受之於人者同。

主人降洗，賓降辭，如獻禮，升。不拜洗。

注曰：不拜洗，殺於獻。

繼公謂：如獻禮，如其降後升前之儀。

賓西階上立。主人實觶賓之席前，北面。賓西階上拜，主人少退。卒拜，進，坐，奠觶于薦西。

席前北面，變於獻，以其不授也。奠觶于薦西者，主人以此觶不舉不敢親授之，重勞賓也。凡酬酒有卒不舉者，有未即舉者，主人皆奠之而不授，其意則同《燕》與《大射》及《少牢》下篇。主人酬尸與賓皆授觶，與士禮異。

賓辭，坐取觶，復位。

辭，辭其奠觶也。奠觶，酬之正禮也。然奠而不授，亦不能無降等之嫌，故辭之。辭之而不獲命，乃坐取觶示受也。辭及取觶，皆當東面。復位，待主人拜。

主人阼階上拜送，賓北面坐，奠觶于薦東，復位。

北面，奠觶由便。凡賓於主人所奠之物，必取而遷之，以示其不敢當之意，且爲禮也。堂上則左之，堂下則右之，亦各從其便也。

右主人酬賓

主人揖，降。賓降，立于階西，當序，東面。

主人將降而揖，所以禮賓。賓降者，以主人將與介與衆賓爲禮，故不敢居堂上也。賓降之位，其南北之節皆於階西，至此始見之也。主人降，西面于門東。

主人以介揖、讓升，拜如賓禮。

介入門左，止於其位，至是乃進。

主人坐取爵于東序端，降，洗。介降，主人辭降。介辭洗，如賓禮。

爵，即篚之所奠者也。介，統於賓而其禮又與之相接，故乃用其爵焉。賓禮者，賓降至壹揖、壹讓、升之儀也。此時介降之位在賓南。

升，不拜洗。

介不拜洗下賓。

介西階上立。

注曰：不言疑者，省文。

主人實爵介之席前，西南面獻介。介西階上北面拜，主人少退。介進，北面受爵，復位。

主人西南面獻介而介乃北面正方受爵，以是推之，則賓酢主人，主人亦北面受。主人獻賓，賓其東面受與？

主人介右北面拜送爵，介少退。

主人獻介，乃拜於其右者，以其尊降於賓也。凡堂上之獻酢皆分階而拜者，賓主二人而已，其餘則否。

主人立于西階東。

此稍違其拜處，與既獻賓而立于阼階東之意同。西階上非其正位，故即辟之。

薦脯醢。

下云「介升席自北方」，是介席南上也。席南上，則此薦當脯在北方，與《少牢》下篇「設侑之豆」同矣。

介升席自北方，設折俎。祭如賓禮，不嚌肺，不啐酒，不告旨。

凡所不者，下賓不啐酒則必不告旨矣。乃著之者，詳言之也。凡經文有詳言者，有略言者，其例不一。

自南方降席，北面坐。卒爵，興。坐奠爵，遂拜。執爵興，主人介右答拜。

降席，適西階上也。自南方降者，介尊於禮，輕者或得由便也，主人亦然。主人介右答拜，復西就之。有司曰侑，降席自北方，以其卑於介也。

右獻介

介降洗，主人復阼階，降辭如初。

注曰：如賓酢之時。

繼公謂：洗，爲主人將自酢也。復，反也。初，謂賓酢之時，主人降以下至坐取爵、卒洗之禮也。

卒洗，主人盥。

注曰：盥者，當爲介酌。

繼公謂：主人自飲而盥者，達介意也。

介揖讓，升，授主人爵于兩楹之間。

以後篇大夫禮例之，「介」字宜在「授」字上。於主人之盥也，介立於洗南以俟之。主人既盥，乃揖而行也。介授主人爵者，不敢酢也。主人受之者，亦達介意也。凡受獻而親酢者一人而已，其餘則或所獻者自酢焉。此介雖尊視賓爲殺，故其酢禮如此。然其初乃得爲主人洗爵，亦其異者也。

介西階上立，主人實爵，酢于西階上介右。坐奠爵，遂拜，執爵興。介答拜，主人坐祭，遂飲。卒爵，興。坐奠爵，遂拜，執爵興。介答拜。主人坐，奠爵于西楹南、介右，再拜崇酒。介答拜。

主人拜於西階而奠爵于西楹南，以其近也，其意則與鄉之奠于序端者同。拜介崇酒亦至是乃爲之者，因賓禮也。

右主人自酢

主人復阼階，揖降。介降立于賓南。主人西南面，三拜衆賓。衆賓皆答壹拜。

注曰：三拜，示徧也。

繼公謂：是時衆賓皆在門内之西，主人少南行，近於門東，乃西南面鄉之而拜。拜衆賓，爲將獻之，與賓升而拜至之意相類。三拜者，旅拜之法也。衆賓皆答壹拜，亦答旅拜之法也。此禮大夫士同之。

主人揖，升，坐取爵于西楹下。降洗，升。實爵于西階上，獻衆賓。衆賓之長升，拜受者三人。長，知丈反。

西階上獻衆賓，總言之也。此獻之儀，主人蓋執爵西南面于西階上，衆賓則以次升受之。不獻于席前，辟尊者禮也，其拜者亦北面。長，其年之差尊者。後「于」字衍。

主人拜送。

注曰：於衆賓右。

坐祭，立飲，不拜既爵。授主人爵，降復位。

既，卒也。不拜既爵，卒爵不拜也。獻而不拜既爵，差卑也。自別於尊者，且重勞主人之答己也。不拜既爵，故但立飲。《記》曰：「立卒爵者，不拜既爵。」位，堂下之位，介之南也。於此云「復」，則主人揖升之時，衆賓其皆進與？

衆賓獻，則不拜受爵。坐祭，立飲。

自第四以下，又不拜受爵，愈自別於尊者也。

每一人獻，則薦諸其席。

注曰：謂三人也。

疏曰：席，謂席前。

繼公謂：此薦之節當在坐祭、立飲之後，與《特牲饋食》之衆賓同無俎矣。又既飲乃薦，遠下賓介也。不言不祭者，可知也。

衆賓辯有脯醢。 辯，音遍。

注曰：每獻薦於其位，位在下。今文辯皆作徧。

繼公謂：衆賓，三人之外者也。衆賓長以下，其堂下之位，繼賓介之位而南。

主人以爵降，奠于篚。揖讓，升。賓厭介，升。介厭衆賓，升。衆賓序升，即席。厭，一涉反。

揖讓升者，謂主人獨與賓一揖、一讓而先升也。賓厭介升者，賓既厭介乃升也，介厭衆賓升亦然。三賓長則不相厭，但以次序而升耳。即席，立于席上。

右獻衆賓

一人洗，升，舉觶于賓。

亦相者使之也。獻禮既備，即舉觶爲旅酬，始示留賓之意也。一人，主人之贊者。既洗乃升，則用下篚之觶也。此舉觶者，代主人行禮耳。《中庸》曰：「旅酬下爲上，所以逮賤也。」舉觶，猶揚觶。

實觶西階上，坐奠觶，遂拜。執觶，興。賓席末答拜。坐祭，遂飲，卒觶，興。坐奠觶，遂拜，執觶，興。賓答拜。

舉觶者，自飲洗且拜其意，與主人酬賓之禮同。賓席末拜，示違其位也。不降席答之者，以其賤也，下二人舉觶放此。舉觶者拜，亦當楣。

降洗，升。實觶立于西階上，賓拜。

注曰：賓拜，將受觶。

繼公謂：立者，俟賓拜。

進坐，奠觶于薦西。賓辭，坐受以興。

奠觶者，亦以賓未即飲故也。賓辭奠觶之意，亦略與上同。此實取之，而經云「受」者，原賓意也。然經於此類，亦或言取，則又指其事耳。云「坐受」，是賓已拜即興矣。凡此時之在席者皆無事則興，經文略也。

舉觶者西階上拜送，賓坐奠觶于其所。

下經云「賓坐取俎西之觶」，即此觶也。其於薦西爲少南，乃云「其所」者，明其近於故處也。必奠於其所者，降於主人，且別於不舉者也。主人酬賓，奠觶于薦西，賓取而奠于薦東，其觶卒不復舉。

舉觶者降。

右一人舉觶于賓

設席于堂廉，東上。

注曰：側邊曰廉。

繼公謂：此云「設席于堂廉」，言其南北節也。《鄉射》云：「席工于西階上，少東。」言其東西節也，文互見耳。席東上而下者，當西階上，少東。

工四人，二瑟，瑟先。相者二人，皆左何瑟，後首，挎越，内弦，右手相。

相，並息亮反。何，胡我反。挎，口孤反。

注曰：二瑟，二人鼓瑟，則二人歌也。相，扶工也，衆賓之少者爲之。每工一人，《鄉射禮》曰「弟子相工如初入」，天子相工使視瞭者。工，瞽、矇也，故有扶之者。後首者，變於君也。挎，持也。相瑟者，則爲之持瑟。其相歌者，徒相也。越瑟下孔，所以發越其聲也。内弦，側擔之。

疏曰：相歌者，亦二人以空手無事，故不言也。注云「變於君」者，鄉飲酒與燕禮相對，燕禮面鼓，此後首是相變。

繼公謂：瑟先歌後，行時以後爲尊，亦工禮之異者也。在肩曰何，左何瑟，爲相當以右手也。後首，瑟之首在後也。挎，以指鉤之也。後越去瑟廉差近，故以巨擘承下廉而三指挎越也。内弦，弦鄉身也。右手相者，便也。士之飲酒乃有工、有笙者，蓋亦公家之樂官給學中飲射之事者與？

樂正先升，立于西階東。

注曰：正，長也，樂正於天子樂師也。凡樂掌其序事，樂成則告備。

繼公謂：樂正，當從工乃先升者，變於尊者之重禮也。此先升而立于西階東，亦明其不與工序也。《鄉射禮》云：「樂正先升，立于工席之西。」亦與此文互見也。案，注云「樂正於天子樂師也」，天子樂師以下大夫、上士、下士爲之，諸侯之樂師惟當用上士、下士。然則此使之給事者，其下士與？

工入，升自西階，北面坐。相者東面坐，遂授瑟，乃降。相，息亮反。

注曰：降，立于西方。

疏曰：《鄉射》云：「樂正適西方，命弟子贊工遷樂。」故知立于西方。

繼公謂：相者，東面坐於其席前之西也。授瑟，以瑟首，鄉東授之。

工歌《鹿鳴》、《四牡》、《皇皇者華》。華，音花。

三者，《小雅》之首篇也。《春秋傳》曰：「《文王》、《大明》、《緜》，兩君相見之樂也。」兩君相見得歌《大雅》，則士大夫相飲得歌《小雅》，差之宜也。此凡所歌者，皆不取其詩之義，但以其所得用者樂賓耳。不言瑟者，瑟依歌，其同可知。《書》曰「戛擊鳴球，搏拊琴瑟以詠」，《禮》又有頌磬、頌鐘，頌猶歌也。然則工歌之時，亦奏堂下之樂以應之矣。不言者，主於歌也。下放此。

卒歌，主人獻工。工左瑟，一人拜，不興受爵。主人阼階上拜送爵。

注曰：左瑟，便其右，且辟主人授爵也。一人，工之長也。賤，故不爲之洗。

繼公謂：左瑟，置其瑟於左，爲受爵變也。瑟宜前首，故左之。一人，工之長，乃歌者也。不興受爵，瞽者不能如禮也，主人亦坐授之。主人先獻歌者，其瑟者事未至，乃爲之變者，節也。主人獨拜于阼階上者，以工拜受於其位，故不得拜於其右也。凡主人與工爲禮，蓋亦有贊告之者。

薦脯醢。

工雖賤，以其受爵于席，故每獻輒薦之，亦與成人之禮異也。

使人相祭。相，息亮反。

注曰：使，扶工者，相其祭薦、祭酒。

繼公謂：此亦祭薦者，殊其長也。

工飲，不拜。既爵，授主人爵。

注曰：坐授之。

衆工則不拜，受爵，祭飲。

注曰：祭飲，獻酒重，無不祭也。

繼公謂：不拜而受，差賤也，其意與不拜既爵同。祭飲、祭酒，乃飲也。

辯有脯醢，不祭。辯，音遍。

注曰：賤者禮簡。

大師則爲之洗，賓、介降，主人辭降。工不辭洗。大，音泰。爲，于僞反。

注曰：爲之洗，尊之也。賓、介降，從主人也。工，大師也。

繼公謂：大師，工之長也。《周官》以下大夫爲之，諸侯則宜用上士也。爲之洗，以其有爵異之。賓、介從降者，同大師於己黨也。主人辭，賓亦對。衆賓不降，别於賓介也。工不辭洗，亦不降，主人既洗，亦與賓、介揖而俱升。

笙入堂下，磬南，北面立。樂《南陔》、《白華》、《華黍》。白華，音花。

注曰：笙，吹笙者也，以笙吹此《詩》以爲樂也。《南陔》、《白華》、《華黍》，《小雅》篇也。今亡，其義未聞。昔周之興也，周公制禮作樂，采時世之詩以爲樂歌，所以通情相風切也，其有此篇明矣。後世衰微，幽、厲尤甚，禮樂之書稍稍廢棄。孔子曰：「吾自衛反魯，然後樂正，《雅》、

《頌》各得其所。」謂當時在者而復重雜亂者也，惡能存其亡者乎？且正考父校商之名頌十二篇于周太師，歸以祀其先王。至孔子二百年之間，五篇而已，此其信也。

繼公謂：磬南，阼階西南也。北面立，蓋亦東上，如工立于磬南，近其所應之樂也。《詩》曰「笙磬同音」，而《禮》有笙磬、笙鐘，則吹笙之時，亦奏鐘磬之屬以應之矣。不言者，主於笙也，下放此。凡樂自判縣而上，其鐘磬乃分别頌者、笙者。若特縣，則一之。

主人獻之于西階上，一人拜，盡階，不升堂，受爵。主人拜送爵，階前坐祭，立飲，不拜既爵，升授主人爵。盡，子忍反。

注曰：一人，笙之長者。笙三人，和一人，凡四人。《鄉射禮》曰：「笙一人，拜于下。」

繼公謂：主人獻時，亦西南面也。盡階不升堂，賤也。既受爵，階上少立，俟主人已拜，然後降。主人拜亦北面，升授主人爵，亦盡階不升堂。

衆笙則不拜，受爵，坐祭，立飲，辯有脯醢，不祭。辯，音遍。

注曰：薦之皆於其位，磬南〔二〕。

〔二〕原本無「磬南」二字，文淵閣本、摛藻堂本增之，王太岳云：「刊本脱『磬南』二字，據鄭注增。」當從。

繼公謂：《鄉射禮》曰：「主人以爵降，奠于篚，反升就席。」

乃間歌《魚麗》，笙《由庚》；歌《南有嘉魚》，笙《崇丘》；歌《南山有臺》，笙《由儀》。間，古莧反。麗，力馳反。

注曰：間，代也，謂一歌則一吹。六者，皆《小雅》篇也。《由庚》、《崇丘》、《由儀》今亡，其義未聞。

乃合樂，《周南》：《關雎》、《葛覃》、《卷耳》；《召南》：《鵲巢》、《采蘩》、《采蘋》。雎，七余反。覃，大南反。卷，九轉反。召，音邵。

朱子曰：二南之分，唯程子以爲周公主内治，故以畿内之《詩》言文王、大姒之化者，屬之《周南》；召公掌諸侯，故以畿外之《詩》言列國諸侯、大夫之室家被文王、大姒之化而成德者，屬之《召南》。此爲得之。謂之南者，言其化自岐、雍之間，被于江、漢之域，自北而南也。《詩》曰以雅、以南，即謂此也。

繼公謂：樂，即此六篇詩也。合樂，謂合《周南》、《召南》而歌之，與鼏之惟歌《小雅》者不同也。《燕禮》曰：「遂歌鄉樂。」與此文互見耳。二風乃合而歌之者，鄉樂於《小雅》爲輕也。雅先而鄉樂後，先重後輕也。《鄉飲酒》，士禮之盛者也，故歌《小雅》與鄉樂。若其禮輕者，則惟鄉樂而已。下文「息司正」是也。《春秋傳》謂文王之三爲兩君相見之樂，指其始歌者也。始歌《大雅》，則合《小雅》矣。諸侯相見，其歌如此。及與臣燕，則但自《小雅》而下。以是數者觀之，可以見君臣樂歌輕重之差矣。然則天子之燕享諸侯，亦當如國君相見之樂，而《頌》則惟宜於祭用之與？大夫樂歌，蓋如士。

工告于樂正曰：「正歌備。」樂正告于賓，乃降。

注曰：備，亦成也。樂正降者，以正歌備，無事也。降，立西階東，北面。

繼公謂：工，其長也。正歌，謂所歌者皆《風》、《雅》之正也。凡歌以既合樂爲備，故告備於合樂之後焉。惟告正歌備者，蓋以己之所有事者而言，故不及乎其他。必告于賓者，飲酒主於賓歌，亦爲樂賓故也。案，注云「備，亦成也」者，蓋據《樂師職》「凡樂成則告備」之文也。注又云「降立西階東，北面」，雖無所據，以意度之，當在是也。

右樂賓

主人降席自南方，

注曰：不自北方，由便。

繼公謂：此降席自南方，其義與介同。

側降。

注曰：賓介不從。

繼公謂：此側降而賓不從，則主人〔二〕降之意皆可得而見矣。

作相爲司正。司正禮辭，許諾。主人拜，司正答拜。主人升，復席。相，息亮反。

注曰：作，使也。禮樂之正既成，將留賓。爲有解惰，立司正以監之，察儀法也。

疏曰：相，即上經云一相者也。

繼公謂：主人，自作之者，辟君禮也。司正之職，亦主於相爾。乃更其名者，禮異於上，宜新之也。自是以後，禮節凡五，司正皆有事焉。於此立之，亦示留賓之意也。謂之司正者，以其正此飲酒之禮而名之與？

司正洗觶，升自西階。阼階上北面，受命于主人。主人曰：「請安于賓。」司正告于賓，賓禮辭，許。

〔二〕「主人」二字元刊明修本、底本、摛藻堂本均闕，據文淵閣本補。

注曰：告賓於西階上。

繼公謂：司正緣主人意，必欲安賓，故受命于主人以安之。安賓而賓辭，則是賓於此時果有不安之心矣。辭者，蓋以主人有旨酒嘉肴，己已受賜爲辭也。執觶受命，贊辭變於君。

司正告于主人，主人阼階上再拜，賓西階上答拜。司正立于楹間以相拜，皆揖，復席。相，息亮反。

注曰：司正既以賓許告主人，遂立楹間以相拜。相，謂贊主人及賓相拜之辭。賓、主人既拜，相揖就席。

繼公謂：楹間，東西節也，宜於楹爲少南。凡相拜皆有相之者，經不悉見之。

司正實觶，降自西階。階間北面，坐奠觶，退共，少立。共，音拱。

注曰：奠觶，表其位也。共，拱手也。

繼公謂：階間，東西節，亦所謂中庭也。奠觶不拜者，獨行禮則不象受觶之儀也。不南面奠觶，亦變於君禮。退而少立，以其位在是也。燕與大射，則其位少進，亦異者也。

坐取觶，不祭，遂飲，卒觶興。坐奠觶，遂拜，執觶興。洗北面坐，奠觶于其所，退立于觶南。

坐取觶，亦進坐取觶而反坐也。不祭者，變於獻酬也。卒觶拜者，宜謝主人也。酒，主人之物也，主人不答拜者，不與爲禮則不敢當也。主人請立司正，而司正乃實觶自飲者，所以爲識，又欲因以虚觶識其位也。洗觶奠之，不敢苟也。

右立司正

賓北面坐，取俎西之觶。阼階上北面酬主人，主人降席，立于賓東。

注曰：初起旅酬也。旅酬，同階禮殺。

繼公謂：俎西，於薦西爲少南。上經惟云「奠觶于其所」，故此明之。賓於一人所舉之觶亦取而還之者，以其代主人行禮故也。

賓坐奠觶，遂拜，執觶興。主人答拜。不祭，立飲，不拜卒觶，不洗，實觶，東南面授主人。

注曰：此所不者，酬而禮殺也。賓更酌以鄉主人，將授。

繼公謂：不拜卒觶，猶言不拜既爵也。東南面於阼階上，《鄉射禮》無「授主人」三字，或曰「授」亦當作「酬」。

主人阼階上拜，賓少退。主人受觶，賓拜送于主人之西。賓揖，復席。

揖而復席，禮之也。

主人西階上酬介。介降席，自南方立于主人之西，如賓酬主人之禮。主人揖，復席。

惟既實觶，則西南面酬介，異於賓禮也。

司正升相旅，曰：「某子受酬。」受酬者降席。相，息亮反。

注曰：旅，序也。於是介酬衆賓，衆賓又以次序相酬。某者，衆賓姓也。同姓則以伯仲别之，又同則以其字别之。

繼公謂：相旅，謂相旅酬之。《禮》曰「某子受酬」，即其事也。或言旅，或言酬，互見耳，他皆放此。於賓酬主人，主人酬介，司正不升則惟相之於下耳，尊之也。若有遵者，則先衆賓酬之，既則司正乃升也。

司正退，立于序端，東面。

注曰：辟受酬者，又便其贊上、贊下也。始升相西階，西北面。後篇注又云「退立俟受酬」者。

繼公謂：序端東面，惟退而俟事之時則然。自是以後，於凡作受酬者，則皆少違此位。堂上者北面作之，堂下者南面作之，既則皆復此位也。

受酬者自介右。

注曰：由介東也。

繼公謂：受介酬者，獨居其右，與他受酬者不同。明介尊，不與衆賓序也，若尊者受介酬亦然。自介右，則介當東南面酬之。

衆受酬者受自左。

注曰：後將受酬者，皆由西也。

疏曰：衆受酬者，謂堂上衆賓。自第二以下，并堂下衆賓也。

繼公謂：受自左，賓黨受酬者之正位也。

拜，興，飲，皆如賓酬主人之禮。

注曰：嫌以下異也。

繼公謂：亦惟受酬者立于酬者之西，及酬者既實觶進，西南面爲異耳。

辯，卒受者以觶降，坐奠于篚。辯，音遍。

注曰：《鄉射禮》曰：「辯，遂酬在下者，皆升，受酬于西階上。」

繼公謂：辯，辯衆賓之在下者。其後當言酬在下者之禮，然後及於卒受者，如《鄉射禮》所云是也，經蓋有脱文耳。卒受者無所旅，自飲于上，乃降。

司正降，復位。

右旅酬

使二人舉觶于賓、介，洗，升實觶于西階上。皆坐奠觶，遂拜，執觶興，賓、介席末答拜。皆坐祭，遂飲，卒觶興。坐奠觶，遂拜，執觶興。賓、介席末答拜。

注曰：二人，主人之贊者。《燕禮》曰：「媵爵者立于洗南，西面北上，序進盥洗。」

疏曰：舉觶，爲無筭爵始也。答拜，賓南面，介東面。

繼公謂：亦代主人行事也。至是乃併舉觶于介者，異之也。正言賓介者，明雖有大夫，猶及介。後「于」字亦衍。

逆降，洗，升，實觶，皆立于西階上，賓、介皆拜。

注曰：於席末拜。

繼公謂：《鄉射禮》曰：「立于西階上，北面，東上。」

皆進，薦西奠之。賓辭，坐取觶以興。介則薦南奠之，介坐受以興。退，皆拜送，降。賓、介奠于其所。

賓云取，介云受，經文錯綜以見其同也。介亦辭，文不具耳。《鄉射禮》曰「賓與大夫辭」，介宜與彼大夫同也。既奠于其所，則興不言者，亦文不具耳。《鄉射禮》曰「賓大夫坐反奠于其所，興未奠而降」，變於上禮也。此奠于其所者，賓則少南而當俎西，介則少東而當俎南，如於一人舉觶者之爲也。

右二人舉觶于賓介

此條有與一人舉觶之儀相類者，其説已見於上。

司正升自西階，受命于主人。主人曰：「請坐于賓。」賓辭以俎。

注曰：至此盛禮俱成。賓主百拜，强有力者猶倦焉。張而不弛，弛而不張，非文武之道。請坐者，將以賓燕也。

疏曰：《鄉射》：「司正升自西階，阼階上受命于主人。適西階上北面，請坐于賓也。」又曰：「自此以上，皆立行禮，人皆勞倦，故請坐于賓。」

繼公謂：坐，謂燕坐而飲也。辭以俎者，以俎辭其請坐之命，謂俎在此，不敢坐也。俎，肴之貴者。燕坐，則禮殺矣。當俎而燕坐，是褻之也。司正於是，又反命於主人。

案，注云「賓主百拜」，用《樂記》文也。亦甚言其拜之多耳，非謂真有百拜也。

主人請徹俎，賓許。徹，直列反。下同。

注曰：亦司正傳請告之。

繼公謂：賓鄉者辭以俎，今主人請徹俎而賓許之，是許其坐矣。

司正降階前，命弟子俟徹俎。

注曰：西階前也。弟子，賓之少者。

繼公謂：俟徹俎者，俟尊者徹俎乃受之也。

司正升，立于序端。

注曰：待事。

賓降席，北面。

北面于俎南，以當先取俎。

主人降席，阼階上北面。介降席，西階上北面。遵者降席，席東，南面。

主人、介、遵皆近其席而立，俟取俎之節也。遵者，乃此鄉之人，仕至公卿、大夫，主人請之來與此會者也。謂之遵者，以其遵承主人之命而來與？或曰，遵之爲言尊也，大夫尊於士，故以是名之。未知孰是。遵者席西上，降席而立于席東，便也。

賓取俎，還授司正。司正以降，賓從之。還，音旋。下同。

北面取俎，還南面授司正。必言「還」者，明就而受之司正。受賓俎者，賓尊宜異之。賓降，立于西階西。

主人取俎，還授弟子。弟子以降自西階，主人降自阼階。介取俎，還授弟子。弟子以降，介從之。若有諸公、大夫，則使人受俎，如賓禮。衆賓皆降。

此取俎與升受俎者，皆以先者既降爲節。取俎不言所鄉，如賓可知。主人之俎乃以降自西階者，辟君禮也。人亦謂弟子，《鄉射禮》曰「大夫取俎，還授弟子」是也。主人降，立于阼階東，介在賓南，大夫在介南，衆賓又在大夫南，少退。

右徹俎

說屨，揖、讓如初，升，坐。說，吐活反。

注曰：説屨，主人先左，賓先右。説屨者，爲燕當坐也。

繼公謂：説屨者，各於其階側北面坐於堂，而説屨於上者，惟尊長則然。此賓、主人其尊相敵，故皆説於下。賓黨之屨，亦北上也。揖、讓，謂主人與賓一揖一讓也。賓則厭介，介厭大夫，大夫厭衆賓，亦以次而升。　案，注云「主人先左，賓先右」，謂賓在主人之左，故主人先説左屨。主人在賓之右，故賓先説右屨。是亦鄭氏以意言之耳。

右説屨升坐

乃羞。

注曰：設啗具以案酒也。羞，進也。所進者，狗胾醢也。

繼公謂：羞者，羞庶，羞於凡有薦者也。此時衆賓亦當祭薦，文不具耳。　案，注云「所進者，狗胾醢也」，《少牢》、《特牲饋食》之庶羞皆以其牲肉爲胾，又有醢，故知此禮當放之也。

無筭爵，

注曰：筭，數也。爵行無數，醉而止。

繼公謂：無筭爵者，行其奠觶，終而復始，無定數也。《鄉射禮》曰「使二人舉觶于賓與大夫」，又曰「執觶者洗，升，實觶，反奠于賓與大夫」，此異於彼者，舉觶及反奠者不於大夫而於介耳。其賓觶亦以之主人，介觶則以之大夫，其餘皆可以類推之也。

無算樂。

爵行則奏樂，爵止則樂闋，故爵無算而樂亦無算也。歌與間合，所用未聞。

右無算爵

賓出奏《陔》。陔，古才反。

注曰：《陔》，《陔夏》也。《周禮》「鐘師以鐘鼓奏《九夏》」，是奏《陔夏》則有鐘鼓矣。《鄉射禮》曰：「賓興，樂正命奏《陔》。賓降及階，《陔》作。賓出，衆賓皆出。」

繼公謂：《陔夏》，有聲無辭之樂，金奏之一者也，其名義未詳。

主人送于門外，再拜。

注曰：門東西面拜也。

繼公謂：再拜，送賓也不拜。送介，殺於初賓。主人以下亦當屨而後出，經文又略也。

右賓出

賓若有遵者，諸公、大夫則既一人舉觶，乃入。

注曰：大國有孤，四命謂之公。

繼公謂：此謂遵先俟于門外，以一人既舉觶爲入之節。大國有孤，其官或與天子之三公同名，故亦謂之公。晉有大師、大傅，亦可見矣。諸者，不定之辭，大夫兼卿言也。息司正之禮云「以告于先生君子」，然則主人於遵者，其亦使人告之與？公、大夫若皆來，則同時入。其入之節，在一人舉觶之後，衆工未入之前，乃於是言之者，以其或有或無，或來或否，不定故也。

席于賓東，公三重，大夫再重。重，並直龍反。

疏曰：賓在户牖之間，酒尊又在户東席，此二者又在酒尊之東，但繼賓而言耳。

繼公謂：席此於賓東，尊之，不與正賓齒，亦不加尊於其正賓也。貴貴、尊賢、尚齒，三者之義並行而不相悖，於斯見之矣。《禮》，再命則不齒于鄉里，若爵爲大夫，雖非再命，猶不齒也。三重、再重，皆蒲席、緇布、純者也。上下之席同物，故不必言加此重席，亦兼卷而設之。公三重，大夫再重者，以大夫宜異於士，而公宜異於大夫也。

公如大夫入。主人降，賓、介降，衆賓皆降，復初位。主人迎，揖、讓升，公升如賓禮。

注曰：主人迎之於門内。

繼公謂：公如大夫入，猶言若公若大夫入也。入，謂入門左也。主人迎遵者，賓以下皆降，其意與上同。初位，階西以南之位也。迎不拜者，别於賓、介，亦以其在門内也，迎於門内而拜降等者之禮也。公於主人爲踰等，乃後升者，非正賓也。升階正法，客尊則先升。如賓禮，如其獻禮也。

辭一席，主人去之。去，起吕反。下同。

辭一席，不敢當也。諸侯之加席與其下席而二，此席雖非加，而數則過於二焉，故辭之，而主人亦許而徹之也。遵者辭席之節，見《鄉射禮》。

大夫則如介禮。有諸公，則辭加席，委于席端，主人不徹；無諸公，則大夫辭加席，主人對，不去加席。

注曰：加席，上席也。大夫席再重。

繼公謂：如介禮，亦如其獻禮耳。若其酢，則主人於公、大夫一也。《鄉射》言大夫之酢，其儀與此介同。諸公雖尊，禮宜如之，所以辟正賓也。委，卷而置之也。席端，席北端也。不徹，不使人徹之也。主人對，不許其辭也。不去，亦謂不使人去之也。大夫辭加席，謙也。有諸公，則自委于席端者，公惟再重已，宜辟之。主人不徹，明其有爲而爲之，非正禮。無諸公，則主人不聽其辭而去之者，士亦一重，異爵者不可以無所别也。無諸公，則大夫之席在尊東，南面；有諸公，則席在主人之北，西面。云「辭加席，委于席端」，則是凡辭席者皆近席爲之也。此重席乃云加席者，但取其在上故爾，非謂此席即加席也。凡加席，與其下席異物而長半之，重席則否。

右遵者之禮

明日，賓鄉服以拜賜。

鄉服，鄉飲酒之服，即朝服也。變朝言鄉見，其與昨日同也。鄉飲酒，士禮也，乃朝服者，放君之燕禮，故如其服也。拜賜，拜謝其飲己之賜也。介不拜賜者，禮主於賓也。凡拜賜者，例不見。

主人如賓服，以拜辱。

注曰：《鄉射禮》曰：「賓朝服以拜賜于門外，主人不見。如賓服，遂從之，拜辱于門外，乃退。」

繼公謂：辱，拜賜之辱也。主人往拜賓辱者，敵也。凡尊卑不敵，則不答拜賜之禮。

右拜賜拜辱

主人釋服，

注曰：釋朝服，更服玄端也。古文釋作舍。

乃息司正。

注曰：息，勞也。勞賜昨日贊執事者，獨云司正。司正，庭長也。

繼公謂：息字未詳，疑即燕之異名，《考工記》曰「張獸侯，則王以息燕」是也。此禮亦於學宫行之。必息司正者，以昨日勞之而待之之禮，又殺於賓黨故也。釋服乃息之者，此無所放，故服其正服也。是禮雖主於司正，未必以司正爲賓。公父文伯飲南宫敬叔酒，以路堵父爲客，是其徵矣。

無介，不殺。

皆貶於飲酒。

薦脯醢。

薦，同也。

羞唯所有，

注曰：在有何物。

徵唯所欲，

注曰：徵，召也。

以告于先生、君子可也。

先生，説見首篇。君子，國中有德有爵者也。亦使人告之云「可」者，嫌其禮輕，不必告也。惟言「告」，是不請矣。不請則不速，可知皆異於賓也。其來若否，則但語告者，以復命於主人與先生、君子。若與其位，蓋如遵。

賓、介不與。與，音預。

不敢以輕禮浼昨日之尊客。古文與爲豫。

鄉樂唯欲。

鄉樂者，凡《國風》皆是也。唯欲者，唯其所欲，則使工歌之，不如昨日之有節次也，是亦純用鄉樂之異者耳。《國風》爲大夫、士之樂，《小雅》爲諸侯之樂，《大雅》、《頌》爲天子之樂。禮盛者可以進取，故鄉飲酒升歌《小雅》也。息司正禮輕，故唯用其正樂耳。《鄉射禮》云：「一人舉觶，遂無算爵。」然則工入之節，其在無算爵之時乎？

右息司正

《記》。鄉，朝服而謀賓、介，朝，直遥反。

鄉，鄉飲酒也。不言飲酒，省文耳。孔子曰：「吾觀於鄉。」《王制》曰冠、昏、喪祭、鄉、相見，皆其徵也。於此云鄉者，如《燕禮記》先言燕，《特牲饋食記》先言特牲饋食之類也。謀賓、介，爲飲酒之始，故即服其服。經不見其服，故《記》明之。

皆使能，不宿戒。

皆，皆賓、介也，其下者亦存焉。能，謂善於禮者也。宿戒者，前期日而戒之也。此於當日乃戒之，故曰不宿戒，知其能乃使之，故如此。然則他禮有宿戒者，皆慮其或有所未能也與？

蒲筵，緇布純。純，章允反。

純，緣也。《公食大夫記》云：「蒲筵常，緇布純。」此不言常，則其度或短與？

尊綌冪，賓至徹之。徹，直列反。

賓至徹冪，臣禮之節也。《士昏禮》「夫婦入于室，贊者徹尊冪」，《特牲禮》「尸即位而徹冪」，皆與此類。

其牲狗也。

用狗者，用燕禮之牲也。鄉飲與燕類也，而燕於君禮爲差輕，鄉飲於臣禮爲差重，故牲亦不嫌其同。

亨于堂東北。亨，音烹。

亨，煮也。堂東北，爨所在也，就而亨焉。凡學宫惟一門，故牲爨不於門外而於堂東北。堂東北，即東夾之東北也。學宫有左右房，則亦當有夾室。

獻用爵，其他用觶。

其他，謂酬及舉觶之屬也。然《記》之文意似失於不備，夫酢亦用爵也，何獨獻哉？此上篚之爵三、觶一，下篚之觶三。

薦脯，五挺，横祭于其上。出自左房。 挺，大頂反。

注曰：《曲禮》曰：「以脯脩置者，左朐右末。」

疏曰：此横祭于其上者，於脯爲横，於人爲縮。案，注引《曲禮》者，欲見此脯與《曲禮》脯脩其設之皆横於人前。

繼公謂：脯之祭者半挺，使人以爲祭也。云横祭是五挺者，縮邊也。然則，籩亦有首尾與？左房，東房也。有左房，則有右房可知。

俎由東壁，自西階升。

上云「亨于堂東北」而不别言陳俎之處，則是俎亦未離於其所也，故其設時由東壁而來。必言由東壁者，嫌俎當自門入也。云自西階升者，明賓主同。

賓俎：脊、脅、肩、肺。主人俎：脊、脅、臂、肺。介俎：脊、脅、胳、肺。肺皆離，皆右體，進腠。胳，音格。腠，七奏反。

注曰：凡牲前脛骨三：肩、臂、臑也。後脛骨二：膞、胳也。尊者俎尊骨，卑者俎卑骨。《祭統》曰：「凡爲俎者，以骨爲上，骨有貴賤。」凡前貴後賤。右體，周所上也。腠，理也。進理，謂前其本也。今文胳爲骼。

繼公謂：肺言皆離，明無切肺。祭以離肺，飲酒正禮也。皆，皆肩、臂、胳也。凡脊、脅不謂之體，右體者，吉禮所尚，故於三俎用之。介俎用胳者，欲以臑爲諸公俎。肫爲大夫俎也。遵者若多，則自三以下皆用左體，是亦示其相下之意也。若無遵者，介俎猶用胳，不爲之變也。此俎先脊、脅而後正體，豈堂上尊者狗牲之俎，其載之法宜與他牲異乎？肺在後者，便其取之也。凡俎横設其後，皆於所爲設者爲右。案，注謂「凡牲後脛骨二：肫、胳也」，此語不備，後脛骨亦三：髀、肫、胳也。髀雖或不升，然不可以爲非脛骨。

以爵拜者不徒作。

注曰：徒，猶空也。作，起也。

繼公謂：以爵拜，蓋指賓、主、介遵既卒爵而奠爵拜者也。既拜而興，則與飲己者爲禮，故曰

「不徒作」。然此拜乃前禮之節，其意未必與後禮相通，《記》乃合之以生義，似失之。又經言「奠爵」，此乃言「以爵」，則其意亦可見矣。

坐卒爵者拜既爵，立卒爵者不拜既爵。

注曰：唯工不從此禮。

繼公謂：此蓋於卒爵之時，見其拜、不拜之意。坐近於拜，故當拜則坐；飲而不當拜，則立飲也。是二儀者，《經》已具之，《記》蓋言其例耳。又此與下條惟以鄉飲、鄉射之禮言之則可，若推於他禮，則有不盡然者矣。

凡奠者于左，

注曰：不飲者，不欲其妨。

繼公謂：此禮其奠者一而已矣。言「凡」，未詳。

將舉，於右。

注曰：便其舉也。

衆賓之長一人辭洗，如賓禮。長，知丈反。

主人獻，衆賓惟於始者一爲之洗，經云「主人取爵于西楹下，降洗」是也。一人辭之者，禮主於己也。

立者東面，北上。若有北面者，則東上。東上之「東」，當讀作「西」。

此謂在門内位之時也。賓入門左，位近庭南。介以下又居其南，衆賓若多，則容有北面者。北面者與東面者，相繼當西上。云「東」者，字誤也。門西北面而東上，自爲列者耳。

樂正與立者，皆薦以齒。

注曰：謂其飲之次也。不言飲而言薦，以薦明飲也。既飲，皆薦於其位，樂正位西階東，北面。

繼公謂：此樂正乃公有司，非衆賓也。又不立於西方，嫌其禮異，故明之。

凡舉爵，三作而不徒爵。

注曰：謂獻賓、獻大夫、獻工皆有薦。

繼公謂：言此者，明獻禮重，無有不薦者也。案注云「獻賓」，謂賓介及衆賓也。云「獻工」，兼笙者也。

樂作，大夫不入。

此謂大夫之來也，後不及一人舉觶之節者也。樂作之時，不可亂之，故不入。若樂既作，則獻工與笙矣。大夫之獻，又不宜後於工也。

獻工與笙，取爵于上篚。既獻，奠于下篚。

注曰：如是，則獻大夫亦然。上篚三爵。

繼公謂：既獻，工則奠于上篚。既獻笙，乃奠于下篚也。不仍用獻大夫之爵者，節異則不相因也。既獻大夫而酢，則奠爵于西楹南。　案，注云「獻大夫亦然」者，惟謂亦取爵于上篚耳。

其笙，則獻諸西階上。

此《記》乃與經同者，特因上文而言之耳。

磬，階間縮霤，北面鼓之。縮，所六反。霤，力又反。

注曰：霤，以東西爲從。鼓，猶擊也。射則磬在東。

繼公謂：縮，如縮俎之縮。縮霤者，縮於霤也。前霤兩端，東西鄉設。磬當其下，亦如之，故於霤爲縮。此禮特縣，則有磬、鐘、鎛及鼓、鼙。惟言磬者，以其爲縣之主而居首，且可以取節於霤故也。北面鼓之，明磬南面設，磬蓋在阼階西，鼓在西階東。

主人、介凡升席自北方，降自南方。

此儀各一見於經。《記》云凡者，似爲不見者言也。二席南上，升、降皆當由下，其降由上者，由便耳。若例指爲正禮，則似失之。且經於主人之酢云自席前適阼階上，是其降亦未必皆自南方也。乃言「凡」，何與？

司正，既舉觶，而薦諸其位。

注曰：無獻，因其舉觶而薦之。薦於觶南。

繼公謂：不獻者，異於衆賓。有薦者，别於其黨。

凡旅不洗，

注曰：敬殺也。

繼公謂：凡，凡尊卑也。

不洗者不祭。

此承上文惟爲旅者言也。若獻酒，雖有不洗者，亦祭之。

既旅，士不入。

此士亦主人請之爲衆賓，或有故而不及與賓介同來者也。經不言士入之節而《記》見此，則是未旅以前皆可以入也。士賤於大夫，可以不獻。然不與旅，則與主人之贊同，故不與旅則不入矣。云既者，終言之也，士亦謂當在堂下者也。其入則以齒立于西方，主人不迎。

徹俎，賓、介、遵者之俎。受者以降，遂出，授從者。從，才用反。

授從者云「出」，則是飲酒之禮。他人無事者，皆不入門。

主人之俎以東。

東，適東壁也。

樂正命奏《陔》。賓出，至于階，《陔》作。陔，古才反。

此見命之之人與奏之之節也。《鄉射禮》曰：「賓降及階，《陔》作。」

若有諸公，則大夫於主人之北，西面。

注曰：其西面者，北上統於公。

疏曰：若無諸公，則南面，西上。

繼公謂：有諸公，則大夫位於此，尊諸公也。

主人之贊者西面，北上，不與。與，音預。下同。

注曰：贊者，佐助主人禮事，徹冪、沃盥、設薦俎者也。

繼公謂：此贊者，蓋以學中之有司及私臣爲之。西面之位，其在洗東南與？與，謂與其禮也。下言「無筭爵，然後與」，則此所謂「不與」者，獻及旅酬也。是句似有脱文。位西面且不與獻酬，亦飲酒于學之禮異者也。《特牲饋食記》曰：「公有司門西，北面，東上，獻次衆賓。私臣門東，北面，西上，獻次兄弟。」案，注釋贊者，亦未備。

無筭爵，然後與。

此遠下於賓黨也。《鄉射禮》云：「無筭爵，執觶者皆與旅。」執觶，亦主人之贊者也。《鄉飲酒義》曰：「賓酬主人，主人酬介，介酬衆賓。少長以齒，終於沃洗者焉。」是謂沃洗者得與旅酬，與此異矣。參考經文，似當以此爲正。

【正誤】

介俎：脊、脅、胳、肺

今印本與石經「胳」上有「肫」字。繼公案：疏云「介用胳」，又云「或有肫、胳兩言者」云云。又《釋文》此處無「肫」音，至下乃音之。今據《釋文》與疏之前説，則「胳」上固無「肫」字。又考疏之後説，則是作疏之時，或本已有兩言「肫、胳」二字者矣。是蓋後人妄增之，而當時無有是正之者，故二本並行。其後石經與印本但以或本爲據，所以皆誤。今從《通解》，删之。

儀禮集説卷五

鄉射禮第五

注曰：於五禮屬嘉禮。

繼公謂：鄉射者，士與其鄉之士大夫會聚于學宮飲酒而習射也。此與上篇大同小異，惟多射一節耳。亦飲酒而但以射言者，主於射也。

鄉射之禮。主人戒賓，賓出迎，再拜。主人答，再拜，乃請。賓禮辭，許。主人再拜，賓答，再拜。主人退，賓送，再拜。

請，亦謂致，戒辭而請之爲賓也，「請」下似脱一「賓」字。迎者出見之之稱，故雖不入門，亦謂之迎。

無介。

無介者，以介尊次於賓，同於大夫，射時難爲耦也。

右戒賓

乃席賓南面，東上。

不言户牖間者，可知也。《記》云出自東房，有東房、西房，則中有室而席賓於室之户牖間也，明矣。凡席於此者皆東上，經不悉見之也。惟爲神席，則西上。

衆賓之席繼而西。

衆賓，亦衆賓之長三人也。繼，繼賓席也。云繼者，明其以次而西。衆賓之席，亦皆不屬而東上。

席主人於阼階上，西面。

阼階上，東西節也。南北當東序，凡主位皆然。

尊于賓席之東，兩壺，斯禁。左玄酒，皆加勺。篚在其南，東肆。

注曰：設尊者北面，西曰左。

繼公謂：賓席之東，即房户之間也。此亦與前篇互見其文。

設洗于阼階東南，南北以堂深，東西當東榮。水在洗東，篚在洗西，南肆。縣于洗東北，西面。深，式鴆反。縣音玄。

注曰：縣於東方，辟射位也。

疏曰：鄉飲無射事，縣於階間。

繼公謂：縣，不近階者，權移於此，宜辟東縣之正位也。《大射》，東縣在阼階之東。縣，謂縣鐘、磬與鑮於筍、簴也。鼓鼙之屬亦存焉。《周官·小胥職》曰：「凡縣鐘、磬半爲堵，全爲肆。」又曰：「天子宫縣，諸侯軒縣，卿、大夫判縣，士特縣。」然則，凡爲士者之樂皆得縣鐘與磬，惟以特而别於其上耳。《大射儀》言，國君西方之縣，先磬，次鐘，次鑮，鼓鼙在其南。下經云「不鼓，不釋」，《鐘師職》曰「掌以鐘鼓，奏九夏」，《鑮師職》曰「掌金奏之鼓」，此與上篇皆賓出奏《陔》。《陔》，夏金奏之一也。然則，是禮亦有鐘、鼓、鑮明矣。其設之磬在北，鼓在南，略放《大射》西方之縣云。

乃張侯，下綱不及地武。

注曰：侯，謂所射布也。綱，持舌繩也。武，迹也。中人之迹，尺二寸。

疏曰：《周禮·梓人》云：「上綱與下綱出舌尋，縜寸焉。」注云「綱所以繫侯於植者也，中人之迹尺二寸」，無正文。《漢禮》云，五武成步，步六尺。或據此而言也。

繼公謂：射布而曰侯者，王朝射之以威不寧侯，遂以名之也。諸侯以下，則因其名而不改與？下綱，謂已繫者也。綱不及地武，則下个亦然。

不繫左下綱，中掩束之。繫，古帝反。

注曰：事未至也。侯北面，西方謂之左。

繼公謂：侯以左爲尊，故事未至，則未繫左下綱也。中掩束之者，中掩左下个而以綱束之也。下个出於躬，五尺中掩之，是所掩者二尺五寸也。

乏參侯道，居侯黨之一，西五步。

注曰：容謂之乏，所以爲獲者御矢也。侯道五十步，此乏去侯北十丈，西三丈。

疏曰：參，謂三分之。黨，旁也。云容謂之乏者，《射人職》云「王射三容」是也。

繼公謂：乏，《爾雅》曰乏謂之防，説者云如今牀頭小曲屏風也。侯黨，指侯之西邊。而言此乏，參分侯道而居其一也。乃云「侯黨」者，明雖取數於侯道，實取節於侯黨也。西五步，亦謂侯黨之西也。然則，此乏其南十丈，其東三丈，乃與侯黨相當與？《大射儀》曰「乏各去其侯西十、北十」，乏義未詳。

右設席器張侯

羹定。主人朝服，乃速賓。賓朝服出迎，再拜。主人答，再拜。退，賓送，再拜。朝，並直遥反。

禮，戒、速同服，此速賓朝服，則戒時亦朝服可知。鄉射而朝服，其義與鄉飲同。

賓及衆賓遂從之。

主人既退，衆賓乃至於賓之門，而與之皆行也。云遂者，雖相去有間，而事則實相接也。

右速賓

自此以後，《經》文及《記》文有與《鄉飲酒禮》同者，不重釋之。

及門，主人一相出迎于門外，再拜。賓答，再拜，揖衆賓。主人以賓揖，先入。賓厭衆賓，衆賓皆入門左，東面，北上。賓少進。相，息亮反。厭，乙涉反。篇内同。

注曰：以，猶與也。少進，差在前。

繼公謂：門，學門也。賓厭衆賓，入門左，此脱三字爾。少進，謂少東。

主人以賓三揖，皆行。及階，三讓。主人升一等，賓升。

皆行，言無先後也。主人升一等，賓乃升，敵者之禮也。

右迎賓

主人阼階上當楣，北面再拜。賓西階上當楣，北面答再拜。

右拜至

主人坐取爵于上篚，以降。賓降。主人阼階前西面坐奠爵，興辭降。賓對。主人坐取爵，興，適洗，南面坐奠爵于篚下。盥洗，賓進，東北面辭洗。主人坐奠爵于篚，興對。賓反位。

注曰：反，從降之位也。《鄉飲酒》曰：「當西序，東面。」

主人卒洗，壹揖、壹讓，以賓升。賓西階上北面，拜洗。主人阼階上北面，奠爵。遂答拜，乃降。賓降，主人辭降，賓對。主人卒盥，壹揖壹讓，升。賓升，西階上疑立。主人坐取爵，實之賓席之前，西北面獻賓。

席之，當作「之席」。

賓西階上北面拜，主人少退。賓進，受爵于席前，復位。主人阼階上拜送爵，賓少退。薦脯醢，賓升席自西方。乃設折俎。主人阼階東疑立。賓坐左執爵，右祭脯醢，奠爵于薦西，興取肺，坐絶祭。尚左手，嚌之，興加于俎，坐挩手，執爵。遂祭酒，興，席末坐啐酒。降席。坐奠爵，拜，告旨。執爵，興。主人阼階上答拜。賓西階上北面坐，卒爵，興。坐奠爵，遂拜，執爵興。主人阼階上答拜。疑，舊魚乞反。下同。

右獻賓

賓以虚爵降。主人降。賓西階前東面坐奠爵，興辭降。主人對，賓坐取爵，適洗，北面坐奠爵于篚下，興，盥洗。主人阼階之東，南面辭洗。賓坐，奠爵于篚，興對。主人反位。

注曰：反，從降之位。主人辭洗，進。

賓卒洗，揖讓如初，升。主人拜洗。賓答拜，興。降盥，如主人之禮。賓升，實爵。

《鄉飲酒》無「升」字。

主人之席前，東南面酢主人。主人阼階上拜，賓少退。主人進受爵，復位。賓西階上拜送爵，薦脯醢。主人升席自北方，乃設折俎。祭如賓禮，不告旨。自席前適阼階上，北面坐卒爵，興，坐奠爵。遂拜，執爵興。賓西階上北面答拜。主人坐奠爵于序端，阼階上再拜崇酒。賓西階上答，再拜。

右賓酢主人

主人坐，取觶于篚以降，賓降。主人奠觶，辭降。賓對，東面立。主人坐取觶，洗，賓不辭洗。卒洗，揖、讓，升。賓西階上疑立，主人實觶，酬之，阼階上北面坐奠觶。遂拜，執觶興。賓西階上北面答拜。主人坐祭，遂飲，卒觶興。坐奠觶，遂拜，執觶興。賓西階上北面答拜。主人降洗。賓降辭，如獻禮。升，不拜洗。賓西階上立。主人實觶賓之席前，北面。賓西階上拜。主人坐奠觶于薦西。賓辭，坐取觶以興，反位。主人阼階上拜送。賓北面，坐奠觶于薦東，反位。

右酬賓

主人揖，降。賓降，東面立于西階西，當西序。

注曰：主人將與衆賓爲禮，賓不敢獨居堂。

主人西南面，三拜衆賓。衆賓皆答一拜。主人揖，升，坐，取爵于序端。降洗，升，實爵，西階上獻衆賓。衆賓之長升，拜受者三人。主人拜送。坐祭，立飲，不拜既爵。授主人爵，降復位。長，知丈反。

位，亦堂下之位，賓之南也。

衆賓皆不拜，受爵，坐祭，立飲。每一人獻，則薦諸其席。衆賓辯有脯醢。主人以虚爵降，奠于篚。揖、讓，升。賓厭衆賓，升。衆賓皆升，就席。辯，音遍。

右獻衆賓

一人洗，舉觶于賓。升，實觶，西階上坐奠觶，拜，執觶興。賓席末答拜舉觶者，坐祭，遂飲，卒觶興。坐奠觶，拜，執觶興。賓答拜，降洗，升。實之，西階上北面，賓拜。舉觶者進，坐奠觶于薦西。賓辭，坐取以興。

注曰：若親受然。

繼公謂：前篇言受此，言取互文也。

舉觶者西階上拜送。賓反奠于其所。舉觶者降。

《鄉飲酒》曰：「坐奠觶于其所。」

右一人舉觶

大夫若有遵者，則入門左。

若有遵者，謂若有與此會而爲遵者也。入門左，則鄉者賓入之位也。不俟於門外，别於正賓。

主人降。

注曰：迎大夫於門内，賓及衆賓皆降，復初位。初位，階西以南，當序之位。

主人揖、讓，以大夫升，拜至，大夫答拜。主人以爵降，大夫降。主人辭降，大夫辭洗，如賓禮。

此賓禮自三揖三讓以至于一揖一讓，升之儀也。

席于尊東。

此言尊東，《鄉飲酒》言賓東，亦文互見也。又此言設席之節，與《鄉飲酒》不同，未知當以何者爲正。

升，不拜洗。主人實爵，席前獻于大夫。大夫西階上拜，進受爵，反位。主人大夫之右拜送。

席前，獻其西北面與？主人既拜送，則亦立於階東，此與薦脯醢以下皆如《鄉飲酒》之介禮。其不釋者，以意求之。

大夫辭加席。主人對，不去加席。去，起吕反。

《鄉飲酒禮》曰：「大夫則如介禮，有諸公則辭加席，委于席端，主人不徹；無諸公，則大夫辭加席，主人對，不去加席。」此惟主言，無諸公之大夫，則是鄉射之禮諸公不與。又説見《鄉飲酒禮》。

乃薦脯醢。大夫升席，設折俎，祭如賓禮。不嚌肺，不啐酒，不告旨。西階上卒爵，拜。主人答拜。

注曰：大夫升席由東方。

繼公謂：主人答拜，亦於大夫之右。

大夫降洗。

大夫若衆，則主人辯獻之長，乃洗。

主人復阼階，降辭如初。卒洗，主人盥。揖、讓，升。大夫授主人爵于兩楹間，復位。

授主人爵于兩楹間者，大夫雖尊，若與鄉飲、鄉射之禮，則屈於正賓。其禮但比於介，故此授受之節亦惟與介同。

主人實爵，以酢于西階上。坐奠爵，拜。大夫答拜。坐祭，卒爵，拜。大夫答拜。主人坐奠爵于西楹南，再拜，崇酒。大夫答拜。主人復阼階，揖降。大夫降，立于賓南。

必降者，宜與賓序升也。立于賓南，下之也。鄉射之禮，大夫若與，則下於賓。鄉飲之禮，公與大夫若與，則皆下於介。蓋其禮皆主於士故也。

主人揖、讓，以賓升。大夫及衆賓皆升，就席。

賓亦厭大夫，大夫亦厭衆賓，乃升也。衆賓其長三人也。

右遵者之禮

席工于西階上，少東。樂正先升，北面，立于其西。

少東，據工之下席而言也。樂正立于其西，猶未至階也。《鄉飲酒禮》曰：「樂正先升，立于西階東。」

工四人，二瑟，瑟先。相者皆左何瑟，面鼓，執越，内弦，右手相。入，升自西階，北面，東上。工坐，相者坐授瑟，乃降。相，並息亮反。何，户我反。

注曰：面，前也。可鼓者，在前變於君也。言執者，手入之淺也。

疏曰：變於君者，鄉射與大射相對。大射君禮而後首，此臣禮前首，故云變。

繼公謂：前越去廉差遠，故不可挎，但執之而已。面鼓，亦變於飲酒。

笙入，立于縣中，西面。縣，音玄。

注曰：堂下樂相從也。

繼公謂：此與鄉飲立于磬南之意同。縣中，蓋縣中之西也。

乃合樂。《周南》：《關雎》、《葛覃》、《卷耳》；《召南》：《鵲巢》、《采蘩》、《采蘋》。召，音邵。

不歌、不間、不笙者，爲射事繁且久，故略於樂也。不略合樂者，《周南》、《召南》，國風也。國風爲鄉樂，大夫士之正樂也，不可略其正也。

工不興，告于樂正曰：「正歌備。」樂正告于賓，乃降。

注曰：不興者，瞽、矇禮略也。

繼公謂：凡歌至於合鄉樂乃爲備，此合鄉樂矣。故雖不歌《小雅》，亦可謂之備。

主人取爵于上篚，獻工。大師則爲之洗。賓降，主人辭降。大，音泰。爲，於僞反。

大夫不降，亦别於賓。

工不辭洗。卒洗，升。實爵。

主人卒洗，亦與賓揖讓乃升。此以上著大師之禮異也，餘則與非大師者同。

工不興，左瑟，一人拜受爵。

注曰：一人，無大師，則工之長者。

主人阼階上拜送爵。薦脯醢，使人相祭。工飲，不拜既爵。授主人爵。衆工不拜受爵，祭飲。辯有脯醢，不祭。不洗，遂獻笙于西階上。相，息亮反。辯，音遍。下並同。

非大師，則工之長亦不洗矣。乃著笙不洗者，正使笙師猶不洗也。諸侯之笙，師蓋以下士爲之。言遂者，承工後也。《鄉飲酒禮》：「笙入，樂《南陔》、《白華》、《華黍》，乃獻之。」此不笙亦獻之者，主人自爲射，故而略於樂耳。不可以其無事而廢禮也。

笙一人拜于下，盡階，不升堂。受爵，主人拜送爵。階前坐祭，立飲，不拜既爵。升，授主人爵。衆笙不拜，受爵，坐祭，立飲，辯有脯醢，不祭。主人以爵降，奠於篚，反升，就席。盡，子忍反。

右樂

主人降席自南方，側降。

注曰：賓不從降。

作相爲司正。司正禮辭，許諾。主人再拜，司正答拜。主人升，就席。

司正洗觶，升自西階。由楹内適阼階上，北面受命于主人。相，息亮反。

注曰：楹内，楹北。

疏曰：受命，謂受主人請安賓之命。

繼公謂：楹，謂兩楹。

西階上北面，請安于賓。

注曰：傳主人之命。

繼公謂：賓爲射事而來，此時未射，若無嫌於不安，乃亦請安于賓者。飲酒之節宜然也。

賓禮辭，許。司正告于主人，遂立于楹間以相拜。主人阼階上再拜。賓西階上答再拜。皆揖就席。相，息亮反。

賓辭者，亦不敢必主人之終行射事也。

司正實觶，降自西階。中庭北面，坐奠觶，興。退，少立。

此中庭，其阼階前南北之中與？蓋射時司正爲司馬，至誘射之後，方易位於司射之南，則此位必不在階間，如《鄉飲酒》司正之位也。

進，坐取觶，興。反坐。不祭，遂卒觶，興。坐奠觶，拜，執觶興。洗，北面坐奠于其所，興。少退，北面立于觶南。

右立司正

未旅。

大射儀亦司正已定位即行射事，然則射之正禮，以此爲節，上下同也。經於射事既畢，始見旅酬之儀，則是時未旅可知。乃言之者，亦經文過於詳耳。

三耦俟於堂西，南面，東上。

《記》云：「三耦，使弟子。司射前戒之。」至是乃立於此，以俟其比也。

司射適堂西，袒、決、遂，取弓於階西，兼挾乘矢，升自西階。階上北面，告于賓曰：「弓矢既具，有司請射。」挾，音接。乘，绳證反。下並同。

注曰：袒，左免衣也。決，猶闓也。以象骨爲之，著右大擘指以鉤弦闓體也。遂，射鞲也，以朱韋爲之。著左臂，亦謂之拾。拾，斂也，所以蔽膚斂衣也。方持弦矢曰挾。乘矢，四矢也。《大射》曰：「挾乘矢於弓外，見鏃於弣，右巨指鉤弦。」

繼公謂：司射，蓋學中之有司給射事者也。設決謂之決，設遂謂之遂，遂義未詳。或曰，既設決乃遂設，拾因以稱焉。兼，皆也。未射，則不搢三挾一，異於耦也。階上北面，位當少東。言有司請射，示己不敢擅其事也。案，注云「袒，左免衣也」，以射則左執弓故也。

賓對曰：「某不能，爲二三子許諾。」爲，于僞反。

注曰：言某不能，謙也。二三子，謂衆賓以下。

繼公謂：不能，謂不善射也。爲二三子許諾，見所以不辭而即許之意。鄉者賓爲射而來，故至是不敢辭，但謙遜而已。

司射適阼階上，東北面告於主人曰：「請射於賓。」賓許。

不請射於主人，惟告以賓許者，緣主人尊賓之意也。賓許之辭，主人與聞之矣。必告之者，禮當然也。阼階上告主人當北面，「東」似衍文。上言「司正阼階上北面受命于主人」，足以見之矣。北面告，變於君也。《大射儀》：「司射東面，請射于公。」

右請射

司射降自西階，階前西面，命弟子納射器。

注曰：弟子，賓黨之年少者也。納，猶入也。射器，弓、矢、決、拾、旌、中、籌、楅、豐也。賓黨東面，主人之黨西面。

乃納射器，皆在堂西。

初納之時，總置於堂西，未有所分別。既則陳其弓矢，如下文所云。

賓與大夫之弓倚于西序，矢在弓下，北括。衆弓倚于堂西，矢在其上。

注曰：上，堂西廉。矢亦北括。

疏曰：北括，順射時，矢南行。

繼公謂：此以弓位之上下見尊卑也。下文云「東序東」，則此序下似脱一「西」字也。序西、堂西之弓，其亦皆北上與？

主人之弓矢在東序東。

如賓弓矢可知。

右納射器

司射不釋弓矢，遂以比三耦於堂西。三耦之南，北面命上射曰：「某御於子。」命下射曰：「子與某子射。」比，毗二反。下並同。

注曰：御，猶侍也。古文曰某從于子。

繼公謂：比，猶合也。謂合之而爲耦也，上、下射相配謂之耦。命上、下射之辭異，示尊卑也。其命之，惟以所立之序爲先後，故不復變位。既命，耦乃定所謂比也。下比衆耦放此。

右比三耦

司正爲司馬。

以其始與射事，故名爲司馬。此時之位，其西面於觶南與？司正爲司馬，遠辟君禮也。《大射儀》，司馬二人，司正如故。

司馬命張侯，弟子説束，遂繫左下綱。說，吐活反。繫，古帝反。

注曰：事至也。

繼公謂：命之繫左下綱耳。乃云「張侯」者，以張侯之事成於此故也。

司馬又命獲者倚旌于侯中。

注曰：獲者，亦弟子也。謂之獲者，以事名之。

獲者由西方坐取旌，倚于侯中，乃退。

云「坐取旌」，見其偃於地也。旌，所獲者也。侯，中侯之中央也。倚之於此，若示射者以中地然。退，反於西方之位也。倚旌而未負侯，蓋當誘射之節，則異於耦射也，且行事亦宜有漸。

右繫綱倚旌

樂正適西方，命弟子贊工，遷樂於下。

注曰：當辟射也。贊，佐也。遷，徙也。

繼公謂：適西方，自西階東而往西階前也。樂，謂瑟也，亦西面命之。

弟子相工，如初入。降自西階阼。階下之東南，堂前三笴，西面北上坐。

相，息亮反。笴，古老反。

注曰：笴，矢幹也，長三尺。

繼公謂：如初入，謂何瑟之儀與後先之序也。堂，東堂也。堂前三笴，坐處之北也。必空三笴者，辟主人往來堂東之路也。位於堂下而坐，惟工耳，亦無席。

樂正北面，立于其南。

北面者，蓋變於堂上之位。堂上，則樂正與工同面。

右遷樂

司射猶挾乘矢，以命三耦：「各與其耦讓取弓矢，拾。」拾，其劫反。

猶者，言其未變改也。讓者，下讓其上也。拾，更也。取云拾者，謂更迭而取之也。司射以此二者命之。

三耦皆袒、決、遂。有司左執弣，右執弦而授弓。

注曰：弣，弓把。

繼公謂：有司，弟子主授受弓矢者。如此授之，是並授也。

遂授矢。

云遂，則亦授弓者授之也。上云「衆弓倚於堂西，矢在其上」，是既納射器則陳之矣。弟子乃留於堂西，主授受之事，故此時復執以授之。

三耦皆執弓，搢三而挾一个。搢，音晉。

注曰：搢，插也。插於帶右。个，猶枚也。

司射先立于所設中之西南，東面。

下經云「設楅於中庭南，當洗」，又云「設中南當楅西，當西序」，然則此時司射之位少南於洗而西當榮與？司射先立於此，欲三耦知其位也。司射俟三耦畢，取弓矢，乃適其位者，以三耦皆弟子，備或未習其禮也。

三耦皆進，由司射之西立于其西南，東面北上而俟。

進，亦每耦並行。上射在左，如退適堂西之儀也。立於其西南，又以司射所立處爲節也。俟，俟作射。

右三耦就射位

司射東面，立于三耦之北，搢三而挾一个。

復云東面者，以其違於舊處，且明既還而後搢三挾一也。三耦之北，其正位之西也。立於此者，亦三耦以揖進之節耳。

揖進，當階，北面揖。及階揖，升堂揖。序則鉤楹內，堂則由楹外。當左物，北面揖。

注曰：周以庠[一]爲鄉學，《鄉飲酒義》曰「主人迎賓於庠門外」是也。左物，下物也。

繼公謂：自揖進以下，皆教三耦以射儀也。誘射而就左物者，亦以其爲主黨也。序，州黨之學，堂即庠也，鄭氏以爲鄉學是也。黨屬於州，州屬於鄉，以此言之，則三者之學，其小大深淺可知

[一]「庠」原作「序」，文淵閣本、摛藻堂本改「序」字作「庠」，王太岳云：「刊本『庠』訛『序』，據《義疏》改。」據從。

矣。序則鉤楹内，謂繞楹之東而北以其物當楣也。堂則由楹外，謂循楹之南而東以其物當棟也。蓋射者必履物，而物之在堂有深有淺故爾。夫此篇以鄉射爲名而其禮乃及於州黨之學者，其故何哉？蓋君子之居於是鄉，或有近於庠者，或有近於序者。故其射也，各隨其居之所近，而因便會聚於其中以行禮焉。此其所以不容不異也。

及物揖。左足履物，不方足，還。視侯中，俯正足。還，音旋。

注曰：志在於射。南面視侯之中，乃俯視，併正其足。方，猶併也。

疏曰：案，大射納射器之下，即言「工人、士與梓人升自北階兩楹間，畫物」。此文略，亦當在納射器後也。

繼公謂：及物揖，揖，履物也。左足履物，履從畫也。《大射儀》曰：「司射由下物，少退。」則履物者，當履其從畫矣。不方足，未暇北面而立也。他時凡欲還者，必先立，故言此以明之。還，謂右還而南面也。右還者，爲下射，宜向上射也。既視侯中，乃俯視而正足，則視侯中之時，右足其亦在從畫而少退與？正足，謂左右各履横畫之兩端也，亦左先而右次之。

不去旌。去，起吕反。

倚旌於侯而不去者，以誘射不主於中，且不獲也。

誘射，

誘，引導也，亦有教之之意。

將乘矢。

言此者，明四矢盡發也。大射儀，誘射以四矢，射三侯。將，行也。

執弓不挾，右執弦。

執弓，左執弣也。不挾，明事畢也。挾弓者，以右巨指鉤弦也。此不挾，則但執弦而已。

南面揖，揖如升射。降，出於其位南。適堂西，改取一个，挾之。

南面揖，揖，退也。揖如升射，謂如其當物升堂之揖也。云出於其位南，見是時未有司馬西方之位也。自賓與大夫之外，凡南行而適堂西與堂西出而北行者，皆由於此。惟發於其位及反位者，則否。改，更也。挾一个之說，見後。

遂適階西，取扑，搢之，以反位。扑，普卜反。

注曰：扑，所以撻犯教者。《書》云：「扑作教刑。」

繼公謂：搢、扑者，以三耦將射也。

右誘射

司馬命獲者執旌以負侯。

使之執旌於侯中以示射者，若謂中侯，則舉此而言獲然。

獲者適侯，執旌負侯而俟。

疏曰：俟，司馬命去侯。

司射還，當上耦，西面作上耦射。還，音旋。

注曰：還，左還也。作，使也。

繼公謂：當，上下射之間。

司射反位，上耦揖進。上射在左，並行。當階，北面揖。及階揖，上射先升三等，下射從之中等。中，丁仲反。

注曰：並，併也。中，猶間也。

繼公謂：上射在左，以其當就上物也。上射差尊，故先升中等，空一等也。同階升者，前後相當，宜空一等，以相遠爲敬，與異階升者之義不同，其降亦然。然則，凡升階者必於其中央與？

上射升堂，少左。下射升，上射揖，並行。

少左者，爲下射升堂則當在右也。

皆當其物，北面揖，及物揖。皆左足履物，還，視侯中，合足而俟。還，音旋。

疏曰：俟司馬命去侯。

繼公謂：不云不方足，省文耳。合足，左右並立於横畫，即上所謂正足也。

司馬適堂西，不決、遂、袒，執弓。

惟云適堂西，是猶未出於司射之南也。云執弓，是亦不挾也。不決、遂，不挾弓，變於大射也。云袒執弓，則固不決、遂矣。乃先言之者，嫌執弓者袒必決遂也。經文亦或言袒以包二者，故以此明之。

出于司射之南，升自西階，鉤楹，由上射之後，西南面立于物間，右執簫，南揚弓，命去侯。

注曰：簫，弓末也。揚，猶舉也。揚弓者，執下末。《大射》曰：「左執弣。」

繼公謂：鉤楹，即鉤楹内也。西南面，别於射者也。物間，前從畫之間也。右執簫，爲欲揚弓也。至是乃云執簫，則初執弓之時，左執弣、右執弦矣。南揚弓，以弓之上端南鄉而舉之也。必南之者，爲獲者在侯故也。去，離也。命去侯者，令辟射且當獲也。

獲者執旌許諾，聲不絶，以至于乏。坐，東面偃旌，興而俟。

注曰：偃，猶仆也。

繼公謂：聲不絶，不以宫商不絶而已，變於大射也。此去侯，亦宜趨直西乃折北而就乏。東面偃旌，是旌亦東首矣。俟，俟中則獲也。《大射儀》曰：「興共而俟。」

司馬出于下射之南，還其後。降自西階，反由司射之南。適堂西，釋弓，襲，反位，立于司射之南。還，户貫反。

圍下射而降者，往來相變以爲儀也。反，謂復其故道也。司射之南，皆指其虚位言也。是時司射不在此襲復衣也，此襲對袒而言。上衣雖裼，猶爲襲也。《玉藻》曰：「尸襲執玉龜。」襲非是，則皆裼矣。立於司射之南，北上也。以司射主射事尊之。言反位而著其在司射之南，則前此猶在觶南之位也。上耦升射，司馬乃變其儀而定其位，亦異於司射也。方有此位而言反，以鄉者由是而往故也。是或一例與？

司射進，與司馬交于階前。相左，由堂下西階之東，北面視上射，命曰：

「無射獲，無獵獲。」上射揖。司射退，反位。射獲之射，食亦反。

注曰：獵，矢從旁。

繼公謂：司射進與司馬交於階前，著其進之節也。相左，著其行之方也。司馬南行，司射北行而相過，故謂之交。司馬在西，司射在東，故謂之相左。蓋南行者以東爲左，北行者以西爲左也。下放此。由堂下者，自堂下而少東行也。西階之東，當上物之南也。其於堂中爲少西，故取節於西階也。惟命上射者，以其先發而下射從之，且下射共聞之矣，故不復戒。戒其射獲、獵獲而不及其他者，獲近於侯，舉近以見其遠也。揖，以揖受其戒。

乃射。上射既發，挾弓矢。而后下射射，拾發，以將乘矢。拾，其劫反。

「弓」字衍文。挾矢，則挾弓可知，不必言也。《大射儀》無弓字，既發而挾矢，是射時乃傳〔一〕矢也，此亦可以見其節矣。云拾發者，亦見下射既發，挾矢而後上射射也。古之射者，其序整齊而不紊，其儀從容而不迫，大抵類此。

獲者坐而獲。

〔一〕原作「傅」，誤。摛藻堂本改「傅」字爲「傳」，當從。

注曰：射者中則坐，言獲，獲得也。射，講武師田之類，是以中爲獲也。

繼公謂：獲者，於射時則坐，以俟其中也。中乃獲之，必坐而獲者。旌在地須坐，乃舉之以獲也，且示有所變。

舉旌以宮，偃旌以商。

注曰：再言獲也。

疏曰：以宮大言獲也，以商小言獲也。

繼公謂：此一中而兩言獲也。

獲而未釋獲。

注曰：但言獲未釋其算。

繼公謂：是時未立釋獲者，則未釋獲可知。經言此者，亦過於詳耳。

卒射，皆執弓。不挾，南面揖，揖如升射。

注曰：不挾，亦右執弦如司射。

繼公謂：不挾者，變於大射。

上射降三等，下射少右，從之，中等。中，丁仲反。

堂上並行，下射在左，今降階必少右，乃當上射之後也。

並行，上射於左。

謂上射先降少左，下射降，乃並行，而上射於左也。上射必於左者，進時上射在左，退亦宜然。堂上各發於其物，不可得而變。降時有先後，故因既降而爲之。此將適堂西也，上射乃不於右，便其反位者，以有釋弓等事而未即反故也。

與升射者相左，交于階前，相揖。由司馬之南適堂西，釋弓。説決拾，襲而俟于堂西，南面。東上，三耦卒射亦如之。說，吐活反。

進退者交則相揖，以其事同也。司馬之南，即𨙸者所謂司射之南也。此時已有司馬之位，又在司射之南，正當往來者之北，故以之爲節耳。釋弓，説決拾，以已初射之事畢也。説遂而言拾者，别於用時也。俟，俟司射命也。「三」當作「二」，字之誤也。二耦，謂次耦、下耦也。下耦與此異者，無與升射者相左、相揖之事耳。

司射去扑，倚于西階之西，升堂，北面告于賓曰：「三耦卒射。」賓揖。

去，起吕反。

注曰：以揖然之。

繼公謂：扑，刑器也。將告尊者，必去之敬也。士之射禮賓主之，故司射獨以是告賓。

右初射

司射降，搢扑，反位。司馬適堂西。袒，執弓，由其位南進。與司射交于階前，相左。

司射將反位，司馬將升堂，而交於階前，則是其去扑與袒執弓之事，亦相接爲之。

升自西階，鉤楹，自右物之後，立于物間，西南面揖弓，命取矢。

注曰：揖，推之也。

繼公謂：揖弓與揚弓相變爲文，則揖者，其推而下之之謂，與去侯取矢之事異，故上下其弓以別之。揖弓，繼西南面而言，是弓亦西南鄉矣，蓋以獲者與弟子皆在西南故也。揖弓者，蓋右執弦。

獲者執旌許諾，聲不絶，以旌負侯而俟。

注曰：俟弟子取矢，以旌指教之。

繼公謂：獲者許諾者，取矢之事已主之也。獲者審於視矢，雖不親取而主其事。聲不絶，以至於侯。

司馬出於左物之南，還其後，降自西階，遂適堂前，北面立于所設楅之南，命弟子設楅。還，户貫反。楅，音福。

注曰：楅，所以承矢者。

繼公謂：司馬立於所設楅之南，示弟子以設處也。凡言所設某者，皆謂器之未設者也。鄉者射器納於堂西，楅在其中。今司馬北面命設之，則是時弟子已奉楅而出與？弟子在西，司馬北面，不必鄉而命之。楅之名義，未詳。

乃設楅于中庭，南當洗，東肆。

中庭，東西節也。南當洗，不言北，文省也，後放此。東肆，龍首在西也。必東肆者，以上射在西也。司馬不以弓爲畢者，辟大射禮也。

司馬由司射之南退，釋弓于堂西，襲，反位。

司馬所由者，亦其位南也。是時司射在其位之北，故以司射爲節。

弟子取矢，北面坐委于楅，北括，乃退。司馬襲進，當楅南，北面坐，左右撫矢而乘之。

注曰：撫，拊之也。就委矢，左右手撫而四四數分之也。

繼公謂：司馬是時不執弓，無嫌於不襲。此「襲」字蓋衍。若矢不備，則司馬又袒、執弓如初。

升，命曰：「取矢不索。」索，悉各反。

索，猶盡也。此自適堂西以至揖弓，皆如初也。適堂西，亦由其位南。

弟子自西方應曰：「諾！」乃復求矢，加于楅。應，應對之應。復，扶又反。

此時獲者猶負侯，而取矢之弟子已退在西方之位，故獨應之。弟子已應，即往取矢。司馬乃降，由司射之南執弓，反位如初。弟子既加矢於楅，司馬進撫之如初。此經文略也。

右取矢加於楅

司射倚扑于階西，升。請射于賓，如初。賓許諾。

此請射，請三耦之外皆射也。其辭蓋曰：「有司請射耳。」如初者，升自西階，階上北面告也。後放此。此請射與下請釋獲，亦示聽命於賓之意。

右再請射

賓、主人、大夫若皆與射，則遂告于賓。適阼階上告于主人，主人與賓爲耦。與射之與，音預。

注曰：言若者，或射或否，在時欲耳。告賓曰：「主人御於子。」告主人曰：「子與賓射。」

繼公謂：言遂者，謂承賓許諾之後也。賓若不與射，則雖許諾，而司射亦不告。然則上言請射於賓者，非獨爲請賓射明矣。云若皆與射而後告，是其或欲或不欲，固已前告司射矣。主人與賓爲耦，禮也。假令或有一人不欲射，則闕此一耦，蓋不可與餘人爲耦故爾。告於主人，亦北面。

遂告于大夫。大夫雖衆，皆與士爲耦。以耦告于大夫曰：「某御於子。」

注曰：大夫爲下射，而云「御於子」，尊大夫也。

繼公謂：士謂衆賓也。大夫宜與衆賓長爲耦，若衆，則以次而爲之。不足，乃及於堂下者焉。大夫不自爲耦者，變於君所之射也。此賓、主人皆士，於衆耦之上下射，不敢俱以大夫爲之。

西階上北面作衆賓射。

作衆賓射，使之降而爲射事也。

司射降，搢扑，由司馬之南適堂西，立比衆耦。

立比衆耦，謂立於此，爲比衆耦耳。比之之事，俟衆賓降而後爲之。

衆賓將與射者皆降，由司馬之南適堂西，繼三耦而立，東上。大夫之耦爲上。與，音預。

云將與，則或有不與者矣，《記》曰「衆賓不與射者，不降」是也。降者，由司馬之南適堂西而堂下之衆賓皆從之，不言者可知也。此雖未執弓矢，亦必由司馬之南者，異於大夫也。繼三耦而立，居其西也。衆賓之立以齒，則大夫之耦爲上可知。乃著之者，嫌其不與耦並立，則或變於有耦者也。

若有東面者，則北上。

謂衆賓若多，堂西南面之位不足以盡之，則當東面於西壁而北上也。言若有者，見堂下之士多寡無定數也。賓、主人與大夫皆未降尊者，事至乃降也。

司射乃比衆耦，辯。辯，音遍。

乃者，言其方有事也。衆耦，謂衆賓自爲耦者也，大夫之耦亦存焉。是時衆賓皆已立於司射之北若西，然後可比之。不言命之之辭者，如上耦可知也。大夫之耦則先命之，其辭曰：「子與某子射。」與他耦上射之辭異。云辯者，爲下節也。

右比衆耦

遂命三耦拾，取矢。司射反位。拾，其劫反。

注曰：反位者，俟其袒、決、遂來。

三耦拾取矢，皆袒、決、遂。執弓，進立于司馬之西南。

朱子曰：此拾取矢，疑衍。

繼公謂：惟云執弓，是亦不挾也，亦變於大射者與？此所立者，即其故位，更以司馬爲節近故爾。鄉者司馬未在此，故以司射爲節。

司射作上耦取矢，司射反位。上耦揖進，當楅北面揖。及楅揖。

注曰：當楅，楅正南之東西。

繼公謂：當楅北面揖者，當楅南則折而北行，故北面揖也。及楅揖者，爲上、下射將折而西東也。

上射東面，下射西面。

上射在西，下射在東。如其物之位也。

上射揖進，坐，横弓，卻手自弓下取一个，兼諸弣，順羽，且興。執弦而左還，退反位，東面揖。弣，音府。還，音旋。

注曰：卻手，由弓下取矢者以左手在弓表，右手從裏取之，便也。兼，并也。并矢於弣，當順羽既，又當執弦也。順羽者，手放而下，備不整理也。

疏曰：言順羽且興者，謂順羽之時則興也。

繼公謂：進坐不言北面，可知也。下放此。矢南鄉，人於楅南北面取之，便也。横弓，蹈弓也。此横弓，覆手也。坐而横弓，亦便也。覆手横之，以上端鄉下射，敬之也。弓下，弦弣之下也。兼諸弣，明左手并執矢也。凡執弓者，左執弣兼矢，於弣即順羽興，則是横弓者惟取矢之時則然也。執弓者，言不挾也。左還者，以左體向右而還也。於楅前必左還者，以楅東肆宜順之。反位不言毋周，是亦左還也。此與順羽且興，皆變於大射云。

下射進，坐，横弓，覆手自弓上取一个，興，其他如上射。覆，芳服反。

注曰：覆手，由弓上取矢者以左手在弓裏，右手從表取之，亦便。

繼公謂：此横弓，卻手也。卻手横之，亦以上端鄉上射也。人北鄉，弓東西鄉，於人於弓皆爲横也。弓上，弦弣之上也。凡覆手、卻手而横弓，其弦皆鄉身。與他謂兼諸弣而下也，惟西面揖異爾。

既拾取乘矢，揖，皆左還，南面揖。還，音旋。下並同。

不捆矢，不兼挾，皆左還，亦變於大射。

皆少進，當楅南，皆左還，北面，搢三挾一个。

進，謂東西行而相近也。當楅南，鄉及楅之位。北面，乃搢挾者，禮貴變也。揖皆左還，上射于右。上射固居右矣，復言之者，嫌或當如卒射而退，轉居左也。自此少南行至於鄉當楅之位亦揖，不言者無以爲節，亦以其可知故也。凡每耦既射，若既取矢而退者，其曲折皆與進時同。

與進者相左，相揖，退〔一〕，反位。

注曰：相左者，由進者之北。

繼公謂：此惟云「相左」而不著所交之處者，以其東西相過可知也。然則上耦退於鄉當楅之位，次耦乃揖進，與相揖者亦以事同也。

三耦拾取矢，亦如之。後者遂取誘射之矢，兼乘矢而取之，以授有司於西方，而后反位。拾，其劫反。

注曰：取誘射之矢，挾五个。

〔一〕原無「退」字，文淵閣本、摛藻堂本增之。王太岳云：「案各本俱脱『退』字，據石經增。」可從。

繼公謂：「三」亦當作「二」，《大射》云「二耦」是也。下耦之下射於既拾取之後，又兼取誘射之四矢，皆兼諸弣至楅南，乃北面搢三，挾五个。至西方，以四矢授有司，而挾一个以反位，此見其異者也。又下耦亦無與進者相左、相揖之事，經不見之者可知也。此西方，即堂西也。《士喪禮》以東堂下、西堂下爲東方、西方，亦其徵也。有司，即弟子之納射器者。因留主授受於堂西，故此下射出於其東面位之後，以乘矢就而授之也。《大射儀》曰「以授有司於次中，皆襲，反位」，亦謂就而授之。

右三耦取矢於楅

衆賓未拾取矢，皆袒、決、遂，執弓，搢三挾一个。由堂西進，繼三耦之南而立，東面北上，大夫之耦爲上。拾，其劫反。

未拾取矢，謂於堂西取矢不拾也。堂西取矢，固不拾矣。乃言之者，以繼三耦拾取之後，嫌當如之也。其後取矢，於楅乃拾，故此云未也。是時雖未拾取矢，亦讓取弓矢拾如鄉者。三耦之爲進立射位，以射事至也。衆賓未有拾取矢於楅之禮，故俟三耦取矢之事畢而後進。

右衆耦皆就射位

司射作射如初，一耦揖升如初。司馬命去侯，獲者許諾。司馬降釋弓，反位。

命去侯以下，不蒙如初者，可知也。

司射猶挾一个，去扑，與司馬交于階前，升，請釋獲于賓。去，起吕反。

司射於誘射之後改挾一个，至此時猶然也。必云「猶」者，嫌既久則可以不挾也。官以司射爲名，故執弓必挾矢以掌射事也。先去扑乃進與司馬交于階前，則去扑當於西方而不於階下矣。不言相左，不言升及堂上所立處，亦文省。

賓許，降，搢扑，西面立于所設中之東，北面命釋獲者設中，遂視之。

注曰：視之，當教之。

繼公謂：西面立於所設中之東，亦示以設之之處，如前設楅之爲也。釋獲者，在堂西，故北面命之。既則復西面視之中，實算之器也。名之曰中者，取其中於侯而後釋算也，此不以弓爲畢，亦辟大射禮。

釋獲者執鹿中，一人執算以從之。

鹿中者，以主人士也。《記》曰「士鹿中釋獲者，自執中而不執算」，亦變於君禮。

釋獲者坐設中，南當楅，西當西序，東面。興，受算，坐，實八算於中。横委其餘于中西，南末，興，共而俟。共，音拱。

興，受算，東面並受也。南末，象矢之北括而南鏃也。俟，待其將射乃執算。

司射遂進由堂下，北面命曰：「不貫不釋。」上射揖。司射退，反位。

惟云堂下，文省也。後放此。貫謂中，而不脱言此者，明雖中而不貫，猶不釋算。

釋獲者坐取中之八算，改實八算于中，興，執而俟。

注曰：執所取算。

疏曰：八算者，人四矢，一耦八矢。雖不知中否，要須一矢則一算，改實八算，擬後來者用之。

繼公謂：右取算以予左手，乃改實之。執，二手共執之也。俟，謂俟射中乃釋算。

乃射。若中，則釋獲者坐而釋獲，每一个釋一算。上射於右，下射於左，若有餘算，則反委之。中，丁仲反。

注曰：委餘算，禮尚異也。委之，合於中西。

繼公謂：乃射，謂堂下拾發矢也。若中，則獲者言。獲此則釋之，釋謂置算於地，獲則用此算，故因名此算曰獲。坐而釋獲，既釋則興，云「每一个釋一算」，覆言釋獲之法也。一个，謂一矢中也。於右、於左，象其堂上南面之位也。下言數獲，謂奇者縮之。然則此每釋一算，亦縮之與？蓋中西之算，横則釋者，縮亦宜也。餘算釋之，不盡者也。於一耦卒射，乃反委之，既則興共而俟。

案，注曰「中西」，謂中西之算。

又取中之八算，改實八算于中，興，執而俟。

此一節在於次耦升而將射之時也。後皆如初禮可知。

三耦卒射。

言此者，著繼射者之節也。自上耦乃射至二耦卒射皆不言其儀，亦不以如初蒙之者，亦以其可知，故省文也。

賓、主人、大夫揖，皆由其階降，揖。主人堂東袒、決、遂，執弓，搢三挾一个。賓于堂西亦如之。

司射不告賓主人射者，辟君禮也。皆由其階，謂主人東階，賓大夫西階也。堂東，東堂之下也。堂西亦然。賓、主人之弓各倚於其序，矢在其下，而二人乃皆於堂下執弓挾矢，蓋有司取以授之。大夫亦降者，别於不與射者也。

皆由其階，階下揖。升堂揖。主人爲下射，皆當其物，北面揖。及物揖，乃射。

復言皆由其階者，賓、主射禮嫌主人從之，而升降於西階也。既揖乃升階，此豫言之耳。下文放此。主人爲下射者，尊賓且不失其位也。不言履物及射之儀者，如三耦可知。

卒，南面揖，皆由其階。階上揖，降階揖。

凡耦之升降，皆上射先而下射後，此賓爲上射，主人爲下射，乃分階而行。又不别見其升降之序，則是主人先而賓後如常禮，亦與其他爲耦者不同也。

賓序西，主人序東，皆釋弓説決拾，襲，反位，升。及階揖，升堂揖，皆就席。説，吐活反。

賓序西，主人序東，自釋弓於故處也。反位升，謂反位而後升也。位者，主人階東，賓階西，當序之位也。反立於此，相待而升也。此升堂揖，揖就席也。凡自側階升降者，經皆不見之。

大夫袒、決、遂，執弓，搢三挾一个，由堂西出于司射之西，就其耦。大夫爲下射。

大夫與賓同降，止於堂西，至是乃袒、決、遂，執弓矢，亦尊者事至而後爲之也。大夫執弓，亦有司授之於堂西，就其耦，亦由其西而立於其南也，故云「大夫爲下射」。大夫爲下射者，以貴下賤之義也。大夫於士，尊固尊矣。若復爲上射，則太不敵，故與士爲耦，則必爲之下射。

揖進，耦少退。揖如三耦。及階，耦先升。卒射，揖如升射，耦先降。降階，耦少退。皆釋弓于堂西，襲，耦遂止于堂西。大夫升，就席。

耦於庭少退，宜尊大夫，且變於大射也。揖如三耦，謂當階及階二揖也。及階，耦先升，升三等而大夫從之，上射之禮也。揖如升射，謂堂上三揖也。言如升射，明升時亦有堂上三揖矣。耦先降，其儀與先升同。降階耦少退者，耦既降，少左，俟大夫先行乃行也。於此不言揖如三耦，蓋亦與上文互見之也。皆釋弓於堂西，亦過司馬之南而後爲之。大夫亦由司馬之南者，爲與耦俱行。故爾釋弓，亦先説決拾也。大夫釋弓亦於堂西者，統於上射，不敢異之也。既則有司爲倚之於序西，此經言士與大夫爲耦之儀，其異於三耦者，惟於庭少退耳，則其他皆同可知。

衆賓繼射。

不言如三耦，可知也。

釋獲皆如初。

皆，皆賓、主人以下也。

司射所作，惟上耦。嫌作射亦在如初中，故以明之，亦經文過於詳耳。

卒射，釋獲者遂以所執餘獲，升自西階，盡階，不升堂，告於賓曰：「左右卒射。」降，反位。坐委餘獲於中西，興，共而俟。盡，子忍反。共，音拱。

注曰：司射不告卒射者，釋獲者於是有事，宜終之也。餘獲，餘算也。無餘算，則空手耳。

繼公謂：後射者既由司馬之南而適堂西，釋獲者乃告卒射也。執獲，以告己所有事者也。不升堂，降於司射也。左右，猶言上下射也。此亦據其所立之物而言之，下文放此。俟，謂俟司射視算乃數之。

右再射

司馬袒、決，執弓，升，命取矢，如初。獲者許諾，以旌負侯，如初。司馬降，釋弓，反位。弟子委矢，如初。大夫之矢，則兼束之以茅，上握焉。

司馬乘矢如初。

注曰：握，謂中央也。

繼公謂：禮無決而不遂者，此「決」字當爲衍文。上經云「司馬適堂西，不決、遂，袒，執弓」，此宜如之也。司馬降，亦由司射之南。釋弓於堂西，襲，乃反位。兼束，大夫矢異之也。上握，謂上於手握之處也。矢以鏃爲上，括爲下，下經云「面鏃」是也。《周官·鄉師職》曰「黨共射器，州共賓器，鄉共吉、凶、禮、樂之器」，然則古之射於學宫者，其射器亦皆公家共之與？此大夫之矢，未必大夫所自有也。但於衆矢之中取乘矢而兼束之，即爲大夫矢矣。主人之矢不束，則其爲士又益可知。乘矢惟言如初，則是不進束矣，亦異於大射禮也。

右再取矢

司射遂適西階西，釋弓，去扑，襲，進由中東，立于中南，北面視算。去，起呂反。

注曰：算，獲算也。

繼公謂：云遂者，由釋獲者之西而北行也。釋弓，并矢去之。去扑而視算爲算中，有尊者之獲不敢佩刑器以視之，敬也。必釋弓矢者，射事已矣，因去扑之時，可以并去之也。不執弓則不宜袒，故襲不言説決、拾，文省。云「由中東」，明於階西直進也。

釋獲者東面于中西坐，先數右獲。數，所主反。

注曰：固東面矣。復言之者，爲其少南就右獲。

繼公謂：先數右獲，尊上射也。

二算爲純。

注曰：純，猶全也。

一純以取，實于左手。

取，謂以右手數，即取之。

十純則縮而委之。

注曰：縮，從也。於數者，東西爲從。

繼公謂：委之，當在所釋右，獲之南。

每委異之。

注曰：易校數。

繼公謂：異之者，又在其南。

有餘純，則橫于下。

注曰：又，異之也。自近爲下。

繼公謂：有餘純，不成十者也。下謂「委之西橫之」者，宜變於上。純自二以上，則亦每純異之，以次而西。此橫者，亦南末也。其縮者，東末與？

一算爲奇，奇則又縮諸純下。奇，居宜反。下並同。

注曰：奇，猶虧也。

興，自前適左，東面。

注曰：更端，故起由中東，就左獲，少北於故，東面鄉之。

坐，兼斂算，實于左手。一純以委，十則異之。

注曰：變於右。

其餘如右獲。

注曰：謂所縮、所橫者。

繼公謂：如其所縮、所橫及每委異之也。異之，則次而北與？

司射復位。

視算事畢，乃不執弓、搢扑者，以命設豐之事與此相接。故也復位，以俟釋獲者之反。

釋獲者遂進取賢獲，執以升，自西階，盡階，不升堂，告于賓。盡，子忍反。

賢獲，勝黨所餘之算也。言賢者，因下文也。既數左獲少退，當中之正西，校其算之多寡，卒進取其所餘者，二手共執之以升。

若右勝，則曰「右賢於左」；若左勝，則曰「左賢於右」。以純數告，若有奇者，亦曰奇。

注曰：賢，猶勝也。告曰：某賢於某若干純、若干奇。

繼公謂：以純數告，若有奇者，亦曰奇。説者謂若十算則曰五純，九算則曰九奇也。

若左右鈞，則左右皆執一算以告曰：「左右鈞。」

注曰：鈞，猶等也。等則左右手各執一算以告。

降，復位，坐，兼斂算，實八算于中，委其餘于中西，興，共而俟。共，音拱。

疏曰：此將爲第三番射，故豫設之。或實或委，一如前法。

繼公謂：兼斂算者，兼斂左右之算及横於中西者而執之也。

右告獲

司射適堂西，命弟子設豐。

注曰：豐，形蓋似豆而卑。

繼公謂：命設豐乃不搢扑者，以尊者亦當飲此豐上之觶故也。

弟子奉豐升，設于西楹之西，乃降。奉，芳勇反。

降，反於堂西。

勝者之弟子洗觶，升酌，南面坐，奠于豐上。降，袒，執弓，反位。

注曰：勝者之弟子其少者也。

繼公謂：弟子不待司射命之而洗觶升酌者，設豐、實觶其事相因可知也。此不命之而弟子知其爲勝黨者，蓋於釋獲者升告之時已與聞之矣。勝者之黨，實觶者主於飲不勝者也。然亦惟發端以見其意耳，故後有執爵者爲之酌者。不授爵，辟飲尊者之禮也。反位，反堂西之位。此時「袒，執弓」，於禮無所當，三字疑衍，《大射儀》無之。

司射遂袒，執弓，挾一个，搢扑，北面于三耦之南，命三耦及衆賓：「勝者皆袒、決、遂，執張弓；

注曰：執張弓，右手執弦如卒射。

繼公謂：司射袒，亦決、遂，經文省耳。執張弓，射時執弓之常法也。

不勝者皆襲，説決、拾，郤左手，右加弛弓于其上，遂以執弣。説，吐活反。

此亦司射以是命之也。不勝者，固襲、説決、拾矣。復言之者，承命勝者之後，宜明言之。不然，則嫌亦袒、決、遂與之同也。弛弓而又横執之，皆變於常且示辱也。左手郤，執弣，則右手其覆執簫與？

司射先反位。三耦及衆射者皆與其耦進，立于射位，北上。

三耦以下，皆如司射所命而後進也。大夫之耦，亦當進立於三耦之南。

司射作升飲者，如作射。一耦進，揖如升射。及階，勝者先升。升堂，少右。

注曰：少右，辟飲者也。

繼公謂：先升，道之，勝者升三等而不勝者從之也。上下射在庭如初儀，至階乃以勝負分先後，蓋屈伸之節然爾。先者少右，辟飲者，變於射時也。耦不酌、不授，乃同升而並立者，示相飲之意也。

不勝者進，北面坐，取豐上之觶，興。少退，立卒觶，進，坐奠于豐下，興，揖。

注曰：右手執觶，左手執弓。

繼公謂：進，固北面矣。乃言之者，嫌南面奠觶，則亦當南面取觶也。少退者，欲與勝者並乃飲也。耦不酌、不授，故飲者惟立卒觶而已。皆罰爵，異也。豐下，豐下之南。不勝者先降，後升者先降，亦變於射時也。此禮以勝者爲主，故勝者先升。

不勝者先降。

勝者從降，亦中等。不勝者若下射也，則既降而少右，上射則少左，庭中之行如射時。

與升飲者相左，交于階前，相揖，出于司馬之南，遂適堂西，釋弓，襲而俟。

不勝者釋弓而已，勝者又說決、拾而襲也，經文省爾。俟，謂南面東上以俟司射之後命。

有執爵者。

注曰：贊者代弟子酌也。於既升飲而升自西階，立于序端。

繼公謂：執爵者之升，似當在上耦未升飲之時，立于序端以俟之也。

執爵者坐取觶，實之。反，奠于豐上。

注曰：每者輒酌，以至於徧。

繼公謂：取觶北面，奠之亦南面。案，注意蓋謂每人既飲，則執爵者輒爲酌之，以至於徧也。

升飲者如初。三耦卒飲，賓、主人、大夫不勝，則不執弓。執爵者取觶，降洗。升，實之，以授于席前。

注曰：優尊者也。

繼公謂：上射勝則酌主人、大夫，下射勝則酌賓，授于席前。賓、主人則於其右，大夫則於其左，皆邪鄉之。

受觶，以適西階上，北面立飲。

西階上，亦楹西少南，此飲罰爵者之正位也。以是禮主於罰爵，故雖尊亦當就此而飲。

卒觶，授執爵者，反就席。

必授之者，宜反於其所受者也。

大夫飲，則耦不升。

注曰：以賓、主人飲，耦在上，嫌其升。

繼公謂：不升，立于射位也。大夫既飲，則徑適堂西而釋弓與？

若大夫之耦不勝，則亦執弛弓，特升飲。

言特升飲，明大夫在席自若也。大夫飲而耦不升，則耦飲而大夫不與，亦宜爾。執弛弓而升，飲衆賓之不勝者，其禮然，故不得以所與爲耦者之異而變也。

衆賓繼飲，射爵者辯，乃徹豐與觶。辯，音遍。徹，直列反。

注曰：徹，猶除也。設豐者反豐於堂西，執爵者反觶於篚。

繼公謂：衆賓繼飲，皆如三耦也。自命設豐以下，皆言勝者飲不勝者之禮。若左右鈞，則無此，而即獻獲者與？

右飲不勝者

司馬洗爵，升，實之以降，獻獲者于侯。

獲者，受命於司馬，故司馬主獻之。是時獲者負侯未退，就而獻之，辟君禮也。獻時蓋西南面。大射之禮，獻獲者于侯西北三步。

薦脯醢，設折俎，俎與薦皆三祭。

先設薦俎，乃受爵，亦變於君禮也。其設之亦當侯中，在獲者之前，皆三祭，爲其將祭於侯之三處也。薦有三祭，謂脯之半職者三也。俎祭，謂刌肺也。薦俎皆北面設之，俎在薦南。

獲者負侯，北面拜受爵。

司馬西面拜送爵，固負侯北面矣。復言之者，明其還而倚旌乃拜，且嫌受獻或異面也。此拜送爵不同面者，明其異於常禮也。

獲者執爵，使人執其薦與俎從之。適右个，設薦俎。

注曰：人，謂主人贊者，上設薦俎者也。

繼公謂：獲者因射侯而得獻，故就侯而祭其薦俎與酒焉，示不忘本也。下言獲者南面坐祭薦，乃祭俎，則是俎在侯北，薦在俎北，而獲者又在薦北，如常禮矣。其設薦之位亦脯西而醢東，蓋上右也。薦俎不統於侯者，此獻主於獲者，非爲侯故耳。个，如字，舊讀作幹，非。（个之名義未詳。）

獲者南面坐，左執爵，祭脯醢。執爵興，取肺，坐祭，遂祭酒。

必云執爵興者，見其所取者非離肺也。取離肺者，必奠爵乃興。

興，適左个，中亦如之。

謂適左个，又適侯中，皆如適右个而祭之儀也。先右、次左、後中，禮之序然爾。《士喪禮》曰：「主人扱米實于右，三實一貝，左中亦如之。」其序正與此同。

左个之西北三步，東面設薦、俎。獲者薦右東面立飲，不拜既爵。

左个之西北三步，獲者受獻之正位也。鄉以有爲而受于侯，今執爵宜居正位，故執爵先立于此而東面，執薦俎者又從之而西面，設於其東也。薦右，脯南也。飲於薦右，亦變於大射禮也。以違其位而南，故復言東面。

司馬受爵，奠于篚，復位。

司馬於此方言復位，則是既獻獲者於侯之後，即北面立於侯之西北以俟獲者之來與？

獲者執其薦，使人執俎從之，辟設于乏南。辟，音闢。

注曰：設於南，右之也。凡他薦俎，皆當其位之前。

繼公謂：獲者於此自執其薦者，已授爵則不敢徒手而勞人也。辟，如辟奠之辟，謂離於故處也。此改設於乏南，故云辟設必就乏之者，宜近其位也。不當其位，辟旌。

獲者負侯而俟。

事未畢而受獻，故反而卒之。俟，俟命去侯。

右獻獲者

司射適西階西，釋弓矢，去扑，說決、拾，襲，適洗。洗爵，升，實之以降，獻釋獲者于其位，少南，薦脯醢，折俎，有祭。

注曰：不當其位，辟中。

繼公謂：釋弓矢，說決、拾，爲將洗酌而行禮也。不執弓矢，則當襲矣。去扑者，獻則不可佩刑器也。說決、拾、襲當於堂西，不言者，文省也。釋獲者聽命於司射，故司射主獻之。獻時，蓋西北面。既授，乃北面也。「折」上當有「設」字，蓋文脱也。有祭，脯與切肺也。獲者與釋獲者皆賓之弟子，以有勤勞之事，於此乃得獻，則其他弟子於獻衆賓之時亦不與明矣。

釋獲者薦右東面拜受爵，司射北面拜送爵。釋獲者就其薦坐，左執爵，

祭脯醢，興。取肺，坐祭，遂祭酒。

就其薦，謂於薦西也。

興，司射之西北面立飲，不拜既爵。司射受爵，奠於篚。

司射之西，則又少南於薦右之位矣。蓋與司射俱北面，則宜並立也。拜受立飲不同面者，異於堂上之獻也，獲者亦然。

釋獲者少西辟薦，反位。辟，音闢。

注曰：辟薦少西之者，爲復射妨司射視算也，亦辟俎。

繼公謂：辟與上經辟設之意同，惟云辟薦，據釋獲者所執而言也。辟俎，則有司爲之。

司射適堂西，袒、決、遂，取弓于階西，挾一个，搢扑以反位。

爲獻事畢也。至此乃言反位，則鄉者於既奠爵於篚，乃遂適堂西俟。

右獻釋獲者

司射去扑，倚于階西，升。請射于賓，如初。賓許。去，起吕反。

搢扑而即去，反位而即往，皆禮節當然也。不於未搢扑而遂，請者有事於尊者，不宜與獻賤者之禮相因也。

右三請射

司射降，搢扑，由司馬之南適堂西，命三耦及衆賓：「皆袒、決、遂，執弓，就位。」

於階西搢扑，乃由司馬之南適堂西者，示不敢由便也。

司射先反位。三耦及衆賓皆袒、決、遂，執弓。各以其耦進，反于射位。

以其耦進，謂上射先而下射從之也。進亦並行，若大夫之耦，則亦以序而獨進，下文云「大夫就其耦」是也。

司射作拾取矢。三耦拾取矢如初，反位。拾，並其劫反。

司射亦惟作上耦也，位亦射位。

賓、主人、大夫降揖如初。

云揖如初，則是亦兼堂上者言也。

主人堂東，賓堂西，皆袒、決、遂，執弓，皆進，階前揖。

進至階前相俟，乃南面而揖行也。

及楅揖，拾取矢，如三耦。拾，其劫反。

注曰：及楅，當楅東西也。

繼公謂：及楅揖，亦南面揖也。既揖，主人乃西面，賓乃東面。拾取矢，階前揖，而南及楅揖而止。所止之處，即拾取矢之位也，是其位猶未離乎階前矣。然則，衆耦於楅東西之位亦宜如是也。

卒，北面，搢三挾一个。

卒，即北面而爲此，是猶未離其位也。此儀異於三耦者，蓋退於北與退於南者不同也。

揖退。

一揖而退，又略於初也。

賓堂西，主人堂東，皆釋弓矢，襲，及階揖，升堂揖，就席。

賓、主人釋弓矢不於序之西東者，變於卒射時也。不言説決、拾者，可知也。然則，經文之類此者皆可得而見矣。

大夫袒、決、遂，執弓，就其耦。

注曰：袒、決、遂於堂西，就其耦於射位。

繼公謂：袒、決、遂，蓋於賓既出堂西而爲之。

揖皆進，如三耦。

如三耦，則耦不少退也。以其行事於庭，無堂上堂下之異，故不得如升射之儀也。

耦東面，大夫西面。大夫進，坐，説矢束。興，反位，而後耦揖進。説，吐活反。

大夫即位，乃進説矢束，以其爲下射也。凡大夫之取矢於楅者，必説其矢束以當拾取也。其自爲耦者，並行至楅南即爲之；其與士爲耦者，即位而後爲之。此其異者也。説矢束不言北面，亦文省。大夫進及反位，皆不揖，以非與耦行禮之事也。

坐，兼取乘矢，順羽而興，反位，揖。大夫進坐，亦兼取乘矢，如其耦。

耦兼取乘矢，不敢拾取者，以其非敵也。凡敵者，共取矢於楅，則拾以爲儀。言順羽，是亦兼諸弣矣。此與三耦異者，惟不拾取矢耳，餘則同。

北面，搢三挾一个。

注曰：亦於三耦爲之位。

揖退。惟云揖退，亦以其如三耦可知也。

耦反位，大夫遂適序西，釋弓矢，襲，升，即席。注曰：大夫不序於下，尊也。繼公謂：適序西者，以其獨往，故得釋弓矢於故處，亦爲變於卒射之時也。

衆賓繼拾取矢，皆如三耦以反位。拾，其劫反。

右射者皆取矢於楅

司射猶挾一个以進，作上射如初。一耦揖升如初。注曰：進，前也。今文或言作「升射」。繼公謂：進，由司馬之東而進也。此以適南爲進者，凡進退之文無常，大抵以有事於彼爲進，卒事而反爲退也。「上」字似衍，否則其下當有「耦」字，今文或言作「升射」，蓋後人亦疑其誤而易之矣。或曰，「進」字亦衍。

司馬升，命去侯，獲者許諾。司馬降，釋弓，反位。

亦皆如初，可知。

司射與司馬交于階前，去扑，襲，升，請以樂樂于賓。賓許諾。去，起吕反。

「樂于」之「樂」音洛，下同。

司射惟去扑耳，其決、遂，執弓，挾矢，自若也，似不宜襲。此言「襲」，蓋衍文。以樂樂者，用樂爲歡樂也。以此請之於賓，故曰「請以樂樂于賓」。《大射儀》曰：「請以樂。」

司射降，搢扑，東面命樂正曰：「請以樂樂于賓。」賓許。

注曰：東面，於西階之前也。樂正亦許諾。

繼公謂：必搢扑而後命樂正者，辟併敬也。

司射遂適階間，堂下北面命曰：「不鼓不釋。」上射揖。司射退，反位。

注曰：不與鼓節相應，不釋算也。射用應節爲難，鼓亦樂之節。《學記》曰：「鼓無當於五聲，五聲不得不和。」凡射之鼓節，投壺其存者也。《周禮》射節：天子九，諸侯七，卿、大夫以下五。

繼公謂：不鼓不釋，言不與鼓節相應。雖貫，猶不釋算也。不言貫者，可知也。每歌之終，乃奏鼓。鄉射之歌五終而鼓五節，其三節先以聽，而二節之間拾發乘矢焉，《射人職》所謂「五節二正」是也。王之大射，九節五正，諸侯七節三正，卿、大夫與士同。

樂正東面，命大師曰：「奏《騶虞》，間若一。」大師不興，許諾。樂正退，反位。大，並音泰。

注曰：東面者，進還鄉大師也。《騶虞》，《國風·召南》之詩篇也。間若一者，調其聲之疏數，重節。

疏曰：間若一，謂五節之間長短希數皆如一，則是重樂節也。

繼公謂：言命大師者，見所命者必其長也。此惟據有大師者言之，《周官·射人職》曰：「王以《騶虞》，諸侯以《貍首》，卿、大夫以《采蘋》，士以《采蘩》。」此士射之樂，乃得奏《騶虞》，亦其異者。

乃奏《騶虞》以射。三耦卒射，賓、主人、大夫、衆賓繼射。釋獲如初。卒射，降。

降，指衆耦之最後者而言，以見釋獲者升告之節也。《大射儀》曰：「降，反位。」

釋獲者執餘獲，升，告左右卒射，如初。

右三射

司馬升，命取矢。獲者許諾。司馬降，釋弓，反位。弟子委矢，司馬乘之，皆如初。司射釋弓視算，如初。釋獲者以賢獲與鈞告，如初。降，復位。

言如初，又言降復位，爲司射命設豐之節也，亦以見其所如者。止於此，無復實算於中之事矣，蓋以其不復射故也。

右取矢告獲如初

司射命設豐。設豐，實觶，如初。遂命勝者執張弓，不勝者執弛弓，升飲如初。

《大射儀》此下云「卒退豐與觶，如初」，此脱一句也。

右飲不勝者如初

司射猶袒、決、遂，左執弓，右執一个，兼諸弦，面鏃，適堂西，以命拾取矢，如初。拾，其劫反。

注曰：側持弦矢曰執面，猶上也。并矢於弦，尚其鏃，將止變於射也。

繼公謂：右手先執矢，乃又執弦，則兼矢於弦矣。兼矢於弦，面鏃以命拾取矢者，蓋示之以此節執一矢之法而不必挾也。兼矢於弓者皆面鏃，蓋矢以鏃爲上。凡射者於矢，將用之則挾，不用之則執。

司射反位。三耦及賓、主人、大夫、衆賓皆袒、決、遂，拾取矢，如初。矢不挾，兼諸弦弣以退，不反位，遂授有司於堂西。拾，其劫反。

疏曰：兼諸弦弣者，一矢兼弦，三矢兼弣。

繼公謂：拾取時，猶皆兼諸弣。至楅南北面，則不挾矢，但取一矢。兼諸弦，餘三矢，則兼諸弣自若，亦象搢三挾一之儀，且如司射之戒也。賓與主人，則亦於楅東西之位爲之。位，射位也。不反位，但由司馬之南而過也。授有司，授之以弓矢也。必授之者，射事止則宜反於所受者也。此文主於三耦及衆賓也，大夫與其耦亦存焉。若賓則自階下以授有司於堂西，主人則以授有司於堂東也。

辯拾取矢，揖，皆升就席。辯，音遍。拾，其劫反。

揖，皆升就席，謂衆賓三人也。衆賓三人必俟拾取矢者，辯而後升。若主人、賓、大夫，則既授弓矢即升如初禮，固不俟其辯也。三人既升，則餘人以次立於西方，如未射之時矣。

右射者復皆取矢於楅

司射乃適堂西，釋弓，去扑，説決、拾，襲，反位。去，起吕反。説，吐活反。下同。

反位，其猶在中西南與？不言釋矢，可知也。

司馬命弟子説侯之左下綱而釋之，

注曰：説，解也。

繼公謂：云「釋」，則是不束也。説而釋之，變於射與未射之時。

命獲者以旌退，命弟子退楅。司射命釋獲者退中與算而俟。

注曰：備復射也。獲者、釋獲者亦退其薦俎。

繼公謂：旌退於西方，楅與中算退於堂西以俟其人，則皆復於西方之位也。案，注云「獲者、釋獲者亦退其薦俎」，此據《大射儀》而言也。退薦俎，各當其位之前與？

司馬反爲司正，退復觶南而立。

射事已，而復其故職也。云「復觶南」，見射時觶不徹，是時司射亦當復東方之位。

樂正命弟子、贊工即位。弟子相工，如其降也。升自西階，反坐。相，息亮反。

注曰：降時如初入，樂正反於西階，東北面。

繼公謂：命弟子，亦適西方命之也。如其降，亦謂後先及相之之儀也。反坐，謂反其故位而坐也。工既坐，弟子亦降立於西方。

右射事止

賓北面坐，取俎西之觶，興。阼階上北面，酬主人。主人降席，立于賓東。賓坐奠觶，拜，執觶興，主人答拜。賓不祭，卒觶。不拜，不洗，實之，進東南面。主人阼階上北面拜，賓少退。主人進受觶。賓、主人之西，北面拜送。賓揖，就席。主人以觶適西階上酬大夫。大夫降席，立于主人之西，如賓酬主人之禮。

注曰：其既實觶，進西，南面立，鄉所酬。

主人揖，就席，若無大夫，則長受酬亦如之。長，知丈反。

長，謂衆賓之長也，此惟據主人所酬者而言。大夫若衆則相酬，辯乃及長。

司正升自西階，相旅，作受酬者曰：「某酬某子。」相，息亮反。

注曰：某者，字也。某子者，氏也。《春秋傳》曰：「字不若子。」

繼公謂：此謂大夫酬長，若長相酬之時也。司正稱酬者之字，稱受酬者曰「某子」，彼此之辭也。此主爲酬者命受酬者，緣酬者意欲尊敬之，故於此言字，於彼言子，所以不同。

受酬者降席，司正退，立于西序端，東面。衆受酬者拜，興，飲，皆如賓酬主人之禮。辯，遂酬在下者，皆升，受酬于西階上。辯，音遍。

注曰：在下，謂賓黨也。《鄉飲酒記》曰：「主人之贊者，西面北上，不與，無算爵，然後與。」此異於賓。

繼公謂：在下者迭升受酬，亦如上禮可知。

卒受者以觶降，奠于篚。司正降，復位。

右旅酬

使二人舉觶于賓與大夫。

至是乃并舉觶於大夫者，異之也。

舉觶者皆洗觶，升，實之。西階上北面，皆坐奠觶，拜，執觶興。賓與大夫皆席末答拜。舉觶者皆坐祭，遂飲，卒觶興。坐奠觶，拜，執觶興。賓與大夫皆答拜。

大夫席，末席東端也。

舉觶者逆降，洗，升，實觶，皆立于西階上，北面，東上。賓與大夫拜，舉觶者皆進，坐奠于薦右。賓與大夫辭，坐受觶以興。

東上，主賓者在右也。至是乃言之者，以其將奠觶也。

舉觶者退反位，皆拜送，乃降。賓與大夫坐，反奠于其所，興。

此奠於其所，亦皆少違其故處而在其俎之西也。於此云興，見其無事則不坐也。若無大夫，則唯賓言此者，明不舉觶於賓長。此二人舉觶雖曰正禮，然若無大夫則闕一人，以其禮唯當行於尊者耳。

右二人舉觶

司正升自西階，阼階上受命于主人。適西階上，北面，請坐于賓。

司正適阼階上，北面而受命。

賓辭以俎，反命于主人。主人曰：「請徹俎。」賓許。徹，直列反。下同。

注曰：上言請坐於賓，此言「主人曰」，互相備耳。

司正降自西階，階前命弟子俟徹俎。司正升，立于序端。賓降席，北面。

主人降席自南方，阼階上北面。大夫降席，席東南面。賓取俎，還授

司正。司正以降自西階，賓從之降，遂立于階西，東面。司正以俎出

授從者，主人取俎還授弟子。弟子受俎，降自西階以東。主人降自阼

階，西面立。還，並音旋，下同。從者，才用反。

主人取俎未必在司正出門之後，上文蓋終言之耳。西面立階東，當序位也。

大夫取俎，還授弟子，弟子以降自西階，遂出授從者。大夫從之降，立于

賓南。衆賓皆降，立于大夫之南，少退，北上。從者，才用反。

說見前篇記。

右徹俎

主人以賓揖讓，説屨，乃升。大夫及衆賓皆説屨，升，坐。說，並吐活反。

亦當説屨乃揖讓，如飲酒之禮，特立文異耳。

右説屨升坐

乃羞，無算爵。使二人舉觶，賓與大夫不興，取奠觶飲，卒觶，不拜。

注曰：二人，謂鄉者二人也。使之升立於西階上當執觶也，卒觶者固不拜矣。著之者，嫌坐卒爵者拜既爵。此坐於席，禮既殺，不復崇。

繼公謂：使之，亦司正也。此舉觶，謂取而酌之，即下文所云「執觶者受觶。遂實之」之事也。其位蓋在西序端，北上。若無大夫，則惟一人。

執觶者受觶，遂實之。賓觶以之主人，大夫之觶長受而錯，皆不拜。長，知丈反。下同。錯，七洛反。

注曰：皆不拜受，禮又殺也。

繼公謂：錯，謂以次更迭而受也。大夫若惟一人，則衆賓長先受其觶，以次錯行之；大夫若有二人以上，則皆及於大夫。乃及衆賓，蓋先尊而後卑也。云大夫之觶長受而錯，則賓觶但至主人而止與？所以然者，以二觶並行難爲旅也。若無大夫，乃行主人之觶，爲其無二觶故爾。先者不拜而飲，故受者皆不拜禮，蓋相因也。

辯，卒受者興以旅在下者，于西階上。辯，音遍。

注曰：執觶者酌在上。辯，降復位。

繼公謂：辯，謂堂上皆已受爵也。卒受者，衆賓長之末者，其受於席末飲。興以旅在下者乃飲，如下文所云是已。云「卒受者興」，見惟行一觶也。

長受酬。酬者不拜，乃飲。卒觶，以實之。

注曰：言酬者不拜者，嫌酬堂下異位當拜也。乃，猶而也。

繼公謂：長，謂堂下賓黨之長也。言酬者不拜者，嫌親酬當拜也。實之，謂自實之。受酬者不拜受，嚮者旅酬有拜而飲者、拜而受者，故於此一一明之。

辯、旅皆不拜。

注曰：主人之贊者於此始旅，嫌有拜。

執觶者皆與旅。辯，音遍。與，音預。

注曰：亦自以齒與於旅也。

繼公謂：於此言執觶者皆與旅，則鄉者旅酬之時，主人之贊者不與信矣。

卒受者以虛觶降，奠于篚。

此以降者，一觶也。然則，主人所飲之觶，執觶者其先以奠於篚與？

執觶者洗，升，實觶，反奠于賓與大夫。

二觶元在賓與大夫之前，故云反奠。餘則皆如上文「賓與大夫不興，取奠觶飲」，以下之儀不言者可知也。此後酒行終而復始，儀亦如之。至醉而止，所謂無算爵也。

無算樂。

此無算樂，亦宜與鄉飲者同。

右無算爵

賓興，樂正命奏《陔》。賓降及階，《陔》作。賓出，衆賓皆出。主人送于門外，再拜，降。

謂降堂及階，至階上也。

右賓出

明日，賓朝服以拜賜于門外。主人不見，如賓服。遂從之，拜辱于門外，乃退。朝，直遥反。見，賢遍反。

拜賜之禮，賓至於門外，擯者出請，入告。主人辭不見，賓乃拜，主人拜辱亦如之。

右賓拜賜主人拜辱

主人釋服，乃息司正。無介，

注曰：此已下皆記禮之異者。

繼公謂：昨日正禮已無介，則此可知矣。乃言之者，嫌不射而飲，或用介也。

不殺。使人速。

亦當使人戒，乃速，經文略也。

迎于門外，不拜。入，升。不拜至，不拜洗。薦脯醢，無俎。賓酢主人，

主人不崇酒。

言不殺，復言無俎者，嫌不殺者亦或有俎也，《士冠》、《士虞》以乾肉折俎。主人不崇酒，則賓

亦不告旨矣。其他不見者，可以意求之。

不拜衆賓。

此謂不拜之於庭，指將獻之時也。若獻，則衆賓亦拜受爵，而主人答之。

既獻衆賓，一人舉觶，遂無算爵。

注曰：言遂者，明其間闕也。賓坐奠觶於其所，擯者遂受命於主人，請坐於賓。賓降，説屨升坐矣。不言遂請坐者，請坐主於無算爵。

繼公謂：此一人舉觶，在獻衆賓之後。雖與正禮之舉觶爲旅酬始者同，實爲無算爵始也。言遂無算爵，明其「説屨升坐」即取此觶飲也。案，注云「明其間闕」，謂舉觶之後、無算爵之前，其間工入，升歌等禮皆闕也。

無司正。

注曰：使擯者而已，不立之。

繼公謂：此禮略，無所用之，故不立。

賓不與。與，音預。

昨日正賓不可褻也。

徹唯所欲，以告於鄉先生、君子可也。羞唯所有，鄉樂唯欲。

此與前篇息司正之禮亦同，但文有詳略爾。

右息司正

《記》。大夫與，則公士爲賓。與，音預。

《記》言此者，恐其或用處士也。所以不可用處士者，以處士去大夫之尊遠故也。鄉飲酒之禮，大夫若與，其賓介亦當以公士爲之；大夫不與，則公士若處士皆可。舊説謂鄉飲酒、鄉射，大夫自來觀禮，非也。大夫於一人既舉觶於賓乃入，主人必無臨時易賓之理。然則大夫之與此會者，乃亦主人請之明矣。

使能，不宿戒。其牲，狗也。

用狗者，因大射之牲也。其義與《鄉飲酒》同，此下有不釋者，見前篇《記》。

亨于堂東北。尊綌冪，賓至徹之。蒲筵，緇布純。西序之席，北上。亨，音烹。徹，直列反。純，之允反。

經言衆賓長升就席者，三人耳。又曰衆賓之席繼而西，是未必有西序之席。北上者，此《記》未詳。

獻用爵，其他用觶。以爵拜者，不徒作。薦脯用籩，五膱，祭半膱横于上。醢以豆，出自東房。膱長尺二寸。膱，音職。長，直亮反。

注曰：脯用籩，籩宜乾物也。醢以豆，豆宜濡物也。膱或謂之脡，爲《記》者異耳，膱、脡皆取直貌焉。祭横於上，殊之也。於人爲縮，膱廣狹未聞。

繼公謂：《曲禮》曰「以脯脩置者，左朐右末」，是膱長尺二寸而中屈之也。《士虞記》有「乾肉折俎」，亦曰「朐在南」，此可以見其制矣。祭半膱，則不屈之。

俎由東壁，自西階升。賓俎脊、脅、肩、肺，主人俎脊、脅、臂、肺。肺皆離，皆右體也。進腠。腠，七奏反。

注曰：賓俎用肩，主人用臂，尊賓也。若有遵者，則俎其餘體也。

繼公謂：不言大夫俎者，有無不定也。

凡舉爵，三作而不徒爵，凡奠者于左，將舉者于右。衆賓之長一人辭洗，如賓禮。若有諸公，則如賓禮，大夫如介禮。無諸公，則大夫如賓禮。長，知丈反。

賓禮、介禮，亦謂其受獻時之儀耳。云有諸公則如賓禮，大夫如介禮，其言略與《鄉飲酒》之經合似也。云「無諸公，則大夫如賓禮」，其言大與此經違，則非矣。此經所言遵者，大夫之儀，正指無諸公者也。而其儀亦無以異於介，烏在其爲如賓禮乎？蓋大夫之禮宜降於賓，固不以諸公之有無而爲隆殺。又經惟屢見大夫禮而略不及公，則無諸公明矣。《記》乃著有諸公之禮，皆似失之。

樂作，大夫不入。樂正與立者齒。

但云與立者齒，則獻薦與旅皆在其中矣，惟位則異。

三笙一和而成聲。和，胡卧反。

三人吹笙，而一人歌其所吹之《詩》以和之，而後笙之辭顯且成聲也。此其在無算樂之時乎？笙之入也，以將射之，故不奏之。

獻工與笙，取爵于上篚。既獻，奠于下篚。其笙則獻諸西階上，立者東面，北上。

注曰：賓，黨也。

繼公謂：門内、堂下之位同。

司正既舉觶而薦諸其位。三耦者使弟子，司射前戒之。

注曰：弟子，賓黨之少者也。前戒，謂先射請戒之。

繼公謂：三耦射，則在先。立則居前，乃以弟子爲之者，爲司射當誘射故也。誘射有教之之意，故以少者爲三耦而誘之，不使長者，嫌其待之淺也。惟前戒，故不待命而先俟於堂西。

司射之弓矢與扑倚于西階之西。

經於司射取弓挾矢，取扑皆著其在階西，則此文意已在其中矣，似不必言也。經又著「司射適堂西，挾一个」，則是司射之矢亦不盡倚於階西也。然則，《記》之文意又似失之不備矣。

司射既袒、決，遂而升，司馬階前命張侯，遂命倚旌。

注曰：著並行也。古文曰：遂命獲者倚旌。

繼公謂：經言司馬命張侯及倚旌，乃在司射比三耦之後。《記》言此，以明其在司射升請射於賓之時，非若經文之次也。然經文所以如彼者，欲終上事，乃言下事故爾。階前，即觶南之處也。此云階前，下云命負侯者，由其位文互見也。案，注云「著並行者」，謂此時司射、司馬同時行事，非相繼爲之，經不明言，故《記》著之也。

凡侯：天子熊侯，白質；諸侯麋侯，赤質；大夫布侯，畫以虎豹；士布侯，畫以鹿豕。凡畫者，丹質。麋，音迷。畫，胡卦反。

此謂獸侯也。其於大夫、士則爲鄉射，天子、諸侯則爲燕射也。《燕禮》曰：「若射，則如鄉射之禮。」《梓人職》曰：「張獸侯，則王以息燕。」是天子、諸侯雖無鄉射，其燕、射則皆用鄉射之禮而張此侯，故《記》之於此云「熊侯」、「麋侯」者，皆以其獸皮之全者二夾置於其質之旁也。凡皮侯之制亦然，惟不質而鵠爲異爾。大夫、士之鄉射於布侯之上，但畫此四獸爲飾，不以皮也。此云布，見熊、麋二侯其體亦布也。此云畫，見熊、麋二侯之非畫也。質亦的名，《荀子》曰「質的具而弓矢至」是也。《圉人職》曰「射則共椹質」，《考工記》曰「利射革與質」，則質者以木爲之，而其方如鵠與？白、赤、丹者，質上所塗之色各因其所宜以爲飾，且相别異也。凡畫者丹質，謂畫虎、豹、鹿、豕之侯皆以丹質，言其質同也。大射之禮，王則虎侯、熊侯、豹侯，諸侯則熊侯、豹侯、豻侯，卿、大夫則麋侯，士則豻侯。此天子用其三侯之次，諸侯又用卿大夫之侯，大夫、士又但畫而已，皆辟其大射也。一侯而畫獸二者，亦宜夾其質也。不畫一獸者，變於用皮者也。不以熊與麋爲畫者，雖不用皮，猶不與君燕、射之侯同物，所以遠下之也。下《記》云禮射不主皮，此皮謂革也。《周官》及《考工記》言射者，皆以質與革並言，是其堅類也。禮射不主皮，爲力不同科，此射亦禮射也。乃用質者，以其近故。與侯近，則質雖堅而易貫，故與主皮之義異。

射自楹間。物長如笴，其間容弓，距隨長武。長，直亮反。下同。笴，古可反。

注曰：楹間，中央東西之節也。物，謂射時所立處也。長如笴者，謂從畫之長短也。長三尺與距相應射者，進退之節也。距隨者，物横畫也。武，尺二寸。

繼公謂：其間容弓，爲從畫言也。横畫之距隨長武，則上、下射之相去不及五尺矣。射者南面，還視侯中之後先，以左足履物之東端，乃以右足履其西端而合之，故名東端爲距，西端爲隨，取其左足至則右足從之也。距，至也。隨，猶從也。物之名義未詳。

序則物當棟，堂則物當楣。

注曰：是制五架之屋也。正中曰棟，次曰楣，前曰庪。

繼公謂：當棟、當楣，其以庭之深淺而異與？堂之庭深於序，故進退其物以合侯道之數。

此侯道五十弓。

命負侯者，由其位。

疏曰：司馬自在己位遥命之。

繼公謂：位，觶南也。此與前二命皆不離其位者，以射事未至略之，由便也。

凡適堂西，皆出入于司馬之南。唯賓與大夫降階，遂西取弓矢。

凡，凡司射、司馬、三耦、衆耦也。必出入於此者，近於其位也。此於司射、司馬之位爲南，於耦之射位爲北，故以之爲節。云賓無射位，大夫不立於射位，故取弓矢於堂西，不由之大夫。卒射而退乃由此者，統於上射，非正禮也。

旌，各以其物。

注曰：旌，總名也。雜帛爲物，大夫、士之所建也。

繼公謂：《記》據士之爲主人者言也。士之物云「各」，則是三等之士其物亦有不同者矣。《士喪禮》曰「爲銘各以其物」，亦此意也。

無物，則以白羽與朱羽糅。杠長三仞，以鴻脰韜上，二尋。糅，女又反。杠，音江。長，直亮反。仞，音刃。脰，音豆。韜，吐刀反。

注曰：此翿旌也。糅，雜也。杠，橦也。鴻，鳥之長脰者也。八尺曰尋。

繼公謂：無物，謂士之未仕者也。《周官》云「大夫、士建物」，蓋指見居官者而言。以白羽、朱羽相雜而綴於杠之首，亦象析羽爲旌之意也。仞與尋皆八尺，並言之者，異其文耳。仞、尋之度，見《考工記·匠人職》。

凡挾矢，于二指之間横之。

兼左右手言也。云「凡」者，謂挾矢或多或寡，其法皆然。寡則挾以食指，將指多則以餘指分挾之。凡挾矢有挾一矢者，有挾四矢、五矢者。

司射在司馬之北，司馬無事不執弓。

司馬將升堂，而有事乃執弓；非是，則亦有有事而不執弓之時。《記》蓋大略言之耳。

始射，獲而未釋獲；復，釋獲；復，用樂行之。復，並扶又反。

時。

始射，謂第一番三耦射時。復，又射也。前言「復」，謂第二番射時。後言「復」，謂第三番射時。三耦始射，志在於中。中則當言獲，未釋獲者，此如習射，然未宜較勝負，且三耦之外皆未射，難以相飲，亦不可以徒釋之也。至次射，則賓主而下皆繼射，乃可以釋獲。及第三射，則其事已熟，乃可以樂爲節也。此皆行事有漸，且示先質後文之意。

上射于右。

注曰：於右物射。

楅，長如笴，博三寸，厚寸有半。龍首，其中蛇交，韋當。長，直亮反。

「長如笴」，兩端相去之度也。「龍首」者，刻其上端作龍首之狀爲識，且以飾也。上端爲首，則下端爲尾明矣。經云「東肆」，是其證也。蛇交者，以兩木屈曲爲之狀，如蛇交然，必屈曲爲之者，象弓也。當者，其以當矢而名之與？楅身蛇交，廣狹相間，必通設韋當於其上，乃可以承矢。

楅，髤，横而奉之，南面坐而奠之，南北當洗。髤，音休。奉，芳勇反。

注曰：髤，赤黑漆也。

繼公謂：言「奉之」，明執其兩端也。

射者有過，則撻之。撻，吐達反。

注曰：過，謂矢揚中人。凡射時，矢中人當刑之。今此射者中人，本意在侯，其傷害之心遠，是以輕之，以扑撻於中庭而已。《書》曰：「扑作教刑。」

繼公謂：射者有過，謂或不能盡循司射之教而犯其所命者也。射時，司射搢扑以涖事。然則撻之者，其司射與？又考司射之行事，其有關於尊者必去扑乃爲之，則是尊者之射雖有過，固不在此科也。

衆賓不與，射者不降。與，音預。

衆賓，在三人之中者也。射時，賓、主人、大夫皆降而此衆賓或不降者，以是時堂下無衆賓不射者之位故也。又考經言賓、主人、大夫若皆與射之禮，則是賓、主人、大夫或有時不與矣。此《記》又言「衆賓不與，射者不降」，皆以堂上者言也。以是觀之，則堂上者可以不與而在下之衆賓無有不與者乎？

取誘射之矢者，既拾取矢，而后兼誘射之乘矢而取之。拾，其劫反。

經云後者遂取誘射之矢，此則見其於既拾取己矢乃爲之。

賓、主人射，則司射擯升、降。卒射，即席而反位，卒事。

注曰：擯賓、主人升、降者，皆尊之也。不使司馬擯其升、降，主於射。

繼公謂：擯，謂以辭贊之射時。擯升、降，則取矢亦當然也。將擯而去，扑搢之，乃反位。

鹿中髤，前足跪，鑿背，容八算，釋獲者奉之先首。奉，芳勇反。

注曰：前足跪者，象教擾之獸受負也。

疏曰：屈前足以受負，若今駞受負則四足俱屈之類也。

大夫降立于堂西以俟射。

以大夫不可與士並立于射位也。

大夫與士射，袒薰襦。

注曰：不肉袒，殊於耦。

繼公謂：薰讀爲纁，古字通用也。袒纁襦，尊者不見體也。襦先著於衣，内袒時則出之。大夫非射，於君所固不肉袒矣。乃以與士射爲言者，嫌爲下射，或當統於上射而不宜異之也。

耦少退于物。

經言耦於大夫射時之禮。在下則屈，在上則伸，然則似未必有此少退於物之儀也。且侍射於君，乃退於物，尊君也。大夫之耦，此禮亦不宜與君之耦同，《記》似過矣。

司射釋弓矢視算，與獻釋獲者釋弓矢。

司射於射事未畢，而唯此二事釋弓矢，故《記》者併言之也。視算而去弓矢者，爲射事已因去扑之節而并去之也。獻釋獲者而釋弓矢者，爲有洗酌答拜等事故也。二者之意義不同。

禮射不主皮。主皮之射者，勝者又射，不勝者降。

注曰：禮射，大射、賓射、燕射是矣。言不勝者降，則不復升射也。主皮者無侯，張獸皮而射之；天子大射，張皮侯；賓射，張五采之侯；燕射，張獸侯。

繼公謂：禮射謂此篇所載與大射、燕射之類是也。禮射則張皮侯，若采侯與獸侯而加正鵠。主皮之射，則不用正鵠，但欲射中其皮耳。此皮與所謂皮侯者之皮不同，蓋以中甲之革爲之。《周官》云「射甲革」，《樂記》云「貫革之射」，皆指此而言也。中甲之革犀、兕，若牛之皮也。其爲物堅厚，惟强有力者乃能貫之，故禮射則不主皮，爲力不同科故也。勝者言又射，不勝者言降，文互見也。主皮之射以又射與不射示榮辱，亦異於禮射者也。其相飲之禮有無，則未聞。

主人亦飲于西階上。

經文已明。

獲者之俎，折脊、脅、肺。

注曰：折以大夫之餘體。

繼公謂：折，謂折分其牲體，不用全體也。無大夫則臑折，有大夫則折其餘體。此俎先言折，則其載之次，又異於堂上之俎矣。肺，離肺也。下同。

東方謂之右个。

注曰：侯以鄉堂爲面也。

繼公謂：於此釋右个者，順經文也。或曰，下俎言皆有祭，承獲者之俎而言也，則此文原不在是，後人移之耳。未知是否？

釋獲者之俎，折脊、脅、肺，皆有祭。

注曰：皆，皆獲者也。祭，祭肺也。

繼公謂：此折與獲者共一體與？皆，皆二俎也。經於二俎已見其有祭，《記》復言之者，以此云肺嫌爲祭肺也。是以明之二俎有離肺復有祭肺者，爲獲者祭於三處而加之釋獲者，俎遂因之，亦加祭肺一也。

大夫説矢束，坐説之。說，並吐活反。

經文亦已明。

歌《騶虞》，若《采蘋》，皆五終。

注曰：每一耦射，歌五終也。

繼公謂：若《采蘋》，亦與《周官》異者也。

射無算。

射者多寡隨宜，無定數也。

古者於旅也語。

言古者，以見周禮之不然，古謂殷以上也。於旅而語，以敬殺也。然則，周之禮其燕坐乃語與？

凡旅不洗，不洗者不祭。既旅，士不入。大夫後出，主人送于門外，再拜。

大夫後出，與其後入之意同，亦欲使主人各得盡其待賓與大夫之禮，而賓與大夫亦各得伸其尊也。主人送賓入門，大夫乃出。大夫雖多，亦惟拜送其長而已。《鄉飲酒》尊者之禮，亦當如此。

鄉侯，上个五尋。个，如字。

注曰：上个，謂最上幅也。上幅用布，四丈。

中十尺。

注曰：方者也，用布五丈。今官布幅廣長二尺二寸，旁削一寸。《考工記》曰「梓人爲侯，廣與崇方」，謂中也。

繼公案：注云「今官布幅廣二尺二寸」，蓋謂周布之廣當如漢布也，然亦未有以見其必然。又鄭氏於他注或謂幅廣二尺，與此不同，則是鄭氏之説亦未定也。姑闕之。

侯道五十弓，弓二寸以爲侯中。

注曰：言侯中，取數也。正二寸，骹中之博也。

疏曰：《周禮·弓人》云「骹中有變焉」，謂弓弣把側骨之處博二寸，故於此處取數焉。

繼公謂：言以五十弓之長爲侯道，五十弓之博爲侯中也。

倍中以爲躬。

注曰：躬，身也。謂中之上、下幅也，用布各二丈。

疏曰：躬，謂中上、中下各横接一幅布者。

倍躬以爲左右舌。

注曰：謂上个也。左右出，謂之舌。

疏曰：此兩个躬外，兩相各出一丈。

下舌半上舌。

注曰：半者，半其出於躬者，用布三丈。凡鄉侯用布十六丈，數起侯道五十弓以計。道七十弓之侯用布二十五丈二尺，道九十弓之侯用布三十六丈。

疏曰：上舌兩相各一丈，今下舌兩相各五尺，通躬二丈，故云「用布三丈」也。云「凡鄉侯用布十六丈，數起侯道五十弓以計」者，中五幅幅一丈，用布五丈，上下躬總用布四丈。上个四丈，下个三丈，是通用布十六丈也。云「道七十弓之侯用布二十五丈二尺」者，中七幅幅丈四尺，用布九丈八尺，上下躬總用布五丈六尺。上个五丈六尺，下个四丈二尺，通用布二十五丈二尺也。云「道九十弓之侯用布三十六丈」者，中九幅幅丈八尺，用布十六丈二尺，上下躬總用布七丈二尺。上个亦七丈二尺，下个五丈四尺，通用布三十六丈也。

繼公謂：下舌所以半上舌者，慮其植之妨於往來者也。下舌之長若如上舌，則兩植相去五丈六尺有餘矣，故須半之也。《考工記》曰：「上綱與下綱出舌尋，縜寸焉。」

箭籌八十。

注曰：箭，篠也。籌，筭也。

繼公謂：上《記》云「射無筭」，而箭籌惟止於八十，則是此射者雖多，亦不過十耦也。釋獲者之執筭，各視射者之矢數。

長尺有握，握素。長，直亮反。下同。

注曰：握，本所持處也。素，謂刊之也。「刊」一本「膚」。

疏曰：《公羊傳》何休云「側手爲膚」，又《投壺》云「室中五扶」，注云：「鋪四指曰扶，一指案寸。」皆謂布四指。

繼公謂：尺有握，猶言尺有四寸也。必云握者，亦見其爲所握處也。

楚扑長如笴。刊本尺。

注曰：刊其可持處。

君射，則爲下射。上射，退於物一笴。既發，則答君而俟。

注曰：退於物一笴，不敢與君併也。答，對也，此以下雜記也。

繼公謂：君爲下射者，降尊以就卑，則不宜與卑者序，而從尊卑爲耦之常法也。且下射之物在東，亦不失其主位也。上射，賓也。答君，謂東面立而對之。射時進左手，微背於君，故既射則還對之，俟待君發也。

君樂作而後就物，君袒朱襦以射。襦，音儒。

注曰：君，尊也。

繼公謂：君樂作，乃就物，亦以樂節多故也。樂，謂奏《貍首》也。此《記》先言樂，乃後見君之射儀，則是君之燕射於再射即用樂行之，亦變於大射也。投壺之禮因飲酒而爲之，於其再投即用樂，此意其類之乎？鄉射、三射，乃用樂行之。

小臣以巾，執矢以授。

注曰：君尊，不搢矢，不挾矢，授之稍屬。

繼公謂：以巾執矢，敬君物，不敢褻也。《大射儀》曰：「小臣師以巾，内拂矢，而授矢於公稍屬。」蓋以巾拂之，而又藉手以執之也。

若飲君，如燕則夾爵。飲，於鴆反。

注曰：謂君在不勝之黨也。賓飲君如燕，賓媵觶於公之禮則夾爵。夾爵者，君既卒爵，復自酌。

繼公謂：夾爵，謂夾君爵而自飲也。以《大射儀》考之，飲君之禮其所以異於燕賓之勝觶者，於獨夾爵而已。《記》但以此言之，亦大略之説也。

君國中射，則皮樹中，以翿旌獲，白羽與朱羽糅。

注曰：國中，城中也。皮樹，獸名。

繼公謂：燕禮、大射儀皆射於公宫，即此國中射也。必云國中者，對郊竟而言也。

於郊，則閭中，以旌獲。

注曰：閭，獸名，如驢一角。或曰，如驢歧蹄。《周書》曰：「北唐以閭，析羽爲旌。」

於竟，則虎中，龍旜。 翿，徒刀反。

注曰：畫龍於旜，尚文章也。通帛爲旜。

繼公謂：虎中龍旜，遠則彌文也。《記》言君之中與所獲者，有國中郊、竟之異而不言爲某射於某所，則是其所以異者惟繫於地之遠近，不繫於射之大小也。若然，則固有大射而用皮樹中翿旌者，亦有燕射而用虎中龍旜者矣。

大夫兕中，各以其物獲。兕，徐履反。

注曰：兕，獸名，似牛一角。

繼公謂：其指大夫而言。大夫有上、中、下之異，故物亦有差。《司常職》曰：「大夫、士建物。」

士，鹿中，翿旌以獲。

翿，旌，即白羽與朱羽糅者也。上《記》言《士禮》云「旌，各以其物，無物則以白羽與朱羽糅」，此直見翿旌而已，蓋記者雜也。

惟君有射于國中，其餘否。

其餘否，謂人臣不爲射，主於國中也。君有射於國中者，以其於公宫爲之也。若人臣之家，其庭淺隘，器用又未必備，故射則必於鄉州之學行事焉。是雖居於國而欲射於其中，亦不可得也。此不惟見尊君之意，亦其勢然爾。

君在，大夫射則肉袒。

不袒纁襦，遠下君。

【正誤】

序則鉤楹外

鄭本「序」作「豫」。注曰，今文「豫」作「序」。繼公謂：「序」之文意明白於「豫」，且《記》亦以序與堂對言，宜從今文。

獲者之俎，折脊、脅、肺

今本「肺」下有「臑」字。繼公謂：臑在肺下非其次，且與折文不合，蓋傳寫者因注首言臑而衍也。《大射》注引此，無臑字。又古文云釋「獲者之俎，折脊、脅、肺」，則此俎不當言臑亦明矣。今據《大射》注删之。

儀禮集說卷六

燕禮第六

注曰：諸侯與羣臣燕飲之禮也，於五禮屬嘉禮。

燕禮。小臣戒與者。與，音預。

小臣於天子，太僕之屬也。與者，羣臣之與此燕者也。君所主與之燕者亦存焉，其戒之節，於朝、於家則未聞。

膳宰具官饌于寢東。

注曰：膳宰，天子曰膳夫，掌君飲食、膳羞者也。寢，路寢。

繼公謂：具官饌，謂具諸官所當饌之物也。寢東，蓋其東壁之東也。此時所具者，其薦羞乎？及既設賓席，官乃改饌之，《大射》云「官饌」是也。

樂人縣。縣，音玄。

此縣蓋在階間，磬在阼階西，南面。鐘鑮次而西，建鼓在西階東南，鼓鼙在其東。國君燕禮輕於大射，故不備樂，且於其日乃縣之而與常時同。《鄉飲酒記》曰：「磬，階間縮霤，北面鼓之。」

設洗篚于阼階東南，當東霤。罍水在東，篚在洗西，南肆。設膳篚在其北，西面。罍，音雷。

注曰：當東霤者，人君爲殿屋也，亦南北以堂深。君物曰膳，膳之言善也。或言南肆，或言西面，異其文也。

疏曰：漢時殿屋四鄉流水，故舉漢以況周。

繼公謂：洗與罍，蓋瓦爲之。下云「君尊，瓦大」，則此可知矣。先設洗西之篚以爲節，故膳篚後設也。設四器，亦司宫也，見《大射》與《少牢禮》，此經省文耳。膳篚者，實君之象觚、象觶者也。君物而曰膳者，以其善於諸臣所用者而言也。下文類此者，皆以是推之。

司宫尊于東楹之西，兩方壺，左玄酒，南上。公尊瓦大兩，有豐，冪用綌若錫，在尊南，南上。尊士旅食于門西，兩圜壺。大，音泰。冪，眉狄反。

注曰：豐以承尊也，説者以爲若井鹿盧。其爲字從豆曲聲，近似豆大而卑矣。冪用綌若錫，冬、夏異也。在尊南，在方壺之南也。尊士旅食者用圜壺，變於方也。旅，衆也。士衆食，謂未得正禄，所謂庶人在官者也。賤無玄酒。

疏曰：庶人在官者，謂府史胥徒。

朱子曰：在尊南者，謂瓦大在方壺之南耳。

繼公謂：先尊方壺於楹西以爲節，乃設公尊，與上文後設膳篚之意同。臣尊用壺，又以方者，且無冪，爲與君尊相屬，宜遠別之也。左玄酒，據設尊者而言也。蓋凡設尊者，皆面其鼻。《玉藻》曰：「惟君面尊。」是尊鼻東向也。此設尊者西面，故玄酒在南而爲左。若以尊言之，則爲右矣。瓦，大瓦甒也。用瓦甒者多矣，惟君尊，則或謂之大，豈制或異與？尊皆南上者，統於君位也。君位亦南上，故順之。此尊乃不統於賓者，君臣之禮異也，《大射儀》放此。錫者，麻十五升，去其半而加灰之布也。冪，或以綌，亦見其貶於大射耳，大射之冪用錫若絺。此「尊士旅食」之尊亦當北面，與大射同，惟設之深淺異耳。方圜壺，亦皆瓦爲之。旅食未詳，且從注、疏。

司宫筵賓于户西，東上，無加席也。

注曰：賓席用蒲筵，緇布純。

繼公謂：大夫爲賓，乃無加席者，以燕禮輕也。設賓席當後於公席，乃先言之者，終言司宫之事耳。案，注知此賓席「蒲筵，緇布純」者，以《公食大夫》及《鄉飲射記》定之也。

右具設器饌

射人告具。

注曰：告事具於君。

疏曰：《大射》告具之上有羹定，此不言者，文不具也。

繼公謂：是時公蓋在阼階東南，南鄉射人，北面告之。

小臣設公席于阼階上，西鄉，設加席。公升，即位于席，西鄉。鄉，並許亮反。下同。

注曰：《周禮》，諸侯酢席，「莞筵紛純，加繅席，畫純」。

疏曰：《周禮·司几筵》之文也。彼諸侯祭祀受酢之席，此燕飲之席與彼同。

繼公謂：加席，別言設，見其更取而設之也，亦可見設加席之法矣。羣臣未入，公先升即位，尊者之禮也。

小臣納卿、大夫，卿、大夫皆入門右，北面，東上。士立于西方，東面，北上。祝史立于門東，北面，東上。小臣師一人在東堂下，南面。士旅食者立于門西，東上。

注曰：小臣，師小臣，正之佐也。

疏曰：此卿大夫之位皆是擬君揖位，故下經君爾之始，就庭位也。

繼公謂：納卿、大夫之辭，蓋曰：「君須矣，二三子其入也。」卿、大夫入門右之位，蓋近庭南而當階。士西方之位，亦宜於庭少南而東，西則當西序門東之位，近於門也。門西，亦如之。此北面者東上，東面、西面者北上，皆統於君。凡己之臣子入門，而左右皆由闑東。

公降立于阼階之東南，南鄉爾卿。卿西面，北上。爾大夫，大夫皆少進。

注曰：爾，近也，揖而近之也。大夫猶北面，少前。

繼公謂：古文爾、邇通。爾，揖之使進而近於己也。公俟其入，乃降而揖之，明降尊之義也。大夫不西面，自别於卿也。君於卿與大夫，各旅揖之。《大射儀》：「小臣師詔揖諸公、卿、大夫。」

右即位

射人請賓。

注曰：射人，爲擯者。

繼公謂：請於君，謂使誰爲賓也。

公曰：「命某爲賓。」

注曰：某，大夫名也。

射人命賓，賓少進，禮辭。

注曰：禮辭，辭不敏也。

繼公謂：命賓者，南面鄉之，其辭蓋曰：「君命子爲賓。」「少進」者，宜違其位。案，注云「辭不敏」者，以士冠之賓辭曰「某也不敏」，故意此賓亦然。

反命。

注曰：射人以賓之辭告於君。

又命之，賓再拜稽首，許諾。

公不許其辭，故射人復命之，賓再拜稽首，爲受君命也。

射人反命。

注曰：告賓許。

賓出立于門外，東面。

注曰：當更以賓禮入。

繼公謂：《大射儀》云「北面」，此「東」字蓋誤也。

公揖卿、大夫，乃升就席。

揖之，乃升禮之也，亦異揖之。

小臣自阼階下，北面，請執冪者與羞膳者。

注曰：執冪者，執瓦大之冪也，方圜壺無冪。羞膳，羞於公。

繼公謂：士之掌此二事者有常職，乃請之者，蓋白之於君，然後敢命之也。膳亦謂君物，此雖指羞而言，然薦亦存焉。

乃命執冪者，執冪者升自西階，立于尊南，北面，東上。

注曰：以公命於西階前命之也。東上，玄酒之冪爲上也。羞膳者，升自北階，房中西面，南上。不言之者，不升堂，略之也。

疏曰：下《記》云羞膳者與執冪者，皆士也。士位在西方，東面，故知西階前命之也。云不升堂者，但不從南方升也。升自北階，是亦升堂也。

繼公謂：立於尊南上者，當尊與？

膳宰請羞于諸公、卿者。

注曰：膳宰請者，異於君也。

右命賓及執事者

射人納賓。賓入，及庭，公降一等揖之。公升就席。

納賓之辭，蓋曰：「君須矣，吾子其入也。」及庭，既入門而左，没霤時也。一等者，階也，并堂爲二等矣。揖之，使之升也。《大射儀》云：「賓辟。」

右賓入

賓升自西階，主人亦升自西階。賓右北面至再拜，賓答再拜。

注曰：主人，宰夫也。宰夫，太宰之屬，天子膳夫爲獻主。

疏曰：知主人是宰夫者，《燕義》云「使宰夫爲獻主」是也。

繼公謂：諸侯之宰夫，蓋以士爲之，其位亦在西方，故賓進則主人因從而升也。君與臣燕，乃使宰夫爲主人者，固所以明君臣之義。然亦以當獻者衆，尊者不能親其勞也。至再拜者，於賓始至而拜之，所謂拜至也。其義見《士昏禮》。

右拜至

主人降洗，洗南，西北面。

注曰：賓將從降，鄉之不於北，辟正主。

賓降階西，東面。主人辭降，賓對。

階西東面，東西亦當序，此賓降而主人於洗南辭之，則其降之節亦可見矣。賓對，亦少進，既則復位。

主人北面盥，坐取觚洗。賓少進，辭洗。主人坐奠觚于篚，興對。賓反位。觚，音孤。

注曰：獻不以爵，辟正主也。

疏曰：正主，鄉飲、鄉射之主人也。

繼公謂：獻公用象觚，則此觚乃角觚也，下放此。賓少進者，少南行而東面也。主人興對亦西北面。

主人卒洗，賓揖，乃升。

賓每先升者，以宰夫是士，且非正主也。

主人升，賓拜洗。主人賓右奠觚答拜，降盥。賓降，主人辭，賓對。降辭之位皆如初，可知。

卒盥，賓揖升，主人升，坐取觚。執冪者舉冪，主人酌膳，執冪者反冪。賓者，君之所命者也。故主人代君飲之則酌，君尊，蓋達君之意也。酌膳東面，餘皆放此。舉冪以下之儀，詳見後篇。

主人筵前獻賓，賓西階上拜，筵前受爵。反位。主人賓右拜送爵。膳宰薦脯醢，賓升筵。膳宰設折俎。獻賓，蓋亦西北面，與《鄉飲酒》同，故不著之。

賓坐，左執爵，右祭脯醢，奠爵于薦右，興，取肺，坐絶祭，嚌之，興，加于俎，坐挩手，執爵，遂祭酒，興。席末坐啐酒，降席，坐奠爵，拜告旨，執爵興。主人答拜。挩，舒鋭反。

此賓，乃大夫也，亦絶肺以祭，而下文又云「公祭如賓禮」，則是自上至下此禮同也。舊説謂大夫以上繚祭，惟士絶祭，其不考諸此乎？於此乃言爵者，上文已明，不嫌其異，故隨文便耳。下文放此。凡觚、觶、角、散亦通稱爵，酒非主人之物，賓乃告旨者，以其爲獻主也。

賓西階上北面坐，卒爵，興。坐奠爵，遂拜。主人答拜。

執爵興，主人乃答拜。凡答拜，皆於所答者興乃爲之。經或不言其興，文省爾。

右主人獻賓

賓以虛爵降。主人降。賓洗南坐，奠觚，少進，辭降。主人東面對。

注曰：《大射禮》曰：「主人西階西，東面，少進，對。」

繼公謂：奠觚，亦奠于地也。坐奠觚，興，少進，皆西北面。主人降立于階西，固東面矣。乃言東面對者，嫌進而對，或易鄉也。

賓坐取觚，奠于篚下，盥洗。

此言奠于篚下，則鄉者少南奠之矣。

主人辭洗。

辭，亦宜少進如賓也。於賓既對則反位。

賓坐，奠觚于篚，興對。卒洗，及階揖升。主人升，拜洗如賓禮。

及階乃揖，以己當先升也。賓揖主人，乃離其位，然則賓於主人卒洗之時，固不待其及階而揖升矣。如賓禮，謂迭拜。

賓降盥，主人降，賓辭降。卒盥，揖升，酌膳，執冪如初。

酌膳者，主人酌此獻賓，故賓酢亦如之，亦以其代君飲已尊之也。執冪，執冪者舉反之節也。

以酢主人于西階上，主人北面拜受爵，賓主人之左拜送爵。

賓酢主人，蓋亦西南面授之。乃之左賓親酢者，伸其尊，亦以君不親酢，故無所辟也。

主人坐祭，不啐酒。

注曰：辟正主也。不拜酒，不告旨。

拜酒，謂拜謝其以旨酒飲己也。酒非賓物，則無是二禮可知。乃著之者，嫌亦當如賓於主人之儀也。

遂卒爵，興，坐奠爵，拜，執爵興。賓答拜。主人不崇酒，以虛爵降奠于篚。

不崇酒者，無崇酒之拜也。酒非己物，故是禮亦不可得而行。

賓降，立于西階西。

已之獻酢禮畢，而主人又將與君爲禮，故不敢居堂。

射人升賓，賓升，立于序内，東面。

注曰：《大射禮》曰：「擯者以命升賓。」

繼公謂：升賓者，優之也。序内東面，鄉君也。然則，君位亦在東序内明矣。

右賓酢主人

主人盥，洗象觚。升實之。

注曰：象觚，觚有象骨飾也。取象觚者，東面。

繼公謂：亦酌膳執冪如初，不言者可知也。案，注云象骨，恐當作「象齒」。

東北面，獻于公。

酒乃君物，主人進之於君而曰獻者，以主人爲獻主故也。公在席而東北面獻之，亦因獻賓之儀而爲之也。經言獻酳在席者多矣，獨此與《大射》見獻公之儀。若是，則其他之獻酳者皆正鄉其席與？

公拜受爵。

疏曰：凡此篇内舉旅行酬公應先拜者，皆受酬者先拜，公乃答拜，尊公故也。此公先拜受爵者，獻禮重故也。

主人降自西階阼階下，北面拜送爵。

拜於下者，臣也。此惟一拜而已，蓋答公拜也。一拜則不稽首，答公拜而不稽首，亦獻禮然也，其他則否。凡臣先拜其君，皆再拜稽首。

士薦脯醢，膳宰設折俎，升自西階。

注曰：《大射禮》曰：「宰胥薦脯醢，由左房。」

繼公謂：升自西階者，俎也。著之者，嫌設公俎宜由阼也。此公俎似當用肩，賓俎用臂，與《鄉飲酒》賓主之俎異。膳宰既設俎，則少退，東面而俟。既贊授肺，乃降。

公祭如賓禮。

祭，謂祭薦、祭肺、祭酒也。其異者，於下見之。

膳宰贊授肺，不拜酒，立卒爵，坐奠爵，拜，執爵興。

贊授肺者，以授肺而贊之也。君尊，不興取肺，未祭則授之，既祭則受之。惟言授，但見其一耳。不拜酒者，以其爲己物也。不拜酒，則亦不啐酒。凡男子之坐卒爵者，奠爵乃拜；婦人之尊者，立卒爵而執爵拜。此立卒爵而奠爵拜，其君禮與？公於其臣乃先拜既者，亦獻禮重也。

主人答拜，升。受爵以降，奠于膳篚。

云奠于膳篚，見冪者取之亦在此也。

右主人獻公

更爵洗，升，酌膳酒以降，酢于阼階下。北面坐，奠爵，再拜稽首。公答再拜。

注曰：更，易也。

楊志仁曰：君尊，不酢其臣。主人自酢，成公意也。雖更爵，亦酌君之膳酒者，明酢之之意出於君也。

繼公謂：更爵者，改取南篚之觚，蓋不敢用君器也。上下文酌膳皆無酒字，此有者，衍也。

主人坐祭，遂卒爵，再拜稽首。公答再拜。主人奠爵于篚。

亦興坐奠爵，乃再拜稽首。執爵興。

右主人自酢

主人盥洗，升，媵觚于賓，酌散。思但反。下並同。

注曰：散者，方壺酒也，於膳爲散。

繼公謂：洗，洗角觶也。自飲而盥洗，象賓之飲己也。下文類此者，其義皆然。主人因在下，遂盥洗，故賓不降，亦異於正主者也。媵，猶揚也。觚，當作「觶」，此酬賓也。乃云「媵觶」者，以主人於賓爲降等故爾。云「媵觶于賓」者，題其事耳。「媵」者，亦取其自下而上之意。「酌散」者，以其將自飲。凡卑者之酌酬酒，其於臣禮則曰「舉觶」，於君禮則曰「媵觶」云。

西階上坐奠爵，拜賓。降筵，北面答拜。

疏曰：賓立于序内以來，未有升筵之事。或言降筵者，蓋誤。

繼公謂：《大射儀》曰：「賓西階上北面，答拜。」

主人坐祭，遂飲，賓辭，卒爵拜，賓答拜。

賓見主人將飲，故辭之，蓋欲即受此觶，不敢復煩主人之更酌己，且遠辟媵爵于公之禮也。媵爵于公者，亦皆先自飲乃更酌之。云「卒爵拜」，省文也。《大射禮》曰：「卒爵，興。坐奠爵，拜執爵，興。主人降，洗。賓降。主人辭降，賓辭洗。」

卒洗，揖升。

此皆如獻禮也。

不拜洗。主人酌膳，賓西階上拜。

拜爲將受之是時，主人已在筵前，北面。

受爵于筵前，反位。主人拜送爵。

主人酬賓，不奠乃授之者，亦與士禮異者也。主人拜，亦於賓右。《少牢》下篇酬尸、酬賓，亦皆親授觶。

賓升席。坐祭酒，遂奠于薦東。

賓升席祭酒，尊君物也。遂奠之，由便。

主人降，復位。

位，西方東面也，此時未有洗北西面位。至既獻大夫而薦，乃有之。

賓降筵西，東南面立。

李微之曰：東南面立，鄉君也。

繼公謂：降，降筵也。曩者賓降于階下而君命升之，故此時惟降筵而已，恐褻禮而重煩君命也。不立于序内者，升降異處以相變爲敬。

右主人酬賓

小臣自阼階下請媵爵者，公命長。長，知丈反。

此媵爵以爲旅酬始也。長，謂下大夫之長也。此但云「命長」不言「下大夫」者，其以下大夫媵觶有常職故與？

小臣作下大夫二人媵爵。

注曰：作，使也。卿爲上大夫，不使之者，爲其尊。

繼公謂：以公命作之也。二人，所謂長也。大夫在入門左之位北面，則小臣作之者其亦南面與？媵爵者，阼階下皆北面。

再拜稽首。公答再拜。

注曰：再拜稽首，拜君命也。

繼公謂：北面，亦東上。

媵爵者立于洗南，西面，北上。序進，盥，洗角觶，升自西階。序進，酌散，交于楹北。降，阼階下皆奠觶，再拜稽首。執觶興，公答再拜。

注曰：序，次第也。先者既酌而反，與後酌者交於西楹北，俟於西階上，乃降。

繼公謂：序進之節，先者既洗，後者乃進也。先者既洗，即升立于西階上，以俟後洗者也。酌散更言序進，明其復發於西階上也。交于楹北，交相右也。凡經文惟言交者，皆謂相右也。階上之位，退者在東，進者在西，以相右爲便。降時，亦先者降三等，後者乃降，蓋同階而同時俱降之法然爾。

媵爵者皆坐祭，遂卒觶，興。坐奠觶，再拜稽首，執觶興。公答再拜。媵爵者執觶待于洗南。

注曰：待君命也。

繼公謂：洗南西面，媵者之位。

小臣請致者。

注曰：請，使一人與？二人與？

繼公謂：媵者公但命長，不定言二人，故小臣至是復請致者之數。致，如致爵之致。酒，君物也。以進於君，故謂之致。

若君命皆致，則序進，奠觶于篚，阼階下皆再拜稽首。公答再拜。

皆，皆二人也。言若者，不定之辭。下文云若命長致，與此互見也。亦小臣命之，乃序進。

媵爵者洗象觶，升實之。序進，坐奠于薦南。北上，降阼階下，皆再拜稽首，送觶。公答再拜。

注曰：序，進往來，由尊北。《大射儀》曰：「媵爵者皆退，反位。」

繼公謂：實之，乃云序進，見其既酌而並立于尊所乃行也。奠于薦南，其辟公酬時奠觶之處與？云「序進」而不言其所交之處，是東至楹北而無以爲節故也。此進退皆不相待于西階上，蓋急於爲君酌與？拜，送也。

右下大夫媵觶于公

公坐，取大夫所媵觶，興以酬賓。賓降西階下，再拜稽首。公命小臣辭，賓升成拜。

注曰：升成拜，復再拜稽首也。先時君辭之，於禮若未成然。

繼公謂：鄉者君與賓各受主人之獻，其情意猶未接，至是公乃酬賓而與之爲禮也。興以酬賓，謂興立于席，舉觶鄉賓而酬之也。酬賓亦不下席，君尊也。西階下再拜稽首，雖爲賓，不敢不盡臣禮也。辭者不受其拜下之禮，賓之也。賓升成拜，順君賓己之意也。

公坐奠觶，答再拜，執觶興，立卒觶。賓下拜，小臣辭。賓升，再拜稽首。

下，户嫁反。

奠觶，蓋奠于薦右也。下拜者，降而拜也。其或一拜，或再拜稽首，不定也，言降拜者亦然。小臣辭，亦公命之，經不盡見之也。賓未卒拜而小臣辭之，亦異於初也。此不言成拜者，未卒拜於下，無所成也。下文放此。賓受公酬而每先拜，蓋君臣飲燕之禮，然禮旅酬不拜既。

公坐奠觶，答再拜，執觶興。賓進，受虚爵，降奠于篚，易觶洗。

賓受虚爵於君席之前，故云進必就而受之者，臣事君之禮也，受時蓋東面於薦北。篚，謂膳篚。易觶，謂更取角觶也。或言更，或言易，互文耳。

公有命，則不易、不洗。

命，謂使之仍用象觶也。賓則不易之，不敢違君意也。不洗者，嫌也。承尊者後而復洗之，則嫌若不以爲絜然。

反升酌膳觶。

「觶」字，衍文，《大射儀》無之。酌膳者以爲公所酬，亦達其意也。雖易觶，猶酌膳。

下拜。小臣辭。賓升，再拜稽首。公答再拜。下，户嫁反。

注曰：於是賓請旅侍臣。

疏曰：云於是賓請旅侍臣者，見下《記》與《大射禮》。

繼公謂：亦奠爵乃再拜稽首，執爵興。不言者，文省也。後放此。

賓以旅酬于西階上。

射人作大夫長，升受旅。長，知丈反。

疏曰：此自旅酬之事。下云「射人作大夫長」以下，乃言其法。

長，如若長之長。大夫長，謂上卿若諸公也，此惟據受賓酬者而言。若有諸公，則先酬之。

賓大夫之右，坐奠觶，拜，執觶興。大夫答拜。

惟云大夫者，諸公與卿亦大夫耳。大夫未獻，乃先受旅者，此酬禮不主於己，故無嫌。

賓坐祭，立飲，卒觶，不拜。

賓獨祭酬酒者，以此酒爲公所酬，異之也。

若膳觶也，則降更觶洗，升實散。大夫拜受。賓拜送。

公優所酬者，或使得用象觶而不可以及乎其他。是以更用角觶旅酬而洗者，亦爲更觶以新之也，餘則不洗。賓既拜送，則就席。

大夫辯受酬，如受賓酬之禮。辯，音徧。下並同。

如射人作升受旅以下之儀也。

不祭。

疏曰：不祭者，酬禮殺。

繼公謂：此見其異者也。酬酒不祭，乃其正禮。賓之祭者，有爲爲之耳。

卒受者以虚觶降，奠于篚。

注曰：卒，猶後也。《大射禮》曰：「奠于篚，復位。」

繼公謂：卒受者，下大夫之末者也。無所酬，獨飲于西階上。不言復位，文省。下放此。

右公爲賓舉旅

主人洗，升，實散，獻卿于西階上。

實散，降於賓也。凡獻于西階上，皆西南面。

司宫兼卷重席，設于賓左，東上。

注曰：席蒲筵，緇布純也。席卿東上，統於君也。席自房來。

繼公謂：兼卷，謂以兩席相重而并卷之也。其卷亦自末，執時兼卷，是設時亦兼布之矣。此固異於設加席之法，亦以其二席之長短同，故得由便爲之爾。東上者，席也。其位亦如之，每獻一人則設席。

卿升，拜受觚，主人拜送觚。

拜送不言卿右，可知也。下放此。

卿辭重席，司宫徹之。徹，直列反。

注曰：重席雖非加，猶爲其重累去之，辟君也。

繼公謂：徹，去上席也。卿以重席爲辭，故去其上席，爲卿設重席，正禮也。必辭之者，去君差近，宜辟之。

乃薦脯醢，卿升席坐，左執爵，右祭脯醢，遂祭酒，不啐酒，降席，西階上北面坐。卒爵，興，坐奠爵。拜執爵，興。主人答拜，受爵。卿降，復位。

不啐酒，則不拜酒、不告旨可知，此亦降於賓者也。無俎者，燕禮輕於大射，故卿遠下賓也。卿升、降席，皆自西方。

辯獻卿，主人以虛爵降，奠于篚。

辯獻卿，如賓散以下之儀，惟不洗耳。主人既奠爵，復位于西方。

射人乃升卿。卿皆升就席。

卿既獻，乃升就席，亦見其降於賓也。

若有諸公，則先卿獻之，如獻卿之禮。先，悉薦反。

此禮通五等侯國言之，故於諸公云「若有」，蓋上公之國乃有四命之孤，侯伯以下則無之也。先卿獻之，謂先獻公，乃獻卿，亦既獻則升就席，不與卿序升也。

席于阼階西，北面，東上。無加席。

席之於此，以其尊於卿而不與之序也。阼階之西於君席爲西南，直其左也。諸公在君之左，卿在君之右，蓋以左爲尊也。東上者，亦統於君也。無加席者，以太近於君，故設時即不敢與之同而不待其辭也。上爲卿設重席而已，而於公乃云無加席者，明其尊於卿。若或於君所而用兩席焉，則當有加席而非重也。禮加席，尊於重席。

右主人獻諸公卿

小臣又請媵爵者，二大夫媵爵如初。

上經云皆致，是猶有一奠觶未舉也。小臣又請之者，此媵觶之節耳。蓋鼏者公命皆致，今猶有一奠觶。若惟命長致，則奠觶無矣。故於是時，不以奠觶之有無皆當媵爵，蓋以爲節也。初，執觶待于洗南以上之儀。

請致者，若命長致，則媵爵者奠觶于篚。長，知丈反。下並同。

注曰：命長致者，使長者一人致也。

繼公謂：長，二人中之尊者。命長致云若，則或有命皆致者矣。蓋說屨升坐以前，君凡三行酬，則大夫所致者當有三爵。然大夫致爵之節惟止於再，故公之命致爵者，或前多則後寡，或前奇則後偶，皆互爲進退以取足於三觶之數，使之無過與不及耳。此經之所明言者，乃前多後寡者也。其所不見者，則皆言若以包之。若然，則此時之當致者蓋有定數，而小臣猶請之者，當由君命而不敢自專也。

一人待于洗南。

注曰：不致者。

長致，致者阼階下再拜稽首。公答再拜。洗象觶，升實之，坐奠于薦南。降，與立于洗南者二人皆再拜稽首，送觶。公答再拜。

注曰：奠于薦南者，於公所用酬賓觶之處。

繼公謂：不致者亦拜，以始者並受君命，宜終之也，亦拜于阼階下。

右下大夫再媵觶于公

公又行一爵，若賓若長，唯公所酬。以旅于西階上，如初。

疏曰：初，爲賓舉旅之禮。

繼公謂：先若二人致，則此一爵乃先致者之下觶；先若一人致，則此乃後致者之上觶也。長公，若卿之尊者也。至是云若長者，公卿已在堂，故君得酬之。君酬之，是亦賓之也，故其爲禮與正賓同。此酬主於公若卿，乃或又酬賓者，容遂尊者之所欲耳。公卿既受獻，君乃爲之舉酬，禮之序也，下於大夫之禮亦然。旅者，賓則以酬長，長則以酬賓。在堂者酬訖，大夫乃升，受旅以辯。

大夫卒受者以虛觶降，奠于篚。

言大夫卒受，以見士不與也。

右公爲諸公卿舉旅

主人洗，升，獻大夫于西階上。不言酌散者可知也，後皆放此。大夫，中、下大夫也，中大夫即小卿。

大夫升，拜受觚。主人拜送觚。拜位亦如獻賓。

大夫坐祭，立卒爵。不拜既爵，主人受爵。大夫降復位。獻而不拜既爵，亦差卑也。

胥薦主人于洗北，西面，脯醢無脅。脅，之丞反。

注曰：胥，俎實。

繼公謂：宰夫，士也。先大夫薦之者，以其爲主人異之也。不於賓酢而薦之者，以其爵本賤也。宰夫之位本在西方，亦以其爲主人，故至是而薦之于洗北，因使之易位焉，其意與卿、大夫、士既獻而易位者同。洗北，於正主阼階東之位爲近，主人居之亦宜也。薦西面，主人在其東也。無脅者，賤也，自卿已下已無脅矣。乃於主人見之者，嫌其與賓行禮，或當有之。胥，亦宰胥也。

辯獻大夫，遂薦之。繼賓以西，東上。

辯獻，乃布席。布席，然後薦，是皆變於卿者也。繼賓以西，東上，言其薦之次也，其席亦如之。主人辯獻，大夫則降奠爵于篚，而立於洗北之位，下禮放此。

卒，射人乃升大夫。大夫皆升就席。

卒，謂薦畢也。言此者，爲下節也。後類此而不見者，以意求之。

右主人獻大夫

席工于西階上，少東。樂正先升，北面，立于其西。小臣納工，工四人，二瑟。小臣左何瑟，面鼓，執越，内弦，右手相。入，升自西階，北面，東上，坐。小臣坐授瑟，乃降。

樂正先升，亦變於射禮也。北面，立于其西，亦與《大射儀》樂正立于西階東之文互見也。君與臣燕，其禮輕，故工但用四人而已。面鼓，亦變於射也。乃降謂相者，四人俱降也。此諸侯之小臣乃多於《周官》所言天子小臣之數，亦其異者也。《序官》云：「小臣，上士四人。」

工歌《鹿鳴》、《四牡》、《皇皇者華》。何，户我反。相，息亮反。華，音花。

《春秋傳》曰：「《文王》、《大明》、《緜》，兩君相見之樂。」是諸侯之樂自《大雅》而下，皆得用之，此君與臣燕，其禮輕，故但自《小雅》而下而先歌此三篇也。其意與《鄉飲酒》息司正而用鄉樂之意同。

卒歌，主人洗，升獻工。

此不辨工之爲大師與否，皆爲之洗，以其取觚于洗西之篚，宜因而洗之也。下洗獻笙，其義亦然。《鄉飲酒》、《鄉射》非獻大師則不洗者，以其取爵于上篚，故不特爲賤者降也。

工不興，左瑟，一人拜受爵。主人西階上拜送爵。薦脯醢，使人相祭。卒爵，不拜，主人受爵，衆工不拜，受爵，坐祭，遂卒爵。辯有脯醢，不祭。主人受爵，降，奠于篚。

工之長云「不興」，此云「坐祭，遂卒爵」，文互見也。

右工歌

公又舉奠觶，唯公所賜。以旅于西階上，如初。

賜與酬，其禮同，特經之立文異耳。言「唯公所賜」，則是觶或及于大夫矣，以此節爲大夫舉旅故也。卒，卒旅畢也。

於磬也。

右公爲大夫舉旅

笙入，立于縣中，奏《南陔》、《白華》、《華黍》。縣，音玄。白華，音花。

注曰：縣中，縣中央也。《鄉飲酒禮》曰：「磬南，北面。」

繼公謂：此云「縣中」，蓋與《鄉飲酒》「磬南，北面」之文互見也。磬南而云「縣中」者，縣主於磬也。

主人洗，升，獻笙于西階上。一人拜，盡階，不升堂，受爵。降，主人拜送爵。階前坐祭，立卒爵，不拜既爵。升，授主人。

末句之下當有「爵」字，如《鄉飲酒》、《鄉射禮》之所云，此文脱耳。

衆笙不拜，受爵，降，坐祭，立卒爵。辯有脯醢，不祭。乃間歌《魚麗》，笙《由庚》；歌《南有嘉魚》，笙《崇丘》；歌《南山有臺》，笙《由儀》。遂歌鄉樂，《周南·關雎》、《葛覃》、《卷耳》，《召南·鵲巢》、《采蘩》、《采蘋》。間，古莧反。麗，力馳反。卷，九轉反。召，上照反。

此云歌，故曰鄉樂，文順也。

大師告于樂正，曰：「正歌備。」樂正由楹内、東楹之東告于公，乃降，復位。

由楹内，堂上東行者之節也。必著之者，以其立于堂廉，嫌或由便而自楹外過也。告于公亦北面，不告賓者，臣統於君，與鄉禮異也。云復位，則是反其初位矣。初位，未詳其處。《鄉飲酒》注云：「樂正降，立西階東，北面。」

右笙間合

射人自阼階下請立司正，公許。射人遂爲司正。

射人以君三舉觶，正禮已備，慮在堂者或有不安之心，故請立司正以安之。公許而射人即自爲司正，不待君命之者，以其有常職故也。

司正洗角觶，南面，坐奠于中庭，升，東楹之東受命。西階上，北面，命卿、大夫：「君曰：『以我安卿。』」大夫皆對曰：「諾。敢不安！」

中庭，亦南北之中，蓋阼階前也。司正不位於階間者，以燕亦有時而射，宜辟之也。洗角觶，爲將酌也。奠之乃升受命者，君命尊，不敢執觶，由便以受之也。受命亦北面，「以我安」云者，若曰「以我爲司正，所以安汝也」，蓋達君之意而自爲之辭。《大射儀》曰「命賓諸公卿、大夫」，此不言賓諸公者，文省耳，下文放此。「敢不」者，奉命之辭。

司正降自西階，南面，坐取觶，升，酌散，降，南面坐奠觶，右還，北面少立，坐取觶興，坐不祭，卒觶，奠之興，再拜稽首。左還，南面坐取觶，洗，南面反奠于其所。還，並音旋。

注曰：坐奠觶，於中庭故處。

繼公謂：南面坐奠觶，以鄕者南面取之故也。或其節當然與？卒觶，北面奠，意亦如此。將於觶南，北面，則右還；於觶北，南面，則左還，皆欲從觶東往來也。必從觶東者，變於在堂者。升席、降席之儀而由上也。司正之位東上少立者，定其位也。再拜稽首，謝君惠也。酒，君物也。

右立司正安諸臣

升自西階，東楹之東請徹俎。降，公許。徹，直列反。下同。

此「降」乃衍文，《大射儀》無之。鄕者，司正受命安賓、諸公卿、大夫，賓奉命而不敢辭以俎。今司正請徹之，所以達其意。

告于賓，賓北面取俎以出。膳宰徹公俎，降自阼階以東。

告于賓，亦西階上北面告之。既則降，燕賓乃執俎而出者，臣也。出，授從者。膳宰徹公俎降自阼階者，爲其已爲君物也。

卿大夫皆降，東面，北上。

疏曰：東面北上，西階下位也。

右徹俎

賓反入，及卿、大夫皆説屨，升，就席。公以賓及卿、大夫皆坐，乃安。說，吐活反。

疏曰：《少儀》云：「排闔説屨於户内者，一人而已。」彼據尊者坐在室，則説屨於户内。今此燕在堂上，則君尊，説屨於堂上席側，可知。

繼公謂：賓入，少立於卿之北。司正升賓，賓乃及卿大夫説屨而升也。云「公以賓及卿大夫皆坐」，則是自此以前，雖公於無事時亦立也。乃安，謂賓及卿大夫之心至是乃安也。自此以後有升降而行禮者，皆跣也。至醉而退，乃屨。

羞庶羞。

注曰：羞，進也。庶，衆也。庶羞，衆珍味可進者也。所進衆羞，謂狗胾醢。

疏曰：此及大射其牲皆用狗，故知有此狗胾也。

繼公謂：亦先賓乃及公，而後及其餘。未獻士而羞此，則是不及於在下者矣。

大夫祭薦。

獻時不得祭薦，故至是乃爲之。必祭之者，宜終此禮，然後可以食庶羞也。

司正升，受命，皆命：「君曰：『無不醉。』」賓及卿大夫皆興對曰：「諾。敢不醉！」皆反坐。

注曰：「皆命」者，命賓、命卿大夫也。起對必降席。

繼公謂：惟云「受命，皆命」，又不著其所，如上文可知。既對，則司正降而復位。

右説屨升坐

主人洗，升，獻士于西階上。士長升，拜受觚。主人拜送觚。士坐祭，立飲，不拜既爵，其他不拜，坐祭，立飲。長，知丈反。

注曰：他，謂衆士也，亦升受爵不拜。

繼公謂：不言主人受爵及士降，又「其他不拜」之下不言受爵，皆以其可知也。

乃薦司正與射人一人、司士一人、執冪二人立于觶南，東上。

注曰：天子射人、司士，皆下大夫。二人，諸侯則上士，其人數亦如之。司正爲上。

疏曰：此等皆士而先薦者，皆有事故也。司士掌羣士爵禄廢置之事，爲士中之尊故也。云「司正爲上」者，以其爲庭長故也。

繼公謂：此皆士也。獻與士序每獻則薦之，薦不與士序者，亦異之也。司士之位正當觶南，射人而下以次而西。執冪者既薦，則復立于尊南。

辯獻士。士既獻者立于東方，西面，北上，乃薦士。

注曰：每已獻而即位于東方，蓋尊之。畢獻，薦于其位。

繼公謂：士既獻，立于東方，與大夫辯獻而位于上者，意微相類。東方稍近於君，故既獻而立於此，所以尊之。此易位，當亦有命之者，非必士之自往。

祝史、小臣師亦就其位而薦之。

注曰：亦者，亦士也。次士獻之，辯獻乃薦也。不變位，位自在東方。

疏曰：上設位時，祝史在門東，小臣在東堂下。

繼公謂：此見其既獻而不變位耳。其獻，則當與士序。

主人就旅食之尊而獻之，旅食不拜受爵，坐祭，立飲。

注曰：亦畢獻，乃薦之主人。執虚爵，奠于篚，復位。

繼公謂：此尊北面，則南鄉酌之也。獻之於尊南，亦西南面，既授則西面。不洗者，因獻士之爵而遂用之，不復别取於篚也。凡取爵於下篚，雖所爲酌者賤，亦必爲之洗。旅食者，與士異尊矣。乃繼士獻之而遂因士爵且不殊其長，皆略賤也。

右主人獻士

若射，則大射正爲司射，如鄉射之禮。

注曰：大射正，射人之長者也。如者，如其「告弓矢既具」，至「退中與算」也。納射器而張侯，其告請先於君，乃以命賓及卿大夫，其爲司正者亦爲司馬，君與賓爲耦。《鄉射記》自「君射」至「龍擅」，亦其異者也。薦旅食乃射者，是燕射主於飲酒。

繼公謂：此「大射正」，即上經所謂「射人一人」者也。此《記》及《鄉射記》言君燕射之儀，與大射儀略同。乃云「如鄉射之禮」者，以其惟一侯，侯道五十弓而射器皆在堂西也。如是，則自君射之外，凡他禮皆與鄉射大同小異。而於大射，則或有不可以相通者。此所以惟蒙鄉射禮也，先徹階間之縣，遷于東方，乃張麋侯，納射器。其再射即用樂行之，亦其異者。案，注云「納射器而張侯」，「其爲司正者亦爲司馬，君與賓爲耦」，言其與鄉射同者也。云其「告請先於君，乃以命賓及卿、大夫」，言其與鄉射異者也。又云，「《鄉射記》自『君射』至『龍旜』，亦其異者也」。詳其意，蓋謂國中若郊若竟，君皆得而燕射如鄉射之禮，惟旌與中則異於鄉射者也。此意與彼《記》之注不同，疑此爲得之，但其前以《鄉射禮》爲據，謂此亦納射器乃張侯，似未爲當。《鄉射》於納射器之後云「命張侯」者，謂繫左下綱耳，非謂始張侯也，恐不必以之爲據。此禮則當先徹階前之縣，遷於東方，乃始張麋侯、赤質，并繫左下綱，其侯道亦惟五十弓而已。既張侯乃納射器，其節蓋與鄉射不得不異。鄭氏於此，蓋偶考之不詳耳。

右燕射

賓降，洗，升，媵觚于公。觚，當之豉反。

注曰：賓受公賜多矣，禮將終，宜勸公也。酬之禮皆用觶，此言觚者，字之誤也。古者觶字或作「角」旁「氏」，由此誤爾。

繼公謂：媵觶于公，乃下大夫之事，而賓於是時爲之者，不敢以賓自處，恭敬之至也。

酌散，下拜。下，户嫁反。

執觶以下，如下大夫媵觶者之爲，但拜于西階下異耳。

公降一等，小臣辭。賓升，再拜稽首。公答再拜。

公觶一等，禮之也。至是乃降一等者，重其媵觶之禮也。賓從命，則公升矣。

賓坐祭，卒爵，再拜稽首。公答再拜。

此拜不下者拜受，拜既本同一節，不敢再煩君命也。

賓降，洗象觶。升，酌膳，坐奠于薦南。賓降，奠角觶于篚。乃洗象觶，降拜。小臣辭，賓升成拜。公答再拜。賓反位。

注曰：反位，反席也。

繼公謂：此降拜已，再拜稽首，故下云成拜。

右賓媵觶于公

公坐取賓所媵觶，興。唯公所賜。

此酬主於士而所賜則不及之，以其賤而在下也。

受者如初受酬之禮。

初受酬者，賓也。

降，更爵洗。

鄭者三舉觶，其末皆云「如初」，此乃别云「更爵洗」。蓋先時公或命之勿易觶，此則全不命之，亦以禮殺也。

升，酌膳，下拜。小臣辭。升，成拜。公答拜。下，户嫁反。

此經文略，蓋以上已有成禮也。

乃就席，坐行之。

注曰：坐行之，若今坐相勸酒。

繼公謂：賓公卿、大夫立而旅酬者屢矣，故於是可以略而坐行之，亦以此酬主於士故也。

有執爵者。

注曰：士有盥升，主酌授之者。

繼公謂：坐而行酒，故須有執爵者代酌授之。

唯受于公者拜。

注曰：公所賜者也，其餘則否。

繼公謂：此儀已見於上，至是復言之者，明其餘無拜者也。

司正命執爵者爵辯卒。受者興，以酬士。辯，音遍。

爵辯卒，受者興以酬士，謂行爵已辯於堂上則告大夫。卒受者使之興以酬士，司正以是命執爵者也。必命執爵者告之者，備有未知者也。是後則司正不命，而執爵者亦不復告之。

大夫卒受者以爵興，西階上酬士。

於是執爵者降，以已亦當與旅也。

士升，大夫奠爵拜，士答拜。大夫立卒爵，不拜，實之。士拜受，大夫拜送。

此旅酬之正禮也。士始受旅，故從其正禮。至無算爵，則旅不拜矣。

士旅于西階上，辯。

注曰：祝史、小臣旅食皆及焉。

繼公謂：其旅皆如大夫酬士之儀，卒受者亦以觶降奠于篚。

士旅酌，卒。

注曰：士以次序自酌相酬，無執爵者。

右公爲士舉旅

主人洗，升自西階，獻庶子于阼階上，如獻士之禮。辯，降洗，遂獻左右正與内小臣，皆於阼階上，如獻庶子之禮。

注曰：凡獻，皆薦也。

繼公謂：庶，猶衆也。庶子，謂卿大夫士之子，《周官》亦多以庶子繼士而言。正，指此者也。《燕義》以此爲諸子之官，似失之。獻之於阼階上，變於其父所飲之處也。庶子未必皆有爵，乃先左右正獻之者，明不與之序也。左右正，未詳其官。然與内小臣同獻，則意其亦爲内臣也。降洗乃獻，以其尊於庶子，故更新之與？獻於阼階上，則以别内外也，此與獻庶子於阼階之義不同。

右獻庶子、左右正、内小臣

無算爵。士也，有執膳爵者，有執散爵者。

亦各序進，盥洗其觶以升。

執膳爵者酌以進公，公不拜，受。

云進公，是授之。此授、受皆坐。

執散爵者酌之，以〔二〕公命所賜。

酌，亦酌膳也。已酌而少立于尊西，俟公命。

所賜者興，受爵。降席下，奠爵，再拜稽首。公答再拜。

降，降席也。此不降階而惟拜於席下者，宜别於公所親酬者也。

受賜爵者以爵就席，坐。公卒爵，然後飲。

異觶並行而代舉，君臣之禮也。受賜爵者不先卒爵而俟者，膳酒之酌久矣，不必先飲之也。《士相見禮》言卒爵而俟者始飲酒，若爲君嘗之然。

執膳爵者受公爵，酌，反奠之。

未嘗公飲之節，故奠之。此不言所奠之處，則亦在薦南與？士既終旅，則君自舉之。

受賜爵者興，授執散爵。執散爵者，乃酌行之。

必興授者，以鄉者亦興受也。非賜爵者，受授則皆坐。酌者，酌散也。行之，謂每授之於席

〔二〕「之以」原作「以之」，誤。文淵閣本、摛藻堂本改「以之」爲「之以」，王太岳云：「刊本『之以』二字互倒，據《義疏》改。」當從。

也。受賜爵者若賓也，則此觶先以之諸公若卿；受賜爵者若諸公、若卿、若大夫也，則此觶先以之賓，餘皆以次行之，惟已飲賜爵者則不復授之。《大射》云「授執散爵者」，此脫一「者」字。

惟受爵於公者拜，卒受爵者興，以酬士于西階上。士升，大夫不拜，乃飲，實爵。

注曰：乃猶而也。

疏曰：此執爵者，皆酌行之以徧。唯卒受爵者興以酬士，自酌與之。

繼公謂：大夫自實爵，旅酬之禮也。於是執爵者降以酬者，自酌且己亦與旅也。

士不拜，受爵。大夫就席，士旅酌，亦如之。

如其不拜而飲、不拜而受及自酌也。

公有命徹冪，則卿、大夫皆降西階下，北面，東上，再拜稽首。公命小臣辭。公答再拜。大夫皆辟。音避。

冪，兩甒之冪也。命徹冪者，命執冪者遂徹之也。徹之者，示與臣下同此酒，不自異也。在堂者皆降，拜謝君意也。士不拜，賤，不敢與君爲禮也。云「有命」，又云「則」，見其然否不定也。徹冪之節，其在大夫就席之時乎？辭者，辭之使升。拜辭之而不敢從命，小臣以復于公，公乃荅拜，卒拜於下而不升，成拜臣之正禮也。必辭之者，以賓在其中也。賓與羣臣皆卒拜於下，禮宜然也。於此云「辟」者，嫌旅拜則不必辟也。不言賓及諸公，文省。凡小臣辭，皆公命之，經特於始末兩著之，以見其餘也。

遂升，反坐，士終旅于上，如初。

云「士終旅於上」，則是徹冪之時。士蓋先大夫而降，至是乃升，旅於上也。必言「於上」者，嫌既降則宜遂旅於下也。初，即旅酌亦如之之儀。

無算樂，宵則庶子執燭于阼階上，司宫執燭于西階上，甸人執大燭于庭，閽人爲大燭于門外。

注曰：宵，夜也。甸人，掌供薪蒸者。庭大燭，爲位廣也。閽人，門人也，爲大燭以俟賓客出。

右無算爵

賓醉，北面坐，取其薦脯以降。

賓未醉，不敢起。既醉，不敢留餘人之出者，皆以賓爲節也。賓至是，取其薦脯以賜鐘人，則古之以禮飲燕者，其於所薦之豆籩，亦惟祭之而不食，斯可見矣。取脯，説見《士冠禮》。

奏《陔》，賓所執脯以賜鐘人于門内霤，遂出。卿、大夫皆出。

賜之者，賜其爲己奏樂也。此非擊鐘，以奏《陔》之鐘人乃其黨之在旅食之位者，先立於此，因過而賜之，以其同事也。《周禮·鐘師》掌「以鐘鼓，奏《九夏》」。

公不送。

公與其臣燕而不送者，以其不爲獻主也。若於異國之臣雖不爲正賓，君雖不爲獻主，猶送之。

右賓出

公與客燕。

注曰：謂四方之使者。

曰：「寡君有不腆之酒，以請吾子之與寡君須臾焉，使某也以請。」

注曰：君使人戒客辭也。禮，使人各以其爵。寡，鮮也，猶言少德，謙也。上介出請入告。

繼公謂：須臾者，言其不敢久。

對曰：「寡君，君之私也。君無所辱賜于使臣，臣敢辭。」使，所吏反。下使臣，並同。

注曰：上介出答主國使者辭也。無所辱賜，謙不敢當也。

李微之曰：私之言屬也，謙辭也。《春秋傳》載叔孫穆子之言曰：「邾、滕，人之私也。我，列國也。何故視之？」茅夷鴻告吴人之言曰：「魯賦八百乘，君之貳也。邾賦六百乘，君之私也。」此可見矣。

繼公謂：客自謙，不敢以敵國之使自處，故云然。

「寡君固曰不腆，使某固以請。」

注曰：重傳命。

朱子曰：客對辭。

「寡君，君之私也。君無所辱賜于使臣，臣敢固辭。」

「寡君固曰不腆，使某固以請。」「某固辭，不得命，敢不從！」

注曰：許之也。於是出，見主國使者。

朱子曰：「某固辭」以下，是客對辭。

繼公謂：賓於是出拜辱，大夫不答拜，致命云云。

致命曰：「寡君使某，有不腆之酒，以請吾子之與寡君須臾焉。」

注曰：親相見，致君命辭也。

「君貺寡君多矣，又辱賜于使臣，臣敢拜賜命。」

朱子曰：客對辭。

繼公謂：賓既對，遂再拜稽首，所謂拜賜命也。於是大夫還，賓遂從之。

右公與客燕

《記》。燕朝服于寢。朝，直遥反。

朝服，兼君臣而言也。玄冠、玄端、素裳、緇帶、素韠、白屨，士之朝服也。大夫冠衣之屬皆與士同，惟雜帶以玄黄爲異。若人君，則又朱緑帶也，其餘亦與士同。《玉藻》曰：「大帶四寸。雜帶，君朱緑，大夫玄黄，士緇辟二寸，再繚四寸。」是其異也。燕於路寢，禮差輕。

其牲狗也。

狗於牲爲賤，而君之燕禮差輕，故用之。《大射禮》放此。

亨于門外東方。亨，音烹。

門外東方，所在也，故於焉亨之。古者寢廟之門外皆有　，吉則在東，凶則在西。

若與四方之賓燕，則公迎之于大門内，揖、讓，升。

注曰：四方之賓，謂來聘者也。自戒至於拜至，皆如《公食》：介門西，北面，西上。羣臣即位，如燕也。

賓爲苟敬，席于阼階之西，北面。有脀，不嚌肺，不啐酒。其介爲賓。

苟，誠也，實也。苟敬者，國君於外臣所燕者之稱號也，其類亦猶《鄉飲酒》之介遵矣。此燕主爲賓而設，賓於是時雖不爲正賓而實爲主君之所敬，故以賓爲苟敬也。此席當有加席，與食禮者同而東上，公與賓既揖讓升，公拜至，賓答拜。公乃揖，賓各就其席。公降，擯者以命命上介爲賓，上介禮辭，許，再拜稽首。公答拜。上介出，公乃升就席。擯者納賓，皆如羣臣爲賓之禮。必以上介爲賓者，禮，君與臣燕，其爲賓者不以公卿而以大夫，雖燕異國之臣，宜亦如之。賓，卿也，上介大夫也。此其不以賓爲賓，而以上介爲賓也與？阼階之西，諸公之位也。席苟敬於是且有脀，皆尊異之。不嚌啐者，辟正賓。又下《記》言「與卿燕，則大夫爲賓。與大夫燕，亦大夫爲賓」，此以介爲賓，固足以明其卿爲聘使之禮。若大夫爲聘使，則燕賓其以主國之大夫爲之與？

無膳尊，無膳爵。

膳尊，瓦大也。膳爵，象觚、象觶也。所燕者非己臣子，故不宜自異。然則，尊篚之數皆減矣。

與卿燕，則大夫爲賓。與大夫燕，亦大夫爲賓。

注曰：不以所與燕者爲賓者，燕爲序歡心，賓主敬也。「公父文伯飲南宫敬叔酒，以路堵父爲客」，此之謂也。

繼公謂：云「與卿燕，則大夫爲賓」者，嫌爲賓或當以所燕者也。云「與大夫燕，亦大夫爲賓」者，嫌爲賓者或當降於所燕者一等如上例也。必以大夫爲賓者，賓位於堂，且與君爲禮宜用稍尊者也。不以公卿爲之者，以其太尊於主人故也。

羞膳者與執幂者，皆士也。

經但云請執幂者與羞膳者耳，而不見其爵，故《記》明之。下放此。

羞卿者，小膳宰也。

注曰：膳宰之佐也。

若以樂納賓，則賓及庭奏《肆夏》。賓拜酒。主人荅拜而樂闋。苦穴反。

注曰：《肆夏》樂章今亡。闋，止也。《周禮》曰：「賓出入，奏《肆夏》。」

繼公謂：君與臣燕，不以樂納賓，常禮也。其或於此用樂者，在君所欲耳。及庭而奏《肆夏》，尊賓也。未卒爵而樂闋，辟君也。必於此而樂闋者，亦以其爲獻禮一節之終也。《肆夏》亦金奏，樂名。

公拜受爵而奏《肆夏》。公卒爵，主人升受爵以下而樂闋。

公受爵而奏，以其獻禮始於此也。卒爵乃闋，獻禮之終也。此蓋以樂與其禮相爲終始，亦足以見尊君之義矣。

升歌《鹿鳴》。

歌《鹿鳴》之三也，《大射》云「三終」是也。凡升歌皆歌三篇，不止一篇而已。下管亦然。

下管《新宮》。下，户嫁反。

注曰：《新宮》，《小雅》逸篇也。

繼公謂：歌者降而以管奏《新宮》，亦三終。《大射儀》曰：「太師及少師、上工皆降，立于鼓北，羣工陪于後。乃管《新宮》三終。」足以明之矣。舊説謂管如篴而小，併兩而吹之。此樂奏《肆夏》，且下管如大射之禮，則其縣亦宜如之。蓋燕有時而射，故當闕中縣也。

笙入三成。

三成，謂奏《南陔》、《白華》、《華黍》也。於歌與管但言篇名，於笙言三成，文互見也。

遂合鄉樂。

注曰：鄉樂，《周南》、《召南》六篇。言遂者，不間也。

繼公謂：不間者，或以樂已盛於上，故於此殺之與？獻時不奏《肆夏》，則不下管，乃有間。

若舞，則《勺》。舊音酌。

《勺》者，舞名，但不詳其爲何代之樂耳。

唯公與賓有俎。

經文已明。《記》復言之者，嫌所與燕者或當有俎，如異國之賓然也。

獻公，曰：「臣敢奏爵以聽命。」

注曰：授公釋此辭，不敢必受之。

疏曰：謂主人也。

繼公謂：奏，進也。命，謂君受與否之命。

凡公所辭，皆栗階。

注曰：栗，越也，越等也。

繼公謂：辭之而升，其禮則然。越等而上曰栗階，下曰躇階。栗與歷，聲相近。

凡栗階，不過二等。

注曰：其始升，猶聚足連步。越二等，左右足各一發而升堂。

繼公謂：凡，凡公所辭者也。不過二等，明雖急趨君命，猶有節也。二等，階之立二等也。以諸侯七等之階言之，則至五等左右足乃各一發。盡階，則復聚足，然後升堂。

凡公所酬，既拜，請旅侍臣。

注曰：必請者，不專惠也。

繼公謂：凡，凡四舉旅之禮。請，請于擯者。侍臣，侍飲之臣也。其禮見《大射儀》。凡薦與羞者，小膳宰也，謂於大夫以下者也。上言羞卿去小膳宰者，釋經文也。此無所釋，故并薦言之，文法宜然也。然則經言羞膳、羞卿之類，亦并薦言之明矣。

有内羞。

注曰：謂羞豆之實，酏食、糁食。羞籩之實，糗餌、粉餈。

繼公謂：内羞，即房中之羞也。《祭禮》，尊者之庶羞、内羞同時進之。案，注以《周官·醢人》、《籩人職》所言羞豆、羞籩之實爲此内羞禮，恐或然，但未必其皆用之也。

君與射，則爲下射。袒朱襦，樂作而后就物。與，音預。

言與射，則君於燕射或時不與矣。説又見《鄉射記》。

小臣以巾授矢，稍屬。音燭。

稍屬者，稍與發矢時相連屬也。每於將發之節則授之，又見《鄉射記》。

不以樂志。

注曰：辟不敏也。

繼公謂：古文志、識通。不以樂志者，言其每發，不以樂之節爲識而必欲應之也，此亦優君也。《記》言此於授矢、發矢之間，則是君之燕射，於其再射即用樂行之，益可見矣。燕射亦三至再射，而君始射。

既發，則小臣受弓以授弓人。

注曰：不使大射正，燕射輕。

繼公謂：受弓以授弓人，蓋卒射之事也。《記》於既發言之未詳，其或有脱文與？

上射退于物一笴，既發，則答君而俟。若飲君，燕則夾爵。君在，大夫射則肉袒。

説皆見《鄉射記》。此但云「燕則夾爵」，尤不可曉。

若與四方之賓燕，媵爵曰：「臣受賜矣。臣請贊執爵者。」

注曰：受賜，謂公鄉者酬之也。

繼公謂：賓，謂介爲賓者也。執爵，似指鄉之媵觶者而言。贊，猶佐也。

相者對曰：「吾子無辱焉。」相，息亮反。

注曰：辭之也。

繼公謂：此下當更有「賓再請而相者許」之辭，《記》不備見之也。有房中之樂奏之於房，故云「房中之樂」，蓋别於堂上、堂下之樂也。

【正誤】

設洗于阼階東南

諸本皆云「設洗篚」。繼公謂：諸篇於此但言「設洗」，無連言「篚」者，而此有之，衍文耳。又下别云「篚在洗西」，則於此言「篚」，文意重複，似非經文之體。且篚在洗西，亦不可以東霤爲節，其衍明矣。今以諸篇爲據，删之。

騰觚于賓

鄭本作「媵觚」。注云：「今文『媵』皆作『騰』。」繼公案：騰字似優於媵觚，宜悉從今文。

士長升，拜受觚。主人拜送觚

鄭本「觚」作「觶」。注云：「今文『觶』作『觚』。」繼公謂：凡獻無用觶者，當從今文。

儀禮集説卷七

大射儀第七

注曰：於五禮屬嘉禮。

繼公謂：諸侯與其羣臣飲酒而習射之禮也。言大射者，别於賓射、燕射也。

大射之儀。

他篇於此言禮，是乃言「儀」者，以其儀多於他篇，故特顯之。禮者總名，儀則其節文也。

君有命戒射。

謂君發命而戒有司以將射也。

宰戒百官有事于射者。

注曰：宰，於天子冢宰，治官卿也。作大事，則掌以君命戒百官。

繼公謂：此宰指侯國之上卿而言也。然春秋之世，侯國之上卿有不盡名爲宰者，與經微不合也。

射人戒諸公卿、大夫射。司士戒士射與贊者。

注曰：射人，掌以射法，治射儀。司士，掌國中之士，治凡其戒命，皆司馬之屬也。贊者，謂士佐執事不射者。

疏曰：宰總戒射人，司士别重戒之。

前射三日，宰夫戒宰及司馬。射人宿視滌。滌，音狄。

注曰：宰夫，冢宰之屬，掌百官之徵令者。司馬，於天子政官之卿，凡大射則合其六耦。滌，謂溉器，埽除射宫。

繼公謂：宰夫戒此三官，以當宿視滌也。宿，謂前射一日爲之。

右戒羣臣

司馬命量人量侯道與所設乏以貍步：大侯九十，參七十，干五十。設乏，各去其侯西十、北十。量人之量，音亮。下同。貍，力之反。參，如字。干，五旦反。下並同。

注曰：量人，司馬之屬，掌量道巷塗數者。《鄉射記》曰：「侯道五十弓。」《考工記》曰：

「弓之下制六尺。」則此貍步六尺，明矣。大侯，熊侯。干，讀爲豻。干侯者，豻鵠、豻飾也。

繼公謂：侯道，侯去物之步數也。所畫物在兩楹間，正當楣也。此時未有物，當以楣間爲節也。步者，蓋量器長六尺者之名，如丈、尺、尋、引之類。刻畫貍形於其上以爲識，故曰「貍步」云。參，如「無往參」之「參」，謂介於二者之間也。大侯者，以其大於二侯名之也。參侯者，以其參於二侯名之也。此大侯，熊侯也，則參侯其豹侯與？九十、七十、五十，其步數也。君至尊而侯道反遠於卿、大夫、士者，蓋位尊則所及者遠，位卑則所及者近，故侯道象之，以見其義也。設乏之處各去其侯之北十步者，以其當二侯相去之中，故以爲節也。去其侯之西亦十步者，則因其北之成數而用之，亦以公言之庭寬廣故耳。《周官·掌皮職》言「諸侯大射共熊侯、豹侯」，《射人職》言「諸侯以四耦射二侯」，亦謂熊侯、豹侯也。其侯數少於此，則侯道未必有九十步者矣。蓋作經有先後，故禮制有隆殺，所以異也。舊說謂《周官》言畿内之諸侯，非也。《周官》凡言諸侯皆謂畿外者耳，畿内安得有諸侯之國哉？

遂命量人、巾車張三侯，大侯之崇，見鵠于參，參見鵠于干。干不及地武，不繫左下綱。設乏，西十、北十，凡乏用革。見，並賢遍反。鵠，古毒反。繫，古帝反。

注曰：巾車，於天子宗伯之屬，掌裝衣車者，亦使張侯。侯，巾類。崇，高也，高必見鵠。鵠，所射之主，以皮爲之，各如其侯也。《考工記》曰：「梓人爲侯，廣與崇方，參分其廣而鵠居一焉。」則大侯之鵠方六尺，參侯之鵠方四尺六寸大半寸，干侯之鵠方三尺三寸少半寸。干不及地武，以此計之，參侯去地二丈五寸少半寸，大侯去地二丈二尺五寸少半寸。

疏曰：侯之廣狹，取度於侯道，三分其侯而鵠居一焉。大侯，侯道九十弓，則侯中丈八尺，故鵠方六尺也。參侯侯道七十弓，則侯中丈四尺，故鵠方四尺六寸大半寸。干侯，侯道五十弓，則侯中一丈，故鵠方三尺三寸少半寸也。凡侯之上躬、下躬及上舌、下舌各二尺，合八尺，是干侯、侯中及躬與舌丈八尺。張法，干侯下綱，不及地尺二寸，則上綱去地丈九尺二寸也。參侯侯中并躬舌爲二丈二尺，張法，參鵠下畔與干侯之上綱齊，所謂「見鵠於干」，其鵠下八尺六寸大半寸，爲干侯所掩，是參下綱去地一丈五寸少半寸，則上綱去地三丈二尺五寸少半寸也。大侯侯中并躬與舌爲二丈六尺，張法，大侯鵠下畔與參侯上綱齊，所謂「見鵠於參」，其鵠下一丈爲參所掩，是大侯下綱去地二丈二尺五寸少半寸，則上綱去地四丈八尺五寸少半寸也。凡言大半寸者，三分寸之二；少半寸者，三分寸之一。

繼公謂：張侯之序以大侯爲先，參次之，干爲後。乃云某見鵠於某者，蓋先以尺寸計而張之，及既張之後，則遠侯之鵠自各見於近侯之上，非謂先張近侯乃張遠侯也。二侯之高俱見鵠而不盡見其鵠下之中，是射者惟以貫鵠爲中而其外則否，於此見之矣。此張侯之法大而遠者則高小，而近者則下，乃其勢之不得不然者，而尊卑之義亦存焉。禮意之妙，大抵類此。不繫左下綱，亦以事未至也。三侯皆以左爲尊，故未繫其左者也，亦中掩束之於此，復言西十、北十者，以見上文所云者，但爲量其處耳。前射三日張侯設乏，重其事也。鵠之名義未詳。

右張侯

樂人宿縣于阼階東。笙磬西面，其南笙鍾，其南鑮，皆南陳。縣，音玄。鑮，音博。

注曰：鑮如鍾而大。

繼公謂：宿縣，謂前射一日縣之也。明日當射，故此日云宿。笙磬、笙鍾，皆與笙相應者也。《周官》曰：「凡縣鍾磬，半爲堵，全爲肆。」肆謂十六枚也。此笙磬、笙鍾，其各一肆與？磬，外面爲股，内面爲鼓。西面者，鼓在西而擊者東面也。鍾鑮皆南陳，亦以其北上也。其面有二，故不言西面而擊者，亦與磬同也。下放此。宿縣者，亦重其事也。然則國君平常日用之樂皆於其日縣之，明矣。《大司樂職》曰：「大祭祀宿縣，遂以聲展之。」

建鼓在阼階西，南鼓。應鼙在其東，南鼓。應，應對之應。

注曰：建，猶樹也。以木貫而載之，樹之跗也。南鼓，謂所伐面也。應鼙，應朔鼙也。先擊朔鼙，應鼙應之。鼙，小鼓也。

繼公謂：此鼓鼙乃在東縣南者也。以君當於阼階東南揖卿大夫，且主人之位亦在洗北，皆當鎛之南，故移鼓鼙於此以辟之也。鼓鼙若在東縣南，則鼓在左，鼙在右。今設於此，乃反之者，明其變位也。

西階之西，頌磬東面，其南鍾，其南鎛，皆南陳。一建鼓在其南，東鼓。朔鼙在其北。頌，如字。

注曰：朔，始也。奏樂先擊西鼙，鍾不言頌，鼙不言東鼓，義同，省文也。

繼公謂：頌之言誦也，謂歌樂也。此磬與歌樂相應，故曰頌磬。此鍾之用，亦宜與磬同。《春秋傳》曰「歌鍾二肆」，其謂是鍾與鼓在南，鼙在北，明其不統於縣。一建鼓在西階之東，南面，國君合有三面樂，東方、西方與階間也。階間之縣東上，其鼓則西上，與在東方、西方者之位相類也。大射盛於燕，宜備用樂，乃以辟射之，故去其階間之縣，但設其鼓於故位而已。上言南鼓、東鼓，惟此言南面，蓋闕。中縣則不擊此鼓，故異其文以見之。此鼓不擊，乃設之者，明有爲而去其縣，非禮殺也。

簜在建鼓之間。簜，大黨反。

注曰：簜，竹也，倚於堂。

繼公謂：簜，即工之所管者，故近工位設之。

鞉倚于頌磬，西紘。鞉，音陶。

注曰：鞉，如鼓而小，有柄。紘，編磬繩也。設鞉於磬西，倚於紘也。

繼公謂：西紘，磬紘之西出者也。

右縣

厥明，司宮尊于東楹之西，兩方壺，膳尊兩甒在南，有豐。冪用錫若絺，綴諸箭，蓋冪，加勺，又反之。皆玄尊，酒在北。甒，音武。冪，眉狄反。

注曰：絺，細葛也。箭，篠也。爲冪，蓋卷辟，綴於篠，横之也。又反之，爲覆勺也。皆玄尊，二者皆有玄酒之尊也。

疏曰：此陳設器物與《燕禮》同，但文有詳略耳。

繼公謂：冪横綴於箭而從蓋於甒，勺亦從加於冪上。西枋與箭而午，乃以餘冪反蓋于勺，亦爲塵之著于勺也。蓋以君飲此酒，故謹重之如是。《燕禮》云：「尊南上」。此云「酒在北」，文互見爾，説見前篇。方壺不用庪之者，遠下君。

尊士旅食于西鑮之南，北面，兩圜。

壺鑮南，言東西節也。鑮南有鼓，此不以鼓爲節者，鼓高而鑮下。圜壺在地，取節於其下者，宜也。《燕禮》旅食與其尊皆在門西，此旅食者在西方之南，於燕位爲少西，則此尊之南、北亦宜近之。

又尊于大侯之乏東北，兩壺獻酒。獻，如字，舊音莎，非是。

此尊侯時而設，經蓋因上禮而連言之耳。獻酒，獻三侯之獲者及巾車隸僕人之酒也。於此獨云獻者，嫌其爲祭侯，且見不他用也。壺亦圜壺。

設洗于阼階東南，罍水在東，篚在洗西，南陳。設膳篚在其北，西面。又設洗于獲者之尊西北，水在洗北，篚在南，東陳。

此云「又設洗」，亦因上禮而連言之，其實未設也。獲者，即服不之屬。惟云「水」，是不用罍也。君禮而水不用罍，以所獻者賤故爾。

小臣設公席于阼階上，西鄉。司宫設賓席于户西，南面。有加席。卿席賓東，東上。小卿賓西，東上。大夫繼而東上。若有東面者，則北上。席工于西階之東，東上。諸公阼階西，北面，東上。鄉，許亮反。下同。

賓有加席，亦蒲筵加莞席也。公不言設加席，如燕禮可知，或亦蒙有加席之文也。射禮重於燕，故賓有加席。此惟公席及賓席布之，其餘猶在房俟時乃設。言之於此者，亦因設公席、賓席而遂及之耳。卿，上大夫也。小卿，中大夫也。大夫，下大夫也。小卿席於賓西而統於賓，則此賓其以中大夫爲之與？繼而之下，當有「西」字。東面者，在西序下，少北。言若有者，國有大小，則大夫亦有衆寡也。諸公亦或有或無，故後言之。

官饌。

注曰：官各饌其所當共之物。

繼公謂：官各饌之於其所也。《燕禮》曰：「膳宰具官饌于寢東。」與此互見其先後之節耳。此不著其所者，上下薦羞其饌之，或異處也。

右陳設

自此以後，其經文有與《燕禮》同者則不重釋之。

羹定。射人告具于公。公升，即位于席，西鄉。小臣師納諸公卿、大夫，諸公卿、大夫皆入門右，北面，東上。士西方東面，北上。大史在干侯之東北，北面，東上。士旅食者在士南，北面，東上。小臣師從者在東堂下，南面，西上。大，音泰。從，才用反。

大史在干侯東北，爲有事，故深入東上。小史在西也，不著祝位者，與史異處，故略之。其位自在門東，士旅食者在士南者，爲辟射也。門西之位，其東、西稍近於侯。從者，小臣師之屬也。「從」上疑有脱文。

公降，立于阼階之東南，南鄉。小臣師詔揖諸公卿、大夫，諸公卿大夫西面，北上，揖大夫，大夫皆少進。

阼階東南，蓋於鎛南也，《燕禮》言爾。此言揖，亦互文。上言大夫，次言大夫，衍文也。

右即位

大射正擯。

此大射正，亦射人也。乃異其稱者，别於下文爲司射者耳。

擯者請賓。公曰：「命某爲賓。」擯者命賓，賓少進，禮辭。反命，又命之。賓再拜稽首，受命。擯者反命，賓出，立于門外，北面。公揖卿大夫，升就席。小臣自阼階下北面，請執冪者與羞膳者。乃命執冪者。執冪者升自西階，立于尊南，北面，東上。膳宰請羞于諸公卿者。

右命賓及執事者

擯者納賓，賓及庭，公降一等揖賓。賓辟，公升，即席。辟，音避。

凡受公禮者皆辟，經不盡見之也。

奏《肆夏》。

此爲賓奏之，當作西方之縣也。《周官》言《九夏》，次曰《肆夏》。《春秋傳》言《肆夏》之三，曰《肆夏》、《繁遏》、《渠》。然則每夏之中各有篇數，如《肆夏》之類，乃其首篇名耳。穆叔聘於晉，晉侯享之金，奏《肆夏》之三。穆叔曰：「三夏，天子所以享元侯也。使臣不敢與聞。」此惟奏《肆夏》而不及《繁遏》、《渠》，其辟天子之享禮與？

右賓入

賓升自西階，主人從之，賓右北面至再拜。賓答再拜。

右拜至

主人降洗，洗南西北面。賓降階西，東面。主人辭降，賓對。主人北面，盥，坐取觚，洗。賓少進，辭洗。主人坐奠觚于篚，興對。賓反位。主人卒洗。賓揖，升。主人升，賓拜洗。主人賓右奠觚，答拜。降，盥。賓降，主人辭降。賓對，卒盥。賓揖，升。主人升，坐取觚。執冪者舉冪，主人酌膳。執冪者蓋冪。酌者加勺，又反之。

舉冪之儀當與蓋冪者相類，蓋主人取觚而適尊，所執冪者則進而發其冪之反者。主人取勺，執冪者乃舉冪也。又反之，亦執冪者也。

筵前獻賓。賓西階上拜，受爵于筵前，反位。主人賓右拜送爵。宰胥薦脯醢。

宰胥，宰之屬也。薦賓者與公同，亦盛之。

賓升筵，庶子設折俎。

庶子，亦見前篇。

賓坐，左執觶，右祭脯醢，奠爵于薦右，興取肺，坐絶祭，嚌之，興加于俎，坐挩手，執爵，遂祭酒，興席末坐，啐酒，降席，坐奠爵，拜告旨，執爵興。主人答拜。樂闋。賓西階上北面坐，卒爵，興，坐奠爵，拜，執爵興。主人答拜。闋，苦穴反。

奏《肆夏》及樂闋之節，説見《燕禮記》。

右主人獻賓

賓以虚爵降，主人降。賓洗南西北面坐奠觶，少進，辭降。主人西階西東面，少進，對。賓坐取觶，奠于篚下，盥洗。

西階西，非主人堂下之正位，以從降暫立於此耳。主人既對，不言反位，亦文省。

主人辭洗，賓坐奠觶于篚，興對。卒洗，及階，揖升。主人升，拜洗如賓禮。賓降，盥。主人降，賓辭降。卒盥，揖升，酌膳，執冪如初，以酢主人于西階上。主人北面，拜受爵。賓主人之左拜送爵。主人坐祭，不啐酒，不拜酒，遂卒爵，興。坐奠爵，拜執爵，興。賓答拜，主人不崇酒，以虚爵降，奠于篚。賓降，立于西階西，東面。擯者以命升賓。賓升，立于西序，東面。

注曰：命，公命也。

右賓酢主人

主人盥，洗象觚，升酌膳，東北面獻于公。公拜受爵，乃奏《肆夏》。

注曰：言乃者，其節異於賓。

繼公謂：此奏《肆夏》，當以東方之縣。

主人降自西階，阼階下北面，拜送爵。宰胥薦脯醢，由左房。庶子設折俎，升自西階。

凡堂上之薦，皆由左房，特於君見之耳。

公祭，如賓禮。庶子贊授肺，不拜酒，立卒爵，坐奠爵，拜執爵，興。主人答拜。樂闋，升受爵，降奠於篚。

篚，膳篚也。奏《肆夏》及樂闋之節，説亦見《燕禮記》。

右主人獻公

更爵洗，升，酌散以降。酢於阼階下。散，思但反。

此亦當酌膳，云「散」，誤也。

北面坐奠爵，再拜稽首。公答拜。主人坐祭，遂卒爵，興，坐奠爵，再拜

稽首。公答拜。主人奠爵于篚。

《燕禮》曰：「公答再拜。」此省文也。下不言者，皆如之。

右主人自酢

主人盥洗，升，媵觚于賓，酌散西階上。坐奠爵，拜。賓西階上北面，答

拜。觚，當之豉反。

此觚亦當作觶。

主人坐祭，遂飲。賓辭，卒爵興。坐奠爵，拜，執爵興。賓答拜。主人降

洗。賓降，主人辭降。賓辭洗，卒洗。賓揖升，不拜洗。主人酌膳，賓

西階上拜，受爵于筵前，反位。主人拜送爵。賓升席，坐祭酒，遂奠于薦東。主人降，復位。賓降筵西，東南面立。

右主人酬賓

小臣自阼階下請媵爵者，公命長。小臣作下大夫二人媵爵。媵爵者阼階下皆北面，再拜稽首。公答拜。媵爵者立于洗南，西面，北上，序進，盥洗角觶，升自西階，序進，酌散，交於楹北。降適阼階下，皆奠觶，再拜稽首。執觶興。公答拜。媵爵者皆坐祭，遂卒觶，興。坐奠觶。再拜稽首。執觶興。公答再拜。媵爵者執觶待於洗南。小臣請致者。若命皆致，則序進，奠觶於篚阼階下，皆北面，再拜稽首。公答拜。媵爵者洗象觶，升，實之。序進，坐奠于薦南，北上。降，適阼階下，皆再拜稽首，送觶。公答拜。媵爵者皆退，反位。長，知丈反。散，思但反。下並同。

注曰：反門右，北面位。

右下大夫媵觶于公

公坐取大夫所媵觶，興以酬賓。賓降西階下，再拜稽首。小臣正辭。賓升，成拜。

注曰：正，長也。

繼公謂：小臣正辭，亦公命之。

公坐奠觶，答拜，執觶興。公卒觶，賓下拜。小臣正辭。賓升，再拜稽首。公坐奠觶，答拜，執觶興。賓進受虛觶，降奠于篚，易觶，興洗。

下，户嫁反。下同。

言興洗，見洗則立也。

公有命，則不易不洗。反升，酌膳，下拜。小臣正辭。賓升，再拜稽首。

公答拜。賓告于擯者，請旅諸臣。擯者告于公，公許。

旅，旅酬之也。賓因君所賜請旅諸臣，所以廣君賜也。公許，擯者又以告賓，乃旅也。

賓以旅大夫于西階上。擯者作大夫長，升受旅。賓大夫之右坐，奠觶拜，執觶興。大夫答拜。賓坐祭，立卒觶，不拜。若膳觶也，則降更觶洗，升，實散。大夫拜受。賓拜送，遂就席。大夫辯受酬，如受賓酬之禮。不祭酒。卒受者以虛觶降，奠于篚，復位。長，知丈反。辯，音遍。下並同。

右公爲賓舉旅

主人洗觚，升，實散，獻卿于西階上。司宫兼卷重席，設于賓左，東上。卿升，拜受觚。主人拜送觚。卿辭重席，司宫徹之，乃薦脯醢。卿升席，庶子設折俎。卷，九轉反。重，並直龍反。徹，直列反。

注曰：卿折俎未聞，蓋用脊、脅、臑、肺。

疏曰：若有諸公，公用臑，卿宜用膊也。

繼公謂：卿有俎，大射差重於燕也。

卿坐，左執爵，右祭脯醢，奠爵于薦右，興取肺，坐絶祭，不嚌肺，興加于俎，坐捝手，取爵，遂祭酒，執爵興，降席。西階上北面坐，卒爵，興，坐，奠爵拜，執爵興。不嚌肺，亦自貶於賓。主人答拜，受爵。卿降，復位。

注曰：復西面位。

辯獻卿，主人以虚爵降奠于篚。擯者升卿，卿皆升，就席。若有諸公，則先卿獻之，如獻卿之禮。席于阼階西，北面，東上，無加席。先，悉見反。

右主人獻諸公卿

小臣又請媵爵者。二大夫媵爵如初。請致者。若命長致，則媵爵者奠觶於篚，一人待于洗南，長致者阼階下再拜稽首。公答拜。洗象觶，升實之，坐奠于薦南。降，與立于洗南者二人皆再拜稽首，送觶。公答拜。長，並知丈反。下同。

右下大夫再媵觶于公

公又行一爵。若賓若長，唯公所賜。

《燕禮》言酬，此言賜，亦文異耳。

以旅于西階上如初。大夫卒受者以虚觶降，奠于篚。

右公爲諸公卿舉旅

主人洗觚，升，獻大夫于西階上。大夫升，拜受觚。主人拜送觚。大夫坐，祭，立卒爵，不拜既爵。主人受爵。大夫降，復位。

大夫者，中下大夫也。

胥薦主人于洗北，西面，脯醢，無脀。

胥宰，胥也。

辯獻大夫，遂薦之。繼賓以西，東上。若有東面者，則北上。卒，擯者升大夫。大夫皆升，就席。

右主人獻大夫

乃席工于西階上，少東。小臣納工，工六人，四瑟。

注曰：六人，大師、少師各一人，上工四人。

繼公謂：大射差重于燕，又加瑟者二人，然則諸侯之祭饗歌與瑟者各四人與？以是推之，天子之制，其隆殺之數亦可知矣。

僕人正徒相大師，僕人師相少師，僕人士相上工。相，並息亮反。下並同。大，音泰。少，詩召反。下大師、少師同。

注曰：徒，空手也。僕人正，僕人之長。師，其佐也。士，其吏也。天子視瞭相工〔一〕，諸侯兼官，是以僕人掌之。大師、少師，工之長也。凡國之瞽矇正焉。

繼公謂：上工即上瞽，《周官》「上瞽百人」。

相者皆左何瑟，後首，内弦，挎越，右手相。何，户我反。後，户豆反。挎，口孤反。

注曰：謂相上工者。

後者徒相。

注曰：謂相大師、少師者也。

入，小樂正從之。

注曰：從大師也。

〔一〕「工」原作「士」，摛藻堂本改爲「工」，《十三經注疏》本亦作「工」，可從。

繼公謂：諸侯之小樂正，下士也。前三篇不言小，以此見之也。此樂盛於彼，且用小樂正，則彼可知矣。大射乃亦不使大樂正者，其辟祭饗之類與？

升自西階，北面，東上。

注曰：工六人。

坐授瑟，乃降。

注曰：相者也。

繼公謂：相者降位，蓋亦在西方。

小樂正立于西階東。

上經云「小樂正從之」，而此於工升之後乃云「立」，則是亦後升也。此禮重於燕，而樂正乃後升，然則後升者，其正禮與？

乃歌《鹿鳴》三終。

三終，謂歌《鹿鳴》之什三篇，篇各一終，如《春秋傳》所謂「工歌《鹿鳴》之三」是也。《鄉飲酒》之禮，歌《鹿鳴》、《四牡》、《皇皇者華》，其義曰「工歌三終」，則益可見矣。

主人洗，升，實爵，獻工。工不興，左瑟。

注曰：大師無瑟，於是言左瑟者，節也。

繼公謂：爵，即觚也，不言觚者可知耳。案，注云「大師無瑟，於是言左瑟者，節也」者，謂獻大師之時，瑟者猶未受獻，而其左瑟則以此時爲節也。

一人拜受爵。

注曰：謂大師也。言一人者，工賤，同之也。

主人西階上拜送爵，薦脯醢，使人相祭，卒爵不拜。主人受虛爵，衆工不拜受爵。坐祭，遂卒爵。辯有脯醢，不祭。主人受爵，降奠于篚，復位。相，息亮反。

位，洗北之位也。

大師及少師、上工皆降，立于鼓北。羣工陪于後。

注曰：於是時，小樂正亦降立於其南，北面。工立，僕人立于其側。

繼公謂：鼓北，鑮南也。不云鑮南者，嫌與尊旅食者之意同也。不取節於鼙者，鼓大鼙小也。羣工，即上工，謂瑟者四人也。陪於後者，其以鼓鑮之間不足以爲一列與？前列二人，後列四人，皆當北上，射事未至而降，爲管故也。降不言相者，可知也。

乃管《新宫》三終。

管，謂吹簜以奏之。此承上文而言，是降者管之明矣。《春官·大師》、《少師職》皆云「登歌下管」，然簜一而已。其大師管之與下而管者，變於歌也。《新宫》，詩名。三終者，管《新宫》并及其下二篇也。二篇之名未聞，三詩蓋亦有依管而歌以明之者，如笙之有和者然也。《書》曰「下管鞉鼓」，《詩》曰「鞉鼓淵淵，嘒嘒管聲」。既和且平，依我磬聲」，則管時亦奏此西方之樂以應之矣。此不笙不合鄉樂者，爲射，故略於樂也。不略《小雅》者，《小雅》爲諸侯之正樂，故不略其正，亦如《鄉射》之不略鄉樂矣。諸侯之樂其下管者雖有笙，亦不間。

卒管，大師及少師、上工皆東坫之東南，西面，北上，坐。

疏曰：不言去堂遠近，當如《鄉射》「還工阼階之東南，堂前三笴，西面，北上」。

繼公謂：坫東南，當在東縣之東北。射事未至，工既管，乃不復升而遂遷於此者，堂上之樂畢故也。於是小樂正北面立于其南，相者退立于西方。

右工歌下管

擯者自阼階下請立司正。

君再舉旅而即請立司正，爲射故也。

公許，擯者遂爲司正。司正適洗，洗角觶，南面，坐奠于中庭。

此中庭者，亦阼階前南北之中，與《燕禮》司正之位同，以當辟射也。

升東楹之東，受命于公。西階上北面，命賓諸公、卿、大夫：「公曰『以我安賓。』」諸公、卿、大夫皆對曰：「諾。敢不安！」

此羣臣皆爲射而來，是時猶未射，固無嫌於不安。而司正乃受命以安之者，緣其意若不敢必君之終行射事然也。受命亦北面，與請徹俎同。

司正降自西階，南面坐取觶，升，酌散。降，南面坐取觶，興。右還，北面，少立，坐取觶，興。坐不祭，卒觶。奠之興。再拜稽首。左還，南面。坐取觶，洗。南面，反奠于其所，北面立。還，並音旋。

北面立，亦在觶南。

右立司正安諸臣

司射適次，袒、決、遂，執弓，挾乘矢于弓外，見鏃于弣，右巨指鉤弦。挾，音接。乘，直證反。下並同。見，賢遍反。鏃，子木反。弣，音府。

注曰：司射，射人也。次，若今時更衣處，張幃席爲之。耦次在洗東南。見鏃於弣，順其射也。右巨指，右手大擘。

疏曰：云耦次在洗東南者，此無正文。案，《鄉射記》「設楅南，北當洗」。此下三耦拾取矢，出次西行，又北行鄉楅，則次在洗東南也。

繼公謂：司射，射人，亦大射正也。《燕禮》曰「大射正爲司射」，是其徵矣。諸侯之大射正，蓋上士二人。次，所謂耦次也。《周官·掌次職》云：「射則張耦，次執弓，左手執弣也。」挾乘矢於弓外，謂挾四矢而矢在弦弣之外也。見鏃於弣，明其方執而左鄉及指間前後之節也。右巨指鉤弦，所謂挾弓也。

自阼階前曰：「爲政請射。」

爲政，爲射政者也。言此者，亦示己不敢擅其事也。階前北面，白於公。

遂告曰：「大夫與大夫，士御于大夫。」

注曰：大夫與大夫爲耦，不足，則士侍於大夫與爲耦也。

繼公謂：此以在堂上者爲耦之法告公也。此大夫，亦兼諸公卿而言。不言「士與士」者，略賤也。

右請射

自此以後，其經文有與《鄉射》同者，不重釋之。

遂適西階前，東面右顧，命有司納射器。

東面而右顧者，爲有司在南也。此有司，其旅食者與？上經云「士旅食者在士南，北面，東上，命之之儀如是」者，以其賤也。

射器皆入。君之弓矢適東堂。賓之弓矢與中、籌、豐，皆止於西堂下。衆弓矢不挾。總衆弓矢、楅，皆適次而俟。

注曰：衆弓矢，三耦及卿大夫以下弓矢也。司射矢，亦止西堂下。衆弓矢不挾，則納公與賓弓矢挾之。

繼公謂：總，謂以物合而束之也，衆弓、衆矢異束之。賓之弓與矢皆不在堂上，遠下君也。衆弓矢不挾，亦以其多也。中、籌、豐在堂西，楅在次，各近其所設處也。俟者，兼指射器之在三處者言也。此射於公宫，則中乃皮樹中也。《鄉射記》曰：「君國中射，皮樹中。」案，注云「司射矢」，謂所挾一矢也。

工人、士與梓人升自北階，兩楹之間，疏數容弓。若丹若墨，度尺而午，射正莅之。數，音朔。度，如字。

注曰：工人、士、梓人，皆司空之屬，能正方圜者。一從一横曰午，謂畫物也。

疏曰：若丹若墨，科用其一也。云「度尺」者，即《鄉射記》「從長如笴，横長武」是也。

繼公謂：北階，北堂之階也。兩楹之間，言當楣也。公宫堂深，故物當楣。疏數，猶廣狹也，言二物從畫相去廣狹之度也。度，如度以尋之度。度尺，謂以尺爲度也。午，如十字然也。射事至乃畫物，亦君禮異也。射正升、降蓋自西階。此射正，其小射正與大射正二人。是時一爲司正，一爲司射。

卒畫，自北階下。司宫埽所畫物，自北階下。畫，並音獲。下並户嫁反。

注曰：埽物，重射事也。

右納射器畫物

大史俟于所設中之西，東面以聽政。

《鄉射禮》曰：「設中南當楅，西當西序。」又曰：「乃設楅於中庭，南當洗。」是時中與楅皆未設，大史蓋南當洗，西直西序之西而立也。政，即司射所誓之事。

司射西面誓之曰：「公射大侯，大夫射參，士射干。射者非其侯，中之不獲。卑者與尊者爲耦，不異侯。」大史許諾。公射、夫射、士射，並食亦反。

注曰：誓，猶告也。

疏曰：賓與君爲耦，同射大侯；士與大夫爲耦，同射參侯。以其既與尊者爲耦，不可使之別侯。別侯，則非耦也。

繼公謂：釋獲之事未至乃誓之者，欲其豫識之也。此雖陳射三侯者，而其意則不主於公。

遂比三耦。三耦俟于次北，西面，北上。比，毗志反。

三耦，皆士也。亦司射前戒之，故先立於此，以待比也。俟於次北，便其入也。此乃未比時之位，若既比，則位於次中矣。

司射命上射曰：「某御于子。」命下射曰：「子與某子射。」

是所謂比也。此亦當有「司馬命巾車量人繫左下綱」及「命獲者倚旌于侯」之事，文不具耳。鄉射，則於既比三耦爲之。

卒，遂命三耦取弓矢于次。

亦命之讓取弓矢拾，經文省耳。此下當有三耦袒、決、遂、拾取弓矢之事，亦文不具也。三耦既取弓矢，遂立於次中而西面，北上。

右誓大史比三耦

司射入于次，搢三挾一个，出于次，西面揖，當階北面揖，及階揖，升堂揖，當物北面揖，及物揖。由下物少退，誘射。

既搢挾，則立於三耦之北而後出次，出次乃西面，是由次北出矣。由下物少退，以其亦射大侯，故不敢履下物，辟君也。此射三侯，故不言視侯。中不在物，故不言俯正足。

射三侯，將乘矢，始射干，又射參，大侯再發。射，並食亦反。

始射干，誘射主於三耦也。三耦，士也。故先射士侯，乃次及其上。大侯再發，以其尊，異之也。

卒射，北面揖。

北面揖者，爲下射與君同，物不可南面揖於楹間，嫌也。

及階揖，降，如升射之儀。遂適堂西，改取一个挾之。

如升射之儀，爲堂上所不見之揖言也。降而遂適堂西，則不由其所立位之南矣。此射者不在堂西，射位又不在西方，故其儀與鄉射異。

遂取扑搢之，以立于所設中之西南，東面。

云「遂取扑」，則扑亦在堂西矣。所設中之西南，其南北亦南於洗，而東西則直西霤與？此禮三耦之位在東方，故司射至是乃得定其位於此，亦與鄉射異也。

右誘射

司馬師命負侯者：「執旌以負侯。」

注曰：司馬師，正之佐也。負侯，獲者也。天子，服不氏下士一人，徒四人，掌以旌居乏待獲。

繼公謂：負侯獲者，皆士旅食者與？旌，謂翿旌。《鄉射記》曰：「君國中射，以翿旌獲。」

負侯者皆適侯，執旌負侯而俟。

皆，皆三侯者也。大侯、參侯去地遠，亦云「負」者，但取北面於其北，亦因干侯而言也。先云「適侯」，乃云「執旌」，是旌先倚於侯也。然則，上經亦當有命倚旌之類明矣。俟，俟後命。

司射適次，作上耦射。

東面作之，後不見者，以此求之。

司射反位。

既作之則反，不俟其出。

上耦出次，西面，揖進。上射在左，並行。

注曰：上射在左，便射位也。

繼公謂：發於次中，則上射已在左而並行矣，特於此見之也。

當階北面揖，及階揖。上射先升三等，下射從之中等。上射升堂，少左，下射升。上射揖，並行。皆當其物北面揖，及物揖，皆左足履物，還，視侯中，合足而俟。中，丁仲反。還，音旋。

侯中，干侯之中也。

司馬正適次，袒、決、遂，執弓，右挾之出，升自西階。適下物，立于物間。左執弣，右執簫，南揚弓，命去侯。

司馬正與司馬師，乃射時所立之官，如司射之類也。右挾之，謂以右巨指鈎弦也。適下物，由上射後而少南行也。此行而立於物間乃云「適下物」者，下言「司馬正出於下射之南，還其後」，故於此惟據下物而言。南揚弓，鄉負侯者也。《鄉射禮》曰：「西南面立于物間，南揚弓。」

負侯皆許諾。以宫趨直西，及乏南又諾。以商至乏，聲止。

注曰：《鄉射禮》曰：「獲者執旌，許諾。」

繼公謂：宫、商，皆謂諾聲也。宫大商小，趨直西至乏之南乃折而北，不自侯西北行者，不敢由便也。古人步趨有法，雖賤者猶謹之而不苟，若此則其上者可知矣。先宫後商乃止，亦有漸也。

授獲者，退立于西方。獲者興，共而俟。共，音拱。

授獲者，以旌也。或曰「者」下當有「旌」字，蓋文脱耳。授旌而退，三侯者皆然。則其負侯居乏之者之相代，亦宜同也。退立於西方，各當其乏之西與？獲者既偃旌於地，乃興。

司馬正出于下射之南，還其後，降自西階，遂適次。釋弓，説決、拾，襲，反位。還，户患反。説，吐活反。

注曰：《鄉射禮》曰：「司馬反位，立于司射之南。」

司射進，與司馬正交于階前，相左，由堂下西階之東，北面視上射，命曰：「毋射獲，毋獵獲。」上射揖。司射退，反位。乃射。上射既發，挾矢，而後下射射。拾發以將乘矢，獲者坐而獲。毋射，食亦反。拾，其劫反。

此指在干侯之乏者也。大侯、參侯者，亦坐而不獲。

舉旌以宫，偃旌以商。獲而未釋獲。卒射，右挾之。北面揖，揖如升射。上射降三等，下射少右，從之中等，並行。上射于左，與升射者相左，交於階前，相揖。適次，釋弓，説決、拾，襲，反位。中，丁仲反。説，吐活反。

上、下射並行而適次，則𦒉者發於次中，亦如之明矣。位，次中之位也，亦西面北上。下凡言三耦之位，皆放此。

三耦卒射，亦如之。

「三」亦當作「二」，字之誤也。

司射去扑倚于階西，適阼階下，北面，告于公曰：「三耦卒射。」反，搢扑，反位。

去扑者，與尊者言，不敢佩刑器也。

右初射

司馬正袒、決、遂，執弓，右挾之出，與司射交于階前，相左。

注曰：出，出於次也。

繼公謂：不言司馬正適次者，以下言出則適次可知。亦以上有成禮，故於此省文也。凡下文類此者，其意皆然。

升自西階，自右物之後立于物間，西南面，揖弓，命取矢。負侯許諾，如初去侯，皆執旌以負其侯而俟。

注曰：俟小臣取矢，以旌指教之。

繼公謂：此負侯，即獲者也。如初去侯，謂許諾以宫、商至乏聲止也，惟去、來異耳。三耦所射干侯而已，而三侯之負侯者皆執旌以往者，卑統于尊，且矢亦或有遠近故也。

司馬正降自西階，北面，命設楅。

注曰：出於下物之南，還其後而降。

繼公謂：北面於所設楅之南。

小臣師設楅，司馬正東面，以弓爲畢。

注曰：畢，所以教助執事者。《鄉射記》曰：「乃設楅於中庭，南當洗，東肆。」

繼公謂：司馬正東面，立於所設楅之西也。此楅亦南面坐設之，畢所以指畫處置之器，以木爲之。其長三尺，此以弓指畫設楅之處，象畢之用，故曰「以弓爲畢」云。凡以畢指教者，皆立於所設器之側。

既設楅，司馬正適次，釋弓，説決、拾，襲，反位。小臣坐，委矢于楅，北括。司馬師坐乘之。卒，若矢不備，則司馬正又袒，執弓升，命取矢如初，曰：「取矢！不索。」乃復求矢加于楅。卒，司馬正進坐，左右撫之，興，反位。説，吐活反。索，悉各反。復，扶又反。

注曰：此坐皆北面。

繼公謂：又袒執弓，不言決遂，右挾之者可知也。司馬師既乘矢，其備若否，皆以告于正。若不備，則正命取矢；若備，則正亦進撫之也。左右撫者，左手撫其左，右手撫其右，以審定其數耳。

右取矢

司射適西階西，倚扑，升自西階，東面，請射于公。公許。

請射乃升者，以其後有告耦等事宜在上爲之故也。東面，亦與他儀異。下經云：「司正東楹之東，北面，告于公。」

遂適西階上，命賓御于公，諸公卿則以耦告于上。大夫則降，即位而后告。

注曰：告諸公卿於堂上，尊之也。

繼公謂：耦者，謂公卿自爲耦也。以耦告，亦如命三耦之辭。大夫則降即位而後告，見其貶於諸公卿也。下文所云是其事已。若卿與大夫爲耦，則其告亦當有上下之別。諸公卿大夫爲耦，亦各以其次爲之。

右再請射

司射自西階上北面，告于大夫曰：「請降。」司射先降，搢扑，反位。大夫從之降。適次，立于三耦之南，西面，北上。

於此云「北面」，則是命賓及告諸公卿皆鄉其位也。適次，亦謂進而至于次也。三耦，士也。而在大夫之上者，以其先射尊之。三耦之南，大夫之北，宜有閒地以待諸公卿之降。

司射東面于大夫之西比耦，大夫與大夫，命上射曰：「某御于子。」命下射曰：「子與某子射。」比，毗志反。下同。

司射東面，亦在次中。不言適次者，可知也。與大夫，亦謂與之爲耦也。

卒，遂比衆耦。

衆耦，士耦也。士與大夫爲耦者，亦存焉。

衆耦立于大夫之南，西面，北上。若有士與大夫爲耦，則以大夫之耦爲上。

注曰：爲上，居羣士之上。

繼公謂：立于大夫之南，則在次可知，故經亦不言適次。若士與大夫爲耦，亦其長者也。乃著其爲上者，意與《鄉射》同。大夫之耦雖爲上射，猶立於大夫之後者，射事未至，明其不並立也。及將射，乃轉居右而並立云。

命大夫之耦曰：「子與某子射。」告于大夫曰：「某御于子。」

注曰：士雖爲上射，其辭猶尊大夫。

命衆耦，如命三耦之辭。

三耦與衆耦皆士也。故其辭同。

諸公卿皆未降。

諸公卿尊，宜事至乃降也。此時之降者，爲比耦也。鄉者既以耦告公卿于上，則耦定矣，故可以未降。

右比耦

遂命三耦各與其耦拾取矢，皆袒、決、遂，執弓，右挾之。拾，其劫反。

拾取矢，謂取之于楅者也。司射既於次中東面以次命之，即反西方之位。不言者，亦以其可知也。司射於取矢者，惟命之而不復作之者，以其取矢亦發於次中，與《鄉射》異。

一耦出，西面揖，當楅北面揖，及楅揖。上射東面，下射西面。上射揖，進坐，横弓，卻手自弓下取一个，兼諸弣，興。順羽，且左還，毋周，反面揖。還，音旋。下並同。

注曰：左還，反其位。毋周，右還而反東面也。

繼公謂：既順羽，則鈎弦而左還也。自西面而東面，若皆左還則謂之周。此先左還而後右還，是毋周也。下放此。必毋周者，以相變爲容。

下射進坐，横弓，覆手自弓上取一个，兼諸弣，興，順羽，且左還，毋周，反面揖。

反面，自東面而反西面。

既拾取矢，梱之。拾，其劫反。梱，口本反。

注曰：梱，齊等之也。

兼挾乘矢，皆内還，南面揖。

注曰：内還者，上射左，下射右。

繼公謂：亦揖乃皆内還，經文不具也。上射左還，下射右還，皆鄉内，故總以内言之。皆内還者，由便也。

適楅南皆左還，北面揖，搢三，挾一个。

適楅南者，鼏及楅之位也。上射東行，下射西行，而在楅之南也。

揖，以耦左還，上射於左。

以，如以賓升之以謂上射，以其耦左還也。此左還者，上射先而下射後，故言以「於左」當作「於右」。必言上射於右者，其意與《鄉射》同，亦少南行。至於鼏當楅之位而揖不言者，無可爲節，亦以其可知故也。

退者與進者相左，相揖，退釋弓矢于次，説決、拾，襲，反位。二耦拾取矢，亦如之。後者遂取誘射之矢，兼乘矢而取之，以授有司于次中，皆襲，反位。説，吐活反。拾取之拾，其劫反。

注曰：有司納射器，因留，主授受之。

繼公謂：此云以授有司乃反位，則是主射器之有司不離其位而授受，亦可見矣。

右三耦取矢于楅

司射作射，如初。

如初，亦適次作上耦也。其異者，三耦於既作，乃袒、決，遂取弓矢也。司射既作，即反位，不俟之。

一耦揖、升，如初。司馬命去侯，負侯許諾，如初。司馬降，釋弓，反位。

司馬，司馬正也，下放此。不言説、決、拾與襲，亦文省。

司射猶挾一个，去扑，與司馬交于階前，適阼階下，北面請釋獲于公。公許。反，搢扑。遂命釋獲者設中，以弓爲畢，北面。去，起呂反。

注曰：北面立於所設中之南，當視之也。《鄉射禮》曰：「設中，南當楅，西當西序。」

繼公謂：大史前立于所設中之西，於是司射當之西面命之，既則少西南行而北面，以弓爲畢，指畫以示其處。

大史釋獲。

言此者，明上所謂釋獲者之爲大史也。

小臣師執中，先首，坐設之，東面，退。大史實八算于中，横委其餘于中西，興，共而俟。共，音拱。

注曰：先，猶前也。命大史而小臣師設之，國君官多也。小臣師退，反東堂下位。《鄉射禮》曰：「横委其餘于中西，南末。」

繼公謂：此不言執算者，又不言大史受算，則是大史自執算矣。實算則坐，故於後言興。是時大史位于中西，小史之位亦宜近之。

司射西面命曰：「中離維綱，揚觸梱復。公則釋獲，衆則不與。」中，丁仲反。與，音預。

注曰：離，猶過也，獵也。侯有上下綱，其邪制躬舌之角者爲維。或曰，維當爲絹，絹綱耳。揚觸者，謂矢中他物，揚而觸侯也。梱復，謂矢至侯，不著而還。復，復反也。公則釋獲，優君也。衆當中鵠而著。

繼公謂：西面，亦於中東。離，麗也。中而麗於維綱，言其去鵠遠也。揚觸梱復，言其非正中，又且不必在鵠也。二者甚不宜釋獲，而於君則釋之，優君也。不與，謂不在此釋獲之科也，此特承上文而言耳。其實，衆之所射非正中其鵠者皆不釋也。或曰，維謂躬與舌也。躬、舌所以維持侯，未知是否？　案，注之「絹」字恐是「縜」字之誤，《梓人》云「縜寸焉」。

惟公所中，中三侯皆獲。」中，皆丁仲反。

此愈優君也。中，亦兼離維綱與揚觸梱復者而言。皆獲者，中一侯則其侯之獲者主獲之也。此命亦傳告於獲者，故以獲言之。上云釋獲，下云獲，互文也。

釋獲者命小史，小史命獲者。

獲者，三侯之獲者也。司射所命之辭，言衆則不與，又言中三侯皆獲，故須徧命之。

司射遂進，由堂下北面視上射，命曰：「不貫不釋。」上射揖。司射退，反位。釋獲者坐，取中之八算，改實八算，興，執而俟。乃射。若中，則釋獲者每一个釋一算。上射於右，下射於左。若有餘算，則反委之。又取中之八算，改實八算於中，興，執而俟。三耦卒射。若中之中，丁仲反。

《鄉射禮》曰：「若中，則釋獲者坐而釋獲。」

賓降，取弓矢于堂西。

注曰：不敢與君並俟告。取之以升，俟君事畢。

繼公謂：此言降而不言升，似有闕文。賓降取弓矢以升者，明其將侍君射。

諸公卿則適次，繼三耦以南。

注曰：言繼三耦，明在大夫北。

繼公謂：不言降者，可知也。

公將射，則司馬師命負侯。皆執其旌，以負其侯而俟。

注曰：君尊，若始焉。

司馬師反位。

位，蓋司馬正之南。

隸僕人埽侯道。

注曰：新之。

司射去扑，適阼階下，告射于公。公許。適西階東，告于賓。去，起吕反。

注曰：告，當射也。

繼公謂：告射輕於請射，故不升堂。

遂搢扑，反位。小射正一人，取公之決、拾于東坫上。一小射正授弓、拂弓，皆以俟于東堂。

注曰：拂弓，去塵。

繼公謂：授，當作受。受弓者，受於有司也。受弓亦於東堂。皆，皆二小射正也。云「小射正一人」，又云「一小射正」，則小射正亦多矣。《周官·天文·射人》「下大夫二人，上士四人」[二]，然則諸侯之大射正上士亦二人，小射正中士亦四人與？

公將射，則賓降，適堂西，袒、決、遂，執弓，搢三挾一个，升自西階。先待于物北，北一笴，東面立。

注曰：東面立，鄉君也。

疏曰：前文賓降，適堂西，取弓矢，無賓升堂之文，但文不具耳，其實即升矣。是以此文云「賓降」。

繼公謂：北一笴，物北空一笴地也。必退於物北一笴者，遠下君，亦爲司馬當由後物而適物間也。

司馬升，命去侯如初。還右，乃降。釋弓，反位。還，户貫反。

還右，謂圍右物也。既命去侯，則由右物之南適其右。乃降，來由物北去適物右，是還之也。不還左物者，以君將爲下射故也。是時君未立於物而先辟之，敬之至也。

[二] 敖氏引句實出自《周禮·夏官·司馬》「射人」，故文中《周官·天文·射人》當爲誤記篇名。

公就物，小射正奉決、拾以笥，大射正執弓，皆以從于物。笥，息嗣反。

笥，蓋竹器。決、拾在坫上時，亦宜用笥，至是始見之耳。射時，大射正爲司正如故。至是暫舍其職而爲君執弓，重其事也。弓，射器之主也。

小射正坐奠笥于物南，遂拂以巾，取決，興。贊設決，朱極三。

注曰：極，猶放也，所以韜指，利放弦也，以朱韋爲之。三者，食指、將指、無名指。無極，放弦契於此指，多則痛。小指短，不用。

繼公謂：拂者，拂決極與拾也。贊設決與極者，爲君設之也。下言贊者放此。君極朱而用三，若臣則用二，其物色亦未聞。《士喪禮》曰「纊極二」，蓋死時變用纊，而數則與生時同。極之名義未詳。

小臣正贊袒，公袒朱襦，卒袒。小臣正退，俟于東堂。

此袒於設決之後，亦異於臣。

小射正又坐取拾，興。贊設拾，以笥退奠于坫上，復位。

注曰：設拾，以韝襦上。

繼公謂：此言設拾而不言遂者，以與設決之節不相屬，乃更端爲之，非因事之意也。小射正之位未詳。

大射正執弓，以袂順左右隈，上再，下壹，左執弣，右執簫，以授公。公親揉之。隈，烏回反。揉，而九反。

注曰：衣袖謂之袂。順，放之也。隈，弓淵也。揉，宛之，觀其安危也。今文順爲循。

疏曰：以袂鄉下，於弓隈順放之。《考工記・弓人》云「其弓安，其弓危」，則此觀安危者，謂試弓之强弱。

繼公謂：隈者，弓之曲處也。《考工記》曰：「凡角之中，恒當弓之畏。」畏也者，必撓是也。順之之意未詳。或曰，順之者，所以審其厚薄而驗其强弱也。詳上而略下，以其上下之厚薄均。

小臣師以巾内拂矢，而授矢于公，稍屬。屬，之欲反。

注曰：内拂，恐塵及君也。

繼公謂：授矢，亦以巾也。《燕禮記》曰：「小臣以巾授矢。」凡授弓矢，皆當于公右。

大射正立于公後，以矢行告于公。

注曰：若不中，使君當知而改其度。

下曰留，上曰揚，左右曰方。

注曰：留，不至也。揚，過去也。方，出旁也。

繼公謂：左右曰方者，左則曰左方，右則曰右方也。

公既發，大射正受弓而俟，拾發以將乘矢。拾，其劫反。

俟者，將復授之也。云「拾發以將乘矢」，則是賓先公後，亦如其他上下射之爲也。《鄉射》與此篇於上耦之初射，其文正與此同，皆據下射而言也，足以見之矣。

公卒射。小臣師以巾退，反位。大射正受弓。

注曰：受弓，以授有司於東堂。

小射正以笥受決、拾，退奠于坫上，復位。

云「以笥受決、拾」，是公自説之也。

大射正退，反司正之位。

云「反司正之位」，是射時其位自若也。然則，此司正之位不當東西之中而與《鄉飲酒》者異，明矣。

小臣正贊襲。

贊，爲之襲也。

公還，而后賓降，釋弓于堂西，反位于階西，東面。還，音旋。

注曰：階西東面，賓降位。

繼公謂：公退云「還」，是其進退亦不由物前也。賓因降而不敢即升，若以是時未有上事也。

不言說決、拾，襲，亦文省。

公即席。司正以命升賓。賓升，復筵而后，卿大夫繼射。諸公卿取弓矢于次中，袒決、遂，執弓，搢三挾一个，出，西面揖，揖如三耦，升射。卒射，降如三耦。適次，釋弓，說決、拾，襲，反位。衆皆繼射，釋獲皆如初。說，吐活反。

上言「諸公卿適次」，此復言「取弓矢於次中」者，明其又深入也。反位亦在次，於取弓矢之處爲少北耳。衆謂大夫，而下此不分别士與大夫爲耦之儀，是如三耦也。其以君在，故耦不得盡其尊大夫之禮與？釋獲皆如初，亦指君以下言也。衆皆繼射，說見前篇。

卒射，釋獲者遂以所執餘獲適阼階下，北面告于公，曰：「左右卒射。」

反位，坐委餘獲于中西，興，共而俟。共，音拱。

右再射

司馬袒執弓，升，命取矢如初。負侯許諾，以旌負侯如初。司馬降，釋弓如初。小臣委矢于楅，如初。

小臣委矢於楅如初，蓋蒙「司馬正興，反位」以上之文而言也，與《鄉射》所云者異矣。

賓、諸公卿、大夫之矢皆異束之以茅。卒，正坐，左右撫之。進束，反位。

注曰：異束之，尊殊之也。正，司馬正也。進，前也。又言束，整結之，示親也。

繼公謂：此文主於束矢而言，蓋見其不在如初之中者也。束之以茅，小臣蓋於委矢之時則爲之。司馬正既撫而進束，則撫者撫其末與？「卒」字衍。

賓之矢，則以授矢人于西堂下。

注曰：是言「矢人」，則納射器之有司各以其器名官職。不言君矢，小臣以授矢人於東堂可知。

繼公謂：授之，亦小臣也。此節恐在未乘之前。

司馬釋弓，反位。而後，卿、大夫升，就席。

注曰：此言其升前，小臣委矢於楅。

繼公謂：至是乃見之者，爲其不可以亂如初之文，故終言上事而後及之耳。

右再取矢

司射適階西，釋弓，去扑，襲。進由中東，立于中南，北面視算。釋獲者東面于中西坐。先數右獲。二算爲純。一純以取，實于左手。十純則縮而委之，每委異之。有餘純，則横諸下。一算爲奇，奇則又縮諸純下。興，自前適左，東面坐。去，起吕反。數，色主反。奇，並居宜反。下同。

此「坐」字衍文，《鄉射》無之。

坐兼斂算，實于左手，一純以委十則異之。其餘如右獲。司射復位。釋獲者遂進，取賢獲執之，由阼階下北面告于公。若右勝，則曰：「右賢於左。」若左勝，則曰：「左賢於右。」以純數告。若有奇者，亦曰奇。若左右鈞，則左右各執一算以告曰：「左右鈞。」還復位，坐，兼歛算，實八算于中，委其餘於中西，興，共而俟。共，音拱。

右告獲

司射命設豐。

亦適堂西命之也。命設豐，乃不搢扑者，以尊者亦或飲此豐上之觶故也。在不勝之黨而不用罰爵者，唯君爾。

司宮士奉豐，由西階升，北面坐，設于西楹西。降，復位。

司宮士，司宮之屬也。此時之位，亦當在堂西。

勝者之弟子洗觶，升酌散，南面坐，奠于豐上。降，反位。司射遂、袒，執弓，挾一个，搢扑，東面於三耦之西，命三耦及衆射者。勝者皆袒、決、遂，執張弓。

注曰：執張弓，右手挾弦。

繼公謂：司射袒，亦決、遂，文省耳。東面命之於次中。

不勝者皆襲，説決、拾，卻左手，右加弛弓于其上，遂以執弣。司射先反位。三耦及衆射者皆升，飲射爵于西階上。說，吐活反。

此目下事也。

小射正作升飲射爵者，如作射。

司射所命者，執弓之儀耳，故小射正於此復作其升飲。

一耦出，揖如升射。及階，勝者先升升堂，少右。不勝者進，北面坐，取豐上之觶，興。少退，立卒觶，進坐，奠于豐下，興，揖。不勝者先降，與升飲者相左交于階前，相揖。適次釋弓，襲，反位。

惟言釋弓襲，亦文省。

僕人師繼酌射爵，取觶實之，反奠于豐上。退，俟于序端。

注曰：自此以下，辯爲之酌。

繼公謂：僕人師不言命之者，則是此乃其常職，俟時而共之耳。

升飲者如初，三耦卒飲。若賓、諸公卿、大夫不勝，則不降，不執弓，耦不升。

下經云「賓諸公卿大夫受觶于席」，則此時不降、不執弓可知。乃言之者，亦經文過于詳耳。耦，唯謂士與大夫爲耦者也。不升，則立于射位也。大夫既飲，耦乃釋弓而反位。

僕人師洗，升實觶以授。賓、諸公卿、大夫受觶于席以降，適西階上，北面立飲，卒觶。授執爵者，反就席。

洗者，以承賤者後新之，其次則不洗矣。降，降席也。西階上，臣飲罰爵之位也。授執爵者，宜反於其所受者也。

若飲公，則侍射者降，洗角觶，升酌散，降拜。

注曰：侍，射賓也。

公降一等，小臣正辭。賓升，再拜稽首。公答再拜。賓坐，祭卒爵，再拜稽首。公答再拜。賓降，洗象觶，升，酌膳以致，下拜。小臣正辭。升，再拜稽首。公答再拜。下，户嫁反。

此以上與媵觶之禮同者也，以致者亦奠于薦南。

公卒觶。賓進，受觶，降，洗散觶，升，實散，下拜。小臣正辭。升，再拜稽首。公答再拜。賓坐，不祭，卒觶，降，奠于篚，階西東面立。

此與媵觶之禮異者也，所以謂之射爵也。

擯者以命升賓。賓升，就席。

注曰：擯者，司正也。

若諸公卿大夫之耦不勝，則亦執弛弓，特升飲。

比耦之時，大夫有與士爲耦者，諸公卿無與士爲耦者。此「諸公卿」，衍文。

衆皆繼飲射爵，如三耦。射爵辯，乃徹豐與觶。

右飲不勝者

司宮尊侯于服不之東北，兩獻酒，東面，南上，皆加勺。設洗于尊西北，篚在南，東肆。實一散於篚。獻，如字。散，思但反。下同。

注曰：散，爵名，容五升。

繼公謂：爲三侯之獲者，及隸僕人巾車設尊而言。尊侯者，以其功皆由侯也。兩，兩壺也，或脱一「壺」字耳。兩壺皆酒而云「南上」，是先酌所上者與？加勺東枋，此在大侯之乏東北。乃云「服不」者，見此時服不在乏也。不於初設之者，因事而獻，故其尊亦俟時而設，所以别於正獻者也。此所設尊洗之類，即篇首之所言者也。上言「獲者之尊」，此云「尊俟」；上言「大侯之乏」，此云「服不」，文互見耳。又文亦有詳略，則以設與未設而異也。服不於天子爲下士，則此亦士旅食者與？

司馬正洗散，遂實爵，獻服不。

注曰：洗酌皆西面。

繼公謂：服不爲大侯之獲者，故先獻也。司馬正獻亦異之獻時，蓋亦西南面。

服不俟西北三步，北面拜，受爵。

注曰：近其所爲獻。

疏曰：服不得獻，由侯所爲，故不近乏而近侯。

司馬正西面拜送爵，反位。

注曰：不俟卒爵，略賤也。

繼公謂：既拜送而反位，亦爲其不拜既也。是後，則司馬師代之行事於司馬正。既反位，獲者亦反，東面。

宰夫有司薦，庶子設折俎。

注曰：宰夫，有司宰夫之吏也。《鄉射記》曰：「獲者之俎，折脊、脅、肺。」

繼公謂：薦於服不之東，俎在薦東。

卒錯，獲者適右个，薦俎從之。个，如字。

注曰：薦俎已錯，乃適右个，明此獻歸功於侯也。

繼公謂：此獲者，即服不也。變服不言獲者，見服不亦在乏而獲也。有司與庶子既錯薦俎於地，獲者則以爵適右个，而二人復執薦俎從之。薦錯於獲者之南，俎在薦南。

獲者左執爵，右祭薦俎，二手祭酒。

獲者南面坐，乃左執爵也。祭俎者興，取抈肺以坐祭也。二手祭酒，爲散大酒多，一手注之，難爲節也。

適左个，祭如右个，中亦如之。卒祭，左个之西北三步，東面。

注曰：此鄉受獻之位也。

繼公謂：東面，變於受爵之時也。卒爵與受爵不同面，自是一禮耳。下釋獲者亦然。

設薦俎，立卒爵。

卒爵於薦西，東面，自若也。是時，司馬師蓋已北面於其東。

司馬師受虛爵洗，獻隸僕人與巾車獲者，皆如大侯之禮。卒，司馬師受虛爵，奠于篚。

注曰：鄉受獻之禮，如服不也。隸僕人巾車於服不之位受之，功成於大侯也。

繼公謂：承服不後而洗，則是此每獻皆洗矣。隸僕人埽侯道，巾車張三侯。獲者，謂大侯之與服不相代，而獲者及參侯、干侯之獲者各二人也。隸僕人與巾車亦聽命於司馬，故亦司馬并獻之皆如大侯之禮，主於二侯之獲者言也。不云「服不」而云「大侯」者，明亦各就其侯而祭也。若代服不而獲者，與隸僕人巾車則固祭於大侯矣。不言量人者，或不與此獻也與？

獲者皆執其薦，庶子執俎從之。設于乏少南。

注曰：少南，爲復射妨旌也。

繼公謂：獲者，謂三侯之相代，而獲者凡六人也。乏，亦謂三侯之乏也。獲者之薦俎設于乏者，以其位在是也。然則，隸僕人巾車亦各設其位與？

服不復負侯而俟。復，扶又反。

服不負大侯，則其徒代之居乏也。是時參侯、干侯亦有負侯者，不言之者可知也。

右獻獲者之屬

司射適階西，去扑，適堂西，釋弓，説決、拾，襲，適洗。洗觚，升實之。降，獻釋獲者于其位，少南。去，起吕反。説，吐活反。

注曰：少南，辟中。

繼公謂：釋弓，亦并釋矢也。《鄉射》有「矢」字。洗觚，升實之，與獲者異。蓋釋獲者無事於侯，且尊於獲者，故獻之不酌獲者之尊而酌上尊也。

薦脯醢、折俎，皆有祭。

注曰：俎與服不同，唯祭一爲異。

繼公謂：「折」上亦似脱「設」字。皆，皆薦俎也。祭，亦脯與切肺也。不言所設之人，蓋亦有司與庶子與？

釋獲者薦右，東面拜受爵。司射北面拜送爵。釋獲者就其薦坐，左執爵，右祭脯醢，興，取肺，坐祭，遂祭酒。興，司射之西，北面立，卒爵，不拜既爵。司射受虚爵，奠于篚。釋獲者少西辟薦，反位，司射適堂西，袒、決、遂，取弓，挾一个。適階西，搢扑以反位。辟，音闢。

右獻釋獲者

司射倚扑于階西，適阼階下，北面請射于公，如初。階下請射于公，正禮也，鄉之升者有爲爲之耳。此言如初，未詳，疑衍也。

右三請射

反，搢扑，適次，命三耦皆袒、決、遂，執弓，序出，取矢。執弓亦右挾之序，謂每耦以次而出也。

司射先反位。云「先反位」，明不俟之。

三耦拾取矢，如初。小射正作取矢，如初。拾，其劫反。「小射正作取矢，如初」，此一句似衍。大射之禮，司射惟命拾取矢而不復作，與《鄉射》異，以前後經文徵之可見。又言此於拾取矢之後，似非其次，且上無作取矢之事，亦不宜言「如初」，其爲衍也明矣。

三耦既拾取矢，諸公卿大夫皆降，如初位，與耦入于次，皆袒、決、遂，執弓，皆進當楅，進坐，説矢束。上射東面，下射西面，拾取矢，如三耦。

拾，並其劫反。説，吐活反。下並同。

如初位者，適次繼三耦以南也。云「如初位」，又云「入于次」，見其所進者又深也。凡經云適次而已者，兼深淺而言也。云入于次者，言其深入也。先言適，乃言入若次中者，則皆先淺而後深也。執弓，亦右挾之。皆進，謂出次而西面之時也。上、下射當楅而進，坐説矢束，是俱北面説之也。然則，鄉射之大夫説矢束亦北面明矣。既説，則上射少西而反東面，下射少東而反西面，乃拾取之。

若士與大夫爲耦，士東面，大夫西面。大夫進坐，説矢束，退反位。耦揖，進坐，兼取乘矢，興，順羽，且左還，毋周，反面揖。大夫進坐，亦兼取乘矢如其耦。北面，搢三，挾一个，揖進。大夫與其耦皆適次，釋弓，説決、拾，襲，反位。諸公卿升，就席。

後揖進之進，當作退，《鄉射》云「揖退」是也。大夫既反位，諸公卿乃與之序升。公卿之下不言大夫者，文脱耳。又此上下文皆言卿大夫升就席，不應此時獨否也。然則，此有脱文明矣。

衆射者繼拾取矢，皆如三耦。遂入於次，釋弓矢，説決、拾，襲，反位，拾取之。拾，其劫反。

此或言適次，或言入于次，互文以見其同也。

右耦皆取矢于楅

司射猶挾一个以作射，如初。一耦揖升，如初。

此司射作射，亦在未取弓矢之時，與初作射者微異。云「如初」者，謂所作唯上耦，而既作則反位。

司馬升，命去侯。負侯許諾。司馬降，釋弓，反位。

亦皆如初可知。

司射與司馬交于階前，倚扑于階西，適阼階下，北面，請以樂于公。公許。

注曰：請奏樂以爲節也。

司射反，搢扑，東面命樂正曰：「命用樂。」樂正曰：「諾！」

注曰：言君有命用樂射也。樂正在工南，北面。

疏曰：司射在西階下，東面，遥命之。

繼公謂：至此惟言樂正者，不嫌其異也。樂正許諾，自若北面。

司射遂適堂下，北面視上射，命曰：「不鼓不釋。」上射揖。司射退，反位。樂正命大師曰：「奏《貍首》，間若一。」大師不興，許諾。樂正反位。奏《貍首》以射。大，並音泰。貍，並之力反。

注曰：《貍首》，逸《詩》。

繼公謂：《鄉射禮》曰：「東面命大師，三耦卒射，賓待于物如初。」三耦卒射之後，儀亦多矣，此特見其一也。

公樂作而后就物，稍屬，不以樂志。其他如初儀。

稍屬，謂授矢于公稍屬也。然此當蒙如初儀之中，似不必獨見之，且語句不全，亦恐非出于作經者之意，蓋衍文也。又見《燕禮記》「屬之欲反」。

卒射如初。

初，謂公卒射以至賓反位于階西之儀。

賓就席，諸公卿、大夫、衆射者皆繼射，釋獲如初。卒射，降，反位。

三事皆如初也。降，反位，指衆射之最後者而言，以見釋獲者升告之節也。

釋獲者執餘獲進告，左右卒射，如初。

右三射

司馬升，命取矢。負侯許諾。司馬降，釋弓，反位。小臣委矢。司馬師乘之，皆如初。司射釋弓、視算，如初。釋獲者以賢獲與鈞告，如初。復位。

右取矢告獲如初

司射命設豐、實觶，如初。遂命勝者執張弓，不勝者執弛弓，升飲如初。卒，退豐與觶如初。

實觶之上更有「設豐」二字，如《鄉射》之文，此文脱也。

右飲不勝者如初

司射猶袒、決、遂，左執弓，右執一个，兼諸弦，面鏃，適次，命拾取矢如初。司射反位。三耦及諸公卿、大夫、衆射者皆袒、決、遂，以拾取矢如初。矢不挾，兼諸弦，面鏃，退適次，皆授有司弓矢，襲，反位。拾，並其劫反。

後「弦」字下蓋脱「弣」字。

卿、大夫升，就席。

不言諸公者，可知也。諸公卿、大夫既就席，則士亦當反西方之位矣。

右耦皆復取矢於楅

司射適次，釋弓，説決、拾，去扑，襲，反位。司馬正命退楅、解綱。小臣師退楅，巾車、量人解左下綱。司馬師命獲者以旌與薦俎退。

退楅亦於次。司馬正於此命解綱，則鄉亦命繫之明矣。《鄉射》曰：「説侯之左下綱而釋之。」

司射命釋獲者退中與算而俟。

注曰：諸所退射器皆俟，備君復射，釋獲者亦退其薦俎。

繼公謂：亦小臣執中，大史執算也。退中與算，亦於西堂下，既則大史與小史俱復位於門東。

右射事止

公又舉奠觶，唯公所賜，若賓若長，以旅于西階上，如初。大夫卒受者以虛觶降，奠于篚，反位。長，知丈反。

此一舉觶，當在未立司正之前，乃降於此者，爲射故也。

右公爲大夫舉旅

此以下經文與《燕禮》同者，亦不重釋之。

司馬正升自西階，東楹之東，北面告于公：「請徹俎。」公許。徹，直列反。下並同。

李寶之曰：「馬」字疑衍。

遂適〔一〕西階上，北面告于賓。賓北面取俎以出。諸公卿取俎如賓禮，遂出，授從者于門外。從，才用反。

如賓禮，謂亦各鄉其席取之也。諸公南面，卿北面，射賓而下，皆自執俎以出者，臣也。亦以其從者，不得入路門。

大夫降，復位。

注曰：門東，北面位。

繼公謂：大夫降者，欲與賓同説屨而升也。復位于門東者，以諸公卿亦以俎出故也。燕禮諸公卿無俎，故與大夫降，而同立于西階下。

庶子正徹公俎，降自阼階以東。

正，庶子之長者也。《燕禮》，膳宰設公俎，亦膳宰徹之。然則上之設公俎者，亦庶子正矣。

右徹俎

賓、諸公卿皆入門，東面，北上。

〔一〕「適」原作「釋」，元刊明修本、摛藻堂本改作「適」，於義可通，當從。

入門，入自闑東也。入門而不左不右，即東面而立，變於常位也。將與大夫同升，宜近之。

司正升賓。賓、諸公卿、大夫皆説屨，升，就席。公以賓及卿大夫皆坐，乃安。

説屨，亦於階下也。

羞庶羞，大夫祭薦。司正升，受命。皆命：「公曰：『衆無不醉。』」賓及諸公卿、大夫皆興，對曰：「諾。敢不醉！」皆反位坐。

右説屨升坐

主人洗、酌，獻士于西階上。士長升，拜受觶。主人拜送。士坐祭，立飲，不拜既爵。其他不拜，坐祭，立飲。乃薦司正與射人于觶南，北面，東上。司正爲上。長，知丈反。

射人，即鼏之爲司射者，亦大射正也。惟此一人與司正同薦，或以其爲司射，故特異之，與燕禮不同者乎？餘亦見《燕禮》。

辯獻士。士既獻者立于東方，西面，北上，乃薦士。祝史、小臣師亦就其位而薦之。辯，音遍。下並同。

注曰：祝史門東，北面，東上。

繼公謂：此獻史，蓋小史也。大史釋獲，鄉已受獻。

主人就士旅食之尊而獻之。旅食不拜，受爵，坐祭，立飲。主人執虛爵，奠于篚，復位。

右主人獻士

賓降洗，升，媵觶于公，酌散，下拜。公降一等，小臣正辭。賓升，再拜稽首，公答再拜。賓坐祭，卒爵，再拜稽首。公答再拜。賓降，洗象觚，升酌膳。坐奠于薦南，降拜。小臣正辭。賓升成拜，公答拜。賓反位。下，户嫁反。下同。

注曰：此觚當爲觶〔一〕。

〔一〕原作「當觶」，摛藻堂本「當觶」之間有「爲」字，其校文云：「刊本『爲』字脱，據鄭注增。」

右賓媵觶于公

公坐取賓所媵觶，興。唯公所賜。受者如初受酬之禮，降，更爵洗，升，酌膳。下，再拜稽首。小臣正辭，升成拜。公答拜，乃就席，坐行之。有執爵者。唯受於公者拜。司正命執爵者：「爵辯，卒受者興以酬士。」大夫卒受者以爵興，西階上酬士。士升。大夫奠爵拜。士答拜。大夫立卒爵，不拜，實之。士拜受，大夫拜送。士旅于西階上，辯。士旅酌。

右公爲士舉旅

若命曰「復射」，則不獻庶子。復，扶又反。

命，君命也。不，猶未也。此雖非正射，然亦當在〔一〕正禮中行之，故其節在未獻庶子前也。

司射命射唯欲。

〔一〕此字原闕，摛藻堂本闕字作「在」，其校語云：「刊本『在』字脱，據《經傳通解》本增。」

注曰：司射命賓及諸公卿大夫射：欲者則射，不欲者則止。可否之事，從人心也。繼公謂：以其非正射也，人之力强弱不齊，或有至是而不欲射者，故以唯欲命之。然則，正射之時，自諸公以至於士無有不與射者矣。

卿、大夫皆降，再拜稽首。公答拜。

降，拜，拜君命也。公不辭之而即答拜者，以賓不在其中也。賓不與此拜者，以與君爲耦，射否宜由君，不敢從唯欲之命也。凡非賓而公辭其拜正者，惟受賜爵者爾。

壹發中三侯，皆獲。中，丁仲反。

以其非正射，故上、下射惟拾發一矢而已。以其壹發，故雖中非其侯而亦獲，是禮亦相因而然也。中，亦謂中其鵠耳。唯公，則離維綱、揚觸梱復而皆獲。上云「退中與算而俟」，至是則亦設中執算而釋獲矣。釋獲，則有飲射爵之事也。

右復射

主人洗，升自西階，獻庶子于阼階上，如獻士之禮。辯獻。降洗。遂獻左右正與内小臣，皆于阼階上，如獻庶子之禮。

右獻庶子左右正内小臣

無算爵。士也，有執膳爵者，有執散爵者。執膳爵者酌以進公，公不拜，受。執散爵者酌以之公命所賜，所賜者興受爵，降席下奠爵，再拜稽首。公答再拜。受賜爵者以爵就席坐。公卒爵，然後飲。執膳爵者受公爵，酌，反奠之。受賜者興，授執散爵者。執散爵者乃酌行之，唯受于公者拜。卒爵者興，以酬士于西階上。士升，大夫不拜，乃飲，實爵。士不拜受爵。大夫就席，士旅酌亦如之。公有命徹幂，則賓及諸公卿、大夫皆降西階下，北面，東上，再拜稽首。

「受賜」之下，當有「爵」字。「卒爵」之間，當有「受」字，皆如上篇。

公命小臣正辭，公答拜。大夫皆辟，升，反位。

於是乃言公命，見上文凡小臣正辭者皆公命之也。此篇文又省。

士終旅于上，如初。無算樂。宵則庶子執燭于阼階上，司宫執燭于西階上，甸人執大燭于庭，閽人爲燭于門外。

《燕禮》曰：「閽人爲大燭於門外。」

右無算爵

賓醉，北面坐，取其薦脯以降，奏《陔》。

賓人奏《肆夏》，出奏《陔夏》，遠辟王朝之禮也。《大司樂職》曰：「賓出入，奏《肆夏》。」

賓所執脯，以賜鐘人于門内霤，遂出。

篇首言士旅食之位在士南者，爲辟射也。此見鐘人於門内霤，豈既射若已獻則復正位於門西乎？

卿大夫皆出，公不送。公入，《驁》。驁，音敖。

入，謂降而入於内也。《驁夏》，亦九夏之一也，以鐘鼓奏之，今亡。「驁」上似脱「奏」字。《燕禮》不言「公入」，此言「公入」，爲奏《驁》而見之也。公入而奏《驁夏》，亦盛射禮也。出時不奏，亦遠辟天子之禮也。《大司樂職》曰：「大射王出、入，令奏《王夏》。」

右賓出公入

【正誤】

縢觚於賓

「士長升，拜受觚。主人拜送觚」，「縢」及二「觚」字，並從今文。説見前篇。

儀禮集説卷八

聘禮第八

注曰：大問曰聘。諸侯相於久無事，則使卿相問，小聘使大夫。《周禮》：「凡諸侯之邦交，歲相問也，殷相聘也，世相朝也。」於五禮屬賓禮。

繼公謂：此篇主言次國大聘之禮。

聘禮。君與卿圖事。

注曰：圖，謀也。謀事者必因朝，其位：君南面，卿西面，大夫北面，士東面。

疏曰：注「其位：君南面」以下，諸侯路門外正朝不見，疑當與燕、射二朝面位同，故以《燕禮》、《大射儀》約之也。

遂命使者。使，色吏反。下使者並同。

注曰：聘使，卿使者。

再拜稽首，辭。

注曰：辭以不敏。

繼公謂：使者少進而北面乃拜，君親命之，故拜而後辭，變於傳命之儀也。

君不許，乃退。

注曰：退，反位也。

繼公謂：君不許其辭，故不答拜。使者亦當許而後退。

既圖事，戒上介亦如之。

注曰：戒，猶命也。

繼公謂：既圖事乃戒之者，以其不在圖事之數也。又使者言命，上介言戒，亦異尊卑也。如，如其禮辭也。使者與上介必辭者，不敢以專對之才自許，謙敬也。凡聘使有故，則上介攝其事。

宰命司馬戒衆介，衆介皆逆命，不辭。

注曰：衆介者，士也。士屬司馬，《周禮》司馬之屬。司士掌作士，適四方，使爲介。逆，猶受也。

疏曰：不辭者，賤不敢辭。

繼公謂：宰命司馬戒衆介，以其卑賤也。不辭者，自别於使者及上介，且任輕，亦不必辭。衆介受命，亦當再拜稽首。宰，説見《大射儀》。

宰書幣，

注曰：書，聘所用幣多少也。宰又掌制國之用。

繼公謂：《周官·冢宰》以九式均節財用，六曰幣帛之式，故此主書幣也。

命宰夫官具。

注曰：命之，使衆官具幣及所宜齎。

右命使介具聘物

及期，夕幣。

注曰：夕幣，先行之日，夕陳而視之。

繼公謂：此云「及期」，則上亦當有請期、告期之禮，文略耳。夕，如夕月之夕，以夕時陳幣而展之，故曰「夕幣」云，此題下事也。下不見者，以意求之。

使者朝服，帥衆介夕。朝，直遥反。下並同。

注曰：視其事也。

繼公謂：於此云朝服者，嫌朝夕之服異也。下言「君朝服」，放此。

管人布幕于寢門外。

注曰：布幕，以承幣。

繼公謂：管人，其有司之掌勞辱之事者與？寢門外，正朝也。

官陳幣：皮，北首西上，加其奉于左皮上；馬，則北面，奠幣于其前。

注曰：奉，所奉以致命者，謂束帛也。馬言則者，此享主用皮，或時用馬。馬入則在幕南，皮、馬皆乘。

繼公謂：陳皮不言幕上，可知也。北首，變於執也。西上，放設時之位也。左皮尊，故加幣於其上。馬入，則亦右牽之。北面，猶北首也。前謂左馬之前，幕之上也，此皮若馬之位，其享主君者在西，享夫人者在東。

使者北面，衆介立于其左，東上。

注曰：既受行，同位也。

繼公謂：北面，蓋在雉門内之右，宜鄉君也。

卿大夫在幕東，西面，北上。

注曰：大夫西面辟使者。

疏曰：此謂處者，大夫當北面，今與卿同西面，是辟使者。

繼公謂：幕東，南北節也。

宰入，告具于君。

注曰：入，入路門。

繼公謂：是時君亦立於阼階東南，南鄉。宰北面，告之具，謂所陳者已具。

君朝服出門左，南鄉。鄉，許亮反。

出門左，出路門而少東，辟天子之朝位也。天子日視朝，當宁而立。

史讀書，展幣。

書，謂書享幣之數於方者也。展，謂詳視之。下云「拭圭，遂執展之」，足以明之矣。史蓋幕西東面讀書，有司北面展之。

宰執書，告備具于君，授使者。使者受書，授上介。

注曰：展幣畢，史以書授宰，宰既告備以授使者。其受、授皆北面。

繼公案：注云「宰既告備」，則經文似本無「具」字，蓋傳寫者誤衍之也。

公揖入。

注曰：揖，禮羣臣。

官載其幣，舍于朝。

注曰：待旦行也。

繼公謂：載，謂載之於車幣，亦兼皮言也。古者載幣之車以人推之，《春秋傳》曰「用幣必百兩，百兩必千人」。

上介視載者，所受書以行

注曰：監其安處之，畢乃出。

繼公謂：所受書，謂上介所受於使者者也。别言以行，見其不與幣同處。

右夕幣

厥明，賓朝服釋幣于禰。

注曰：告爲君使也。天子、諸侯將出告羣廟，大夫告禰而已。

繼公謂：或言賓，或言使者，互見也。卿大夫之服，以朝服爲正，故入廟亦用之。釋，舍置也。將出而釋幣于禰，象生時出必告也。大夫三廟，惟告禰者，遠辟天子、諸侯也。

有司筵几于室中，祝先入，主人從入。主人在右，再拜。祝告，又再拜。

注曰：更云「主人」者，廟中之稱也。

繼公謂：筵几，蓋亦蒲筵漆几也。室中，室中之奥也。筵亦東面而右几，祝升自右階先入，主人升自阼階從之。在右，在祝右也。祝在左者，以親釋辭於鬼神，宜變於他時詔辭之位也。《少儀》曰：「詔辭自右。」主人拜，不稽首，變於祭祝不拜，辟君禮。

釋幣，制玄纁束，奠于几下，出。

注曰：祝釋之也。丈八尺曰制，二制合之，束十制五。合玄纁之率，玄居三，纁居二。《朝貢禮》云：「純，四只。制，丈八尺。」

疏曰：純，謂幅之廣狹。制，謂舒之長短。

繼公謂：既告乃釋幣，亦辟君禮。奠於几下，亦縮之。出，亦祝先而主人從。案，注云「玄居三，纁居二」，蓋據魯人之贈幣言也。以此幣用於神[一]者，故意其亦然。魯人之贈，見《雜記》。又案，注引《朝貢禮》云「純，四只」者，不可曉，姑闕之。

〔一〕「神」原作「三」，文淵閣本、摛藻堂本改爲「神」，王太岳云：「刊本『神』訛『三』，據《義疏》改。」當從。

主人立于户東，祝立于牖西。

注曰：少頃之間，示有俟於神。

繼公謂：先言主人立，以其位近於户也。其立，東西相鄉。

又入，取幣，降。卷幣，實于笲，埋于西階東。卷，九轉反。笲，音煩。

注曰：埋幣必盛以器，若藏之然。

繼公謂：又入者，祝及主人也。祝既取幣，乃與主人俱出。幣必埋之者，神物不欲令人褻之。笲，説見《昏禮》。

又釋幣于行。

注曰：《喪禮》有「毀宗躐行，出乎大門」，則行〔一〕神之位在廟門外西方，爲軷壇，厚二寸，廣五尺，輪四尺，不言埋幣可知也。今時春秋祭祀有行神，古之遺禮乎？

繼公謂：將有事於道路，故釋幣于行以告之，亦告爲君使也。此釋幣之儀，與室中者異，故不蒙如之也。

〔一〕「則行」原作「而先」，文淵閣本、摛藻堂本改作「則行」，王太岳云：「刊本『則行』訛『而先』，據《義疏》改。」當從。

遂受命。

注曰：賓須介來，乃受命也。

繼公謂：受命，謂帥介以受命於朝也。言於此者，明與釋幣之事相接也。

上介釋幣亦如之。

注曰：如其於禰與行。

右釋幣

上介及衆介俟于使者之門外。

注曰：俟於門外，東面，北上。

使者載旜，旜，之然反。

注曰：旜，旌旗屬也。載之者，所以表識其事也。《周禮》曰：「通帛爲旜。」又曰：「孤卿建旜。」

繼公謂：此載旜，爲將受君命以行也。使事於是乎始，故以其旗表之後。或張旜亦皆爲事，故意與此類。

帥以受命于朝。

受命于朝，亦目下事之言也。朝，蓋指受命之處而言，謂路門外也。

君朝服，南鄉。卿、大夫西面，北上。君使卿進使者。鄉，許亮反。

此在朝，固朝服矣。必著之者，嫌命聘使或當皮弁服也。南鄉，亦在路門外之左也。使卿進使者，重其事也。使者此時蓋俟命於雉門外，凡人臣非朝夕之時而欲至公所者，必俟命而後入。

使者入，及衆介隨入，北面，東上。君揖使者進之。上介立于其左，接聞命。

注曰：進之者，有命宜相近也。接，猶續也。

繼公謂：入，入雉門而右也。接聞命，釋所以立于其左之意。其實此時君未發命也，上介必接聞命者，爲使者或有故，則上介攝使事，宜與聞之。

賈人西面坐啓櫝，取圭，垂繅，不起而授宰。賈，音稼。下並同。櫝，大木反。繅，音早。

注曰：賈人，在官知物賈者。雜采曰繅，所以薦玉重慎也。

繼公謂：櫝，藏玉之器也。西面坐啓之，則是近於君而或在其東矣。繅，以帛爲之，表玄裏纁，所以藉玉而又揜其上者也。垂繅，謂開之也。開而不揜，則其繅垂。授玉不起，賤者宜自别也。宰於其右，亦坐受之。

宰執圭，屈繅，自公左授使者。

注曰：屈繅者，斂之。自公左，贊幣之義。

繼公謂：屈繅，以繅拚玉之上也。拚之，則其繅屈。宰執圭，屈繅，則公不視之也。

使者受圭，同面，垂繅以受命。

注曰：同面者，宰就使者北面並授之。既授之，而君出命矣。

繼公謂：於使者受圭，公乃命之，明其執此以申信也。

既述命，同面授上介。

注曰：述，申言之也。述君之言，重失誤。

繼公謂：此授受皆同面，别於聘時賓主之儀也。其不見者，以此求之。

上介受圭，屈繅，出授賈人，衆介不從。

注曰：賈人將行者，在門外，北面。

疏曰：上介授賈人訖，則復入。

繼公謂：自賈人取圭至此，凡三授、受，或垂繅，或屈繅，蓋相變以爲儀，然亦莫不有義存焉也。上介出授賈人，賈人以他櫝藏之。

受享束帛加璧，受夫人之聘璋，享玄纁束帛加琮，皆如初。琮，才宗反。

凡以玉帛之屬爲禮，其於敵以上者皆曰享。束帛加璧者，束帛之上加以璧也，加琮亦然。此二束帛，即鼏之所展而官載之者。至是復取而合諸璧琮，以見用之之法也。享束帛不言玄纁，文省耳。夫人之聘璋享琮，謂君復以二器聘享主國君之夫人也。聘享主君而并及其夫人，所以見敬愛主君之至也。《記》曰：「君以社稷，故在寡小君。」足以明之矣。聘君用圭，聘夫人用璋，享君用璧，享夫人用琮，尊卑之差也。聘用圭璋以爲信也，享用璧琮以爲禮也。圭璋特達，以其尊而幣不足以稱之也。璧琮有加，以其降於圭璋，可以用幣，又以將其厚意也。聘享夫人之禮，惟聘則有之。諸侯相朝，無是禮也。《周官》曰：「瑑、圭、璋、璧、琮以覜聘。」

遂行，舍于郊，

爲將有事於此也。《記》曰：「問大夫之幣，俟于郊。」

斂旜。

斂，藏也。斂旜者，上事已也。至是乃斂者，行時未可以變，因舍而後可爲之。

右受命遂行

若過邦，至于竟，使次介假道，束帛將命于朝，曰：「請帥。」奠幣。竟，音境。下並同。

注曰：至竟而假道，諸侯以國爲家，不敢直徑也。帥，猶道也，請道己道路所當由。

繼公謂：次，介士也。假道禮輕，故使次介。將命，猶致命也。此朝謂大門外將命別有辭，「請帥」乃其後語耳。奠幣者賤，不敢授也。

下大夫取以入告，出，許，遂受幣。

君許，乃可受之。受幣蓋亦有辭，文不具耳。於其奠幣未即受者，不必其君意也。

餼之以其禮。上賓大牢，積唯芻禾，介皆有餼。大，音泰。下大牢，並同。積，子賜反。

注曰：以其禮者，尊卑有常差也。上賓有禾十車，芻二十車，禾以秣馬。

李微之曰：賓大牢，則介不得用大牢。積唯芻禾，則無米可見矣。

繼公謂：以牲之生者與人曰餼，其禮者，賓則大牢，上介則小牢，羣介則特牲也。米、禾、薪、芻皆謂之積，積唯芻禾，是無薪與米也。上賓有積，上介以下未必有之。此餼積唯若是，所以降於主國之禮賓也。然以此而待過客，亦不爲不厚矣。餼與積皆陳於門外，其餼以大牢者，牽牛以致之。少牢者，牽羊以致之。特牲，則束之也，亦執其紲以致之與？　案，注末恐有脱文。

士帥，没其竟。

注曰：没，盡。

誓于其竟，賓南面，上介西面，衆介北面，東上。史讀書，司馬執策，立于其後。

注曰：賓南面，專威信也。史讀書，以敕告士衆，爲其犯禮暴掠也。禮，君行師從，卿行旅從。司馬，主軍法者，執策示罰。

繼公謂：《春秋傳·昭六年》：「楚公子棄疾聘晉過鄭，禁芻牧，採樵不入田，不樵樹，不采蓺，不抽屋，不强匄，誓曰：『有犯命者，君子廢，小人降。』」此所誓者，其類之乎？書，謂誓辭。史讀書不言東面，亦可知也。此當在次介假道而復命之時。言於此者，終上事而後及之耳。

右假道

未入竟，壹肄。肄，以二反。

注曰：肄，習也。習聘之威儀，重失誤。

繼公謂：竟，謂所聘之國竟也。

爲壝壇，畫階，帷其北，無宫。壝，維癸反。壇，音檀。畫，音獲。

築壇而卑曰壝，壇爲壝壇，象堂也。壇卑，故畫地爲階。必畫階者，習升降之儀也。帷其北，象房室以爲堂深之節。無宫，謂不爲外垣，亦不以他物象之也。天子之禮，有車宫、壇壝宫、帷宫，諸侯未聞。

朝服無主，無執也。

必言「朝服」者，嫌肆聘儀，則當如聘服也。下展玉言朝服，意亦類此，固無主矣。乃言之者，嫌習禮則或當以人象之也。無執，不執玉帛也。無主，則無授受之儀，故不必執之，且不敢褻也，徒習其威儀而已。凡道路常服，卿大夫則朝服，士以下則玄端與？

介皆與，北面，西上。與，音預。

注曰：入門左之位也。

繼公謂：言皆與者，肆時介無事，嫌不必與也。

習享，士執庭實。

士，乃有司之主執庭實者也。庭實，亦無授受之事。乃執之者，當别於玉帛也。實，如内實之實。此庭實，謂皮若馬也。對堂上之幣而言，故謂之庭實。

習夫人之聘享，亦如之。習公事，不習私事。

注曰：公事，致命者也。

疏曰：私事者，謂私覿、私面。

繼公謂：公事，聘享與問大夫者也。

右習儀

及竟，張旜，誓。

注曰：張旜，明事在此國也。張旜，謂使人維之。

繼公謂：張旜者，將與主國接，如下文所云者是也。過邦假道不張旜者，使事不在彼國也。或云張，或云載，互文耳。誓之儀，亦如初。

乃謁關人。

注曰：謁，告也。古者竟上爲關，以譏異服、識異言。

關人問從者幾人，從，才用反。下凡從者，皆同。幾，居豈反。

欲知其人數者，所以防奸人。

以介對。

注曰：《聘禮》上公之使者七介，侯伯之使者五介，子、男之使者三介。

繼公謂：以介數對，則人數亦在其中。《春秋傳》曰：「卿行旅，從若侯伯之國也。」介者五人，則知使者之爲卿而從者五百人矣。

右及竟

君使士請事，遂以入竟。

注曰：遂以入，因道之。

繼公謂：使者既謁，關人因止於竟，未敢輒入。關人以告于君，於是君使士請事，其辭蓋曰：「寡君使某請事。」賓既對，遂帥之入竟也。

右請事

入竟，斂旜，

亦因舍而爲之。

乃展。

玉幣各有主之者，至是乃復展之，周慎之至也。斂旜乃展者，見非公事不張旜。

布幕，賓朝服立于幕東，西面。介皆北面，東上。賈人北面坐，拭圭。拭，音式。

注曰：拭，清也。側幕而坐，乃開櫝。

繼公謂：布幕，亦管人也。介之位，蓋在賓西南，賈人則少進，亦在賓之西南而在幕之東南也。故下云「上介北面視之，退，拭圭者就櫝拭之」，故下乃云「執遂執展之」。

上介北面視之，退，復位。

注曰：言「退，復位」，則視圭進違位。

退圭。

退之者，其展事畢也。退則藏之於櫝與？

陳皮，北首，西上，又拭璧展之，會諸其幣，加于左皮上。上介視之，退。

會，合也，亦既拭璧乃執展之。不言展幣者，文略耳。璧會諸幣，上介乃視之，貶於圭且欲并視幣也。退，退復位也。

馬則幕南，北面，奠幣于其前。

亦以璧會於幣，乃奠之。

展夫人之聘享，亦如之。

展璋如圭，展琮如璧，無以異也。

賈人告于上介，上介告于賓。

告之以展聘享之玉幣已畢也。既告，乃退璧琮與皮幣。

有司展羣幣以告。

注曰：羣幣，私覿及大夫者。有司，載幣者，自展自告。

繼公謂：有司自展，既則以告上介，上介亦告于賓，此皮幣蓋不陳於幕，辟君禮也。羣幣且展之，則享幣可知矣。案，注云「及」者，即《記》所謂幣之所及者也。

及郊，又展如初。

注曰：郊，遠郊也。周制，天子畿内千里，遠郊百里。以此差之，遠郊上公五十里，侯伯三十里，子、男十里也。近郊各半之。

繼公案：注云「周制天子畿内千里」者，以《司馬職》云「方千里曰國畿」也。云「遠郊百里」者，以《司馬法》云「王國百里爲郊」也。

及館，展幣於賈人之館，如初。

館，舍也。幣，亦兼玉而言。展之於賈人之館者，展事將終，故禮殺而由便也。自入竟至此凡三展者，以聘事將至而愈慎，且一與主國卿大夫爲禮，則不暇及之矣。此所以屢展而不厭其煩。

右展

賓至于近郊，張旜。

亦爲有下事也。此後不見斂旜之節，至館爲之可知。

君使下大夫請行，反。君使卿朝服，用束帛勞。勞，力報反。下並同。

請行，謂請之行，蓋速之也。勞，亦謂勞其道路勞苦殷勤之意也。使卿，亦以其爵也。主君於朝，君則親郊勞，故此禮放之而以同班，蓋行禮欲其稱也。下凡使卿者，其義皆然。士請事，大夫請行，亦皆朝服也，特於此見之耳。

上介出請，入告。賓禮辭，迎于舍門之外，再拜。勞者不答拜。

賓禮辭者，以其用幣也。上介以賓辭告勞者，復傳言而入，賓乃出迎。若士請事，大夫請行，則上介出請入告，而賓即出拜于門外，不迎之以入，以其不受幣也。上不言出請入告而於此言之者，禮簡者其文或略，禮繁者其文必備，經之例然爾。

賓揖，先入，受于舍門内。舍，音赦。

惟云「舍門」，是舍但有一門耳，此公館之異者也。先入門而右〔二〕北面。

勞者奉幣入，東面，致命。

入，入門左。致命，致其君命也。

賓北面聽命，還，少退，再拜稽首，受幣。勞者出。還，音旋。

注曰：少退，象降拜。

疏曰：歸饔餼，大夫東面致命，賓降階西，再拜稽首，是此象之也。又訝受法，歸饔餼時，堂上北面受幣。此在庭，亦當北面訝受幣，勞者南面，可知也。

繼公謂：賓入門即北面，至是乃言之者，亦因事而見之耳。受幣，蓋在庭中西下。言歸饔餼之禮賓升堂，北面聽命，受幣于堂中西，此雖受幣於庭，亦皆當放之。

授老幣，出迎勞者。

勞者出，俟於門外。上介出請勞者，告事畢。上介入告，賓乃出迎之，而告以欲儐之之辭。老，説見《士昏禮》。

〔二〕「而右」原作「右而」，文淵閣本、摛藻堂本改作「而右」，王太岳云：「刊本『而右』二字互倒，據《義疏》改。」當從。

勞者禮辭，賓揖，先入，勞者從之。乘皮設。乘，繩證反。下並同。

注曰：設，於門内也。物四曰乘。皮，麋鹿皮也。

疏曰：庭實當參分庭一，在南設之。今以儐勞者在庭，故設於門内也。

繼公謂：賓先入西面，勞者從入東面。乘皮設亦宜在門内之西，其於勞者之南與？

賓用束錦儐勞者。儐，必刃反。

《聘禮》，凡大夫士所用之幣皆以錦，蓋不敢與尊者之幣同。因事而用幣，於賓謂之儐，所以見殷勤也。

勞者再拜稽首，受。

稽首者，因賓鄉者受幣之禮以相尊敬也，後多類此。受幣蓋當門中南面，賓北面授。既受，則東面俟。此受郊勞儐使者，皆於門内，與《周官》異。《司儀職》言，諸公、侯、伯、子、男之臣相爲國客，其於大夫郊勞之。《禮》云「登聽命，下拜，登受」，又云「儐使者如初之儀」，是皆於堂也。

賓再拜稽首，送幣。

注曰：受、送、拜，皆北面，象階上。

繼公案：注云「受送拜」者，謂受者、送者之拜也。象階上者，謂放儐于堂之禮也。

勞者揖皮出，乃退。賓送，再拜。

注曰：揖皮出，揖執皮者而出，示親受。

繼公謂：勞者已執幣，不可以復執皮，故揖執皮者欲其爲己執之以出也。《公食大夫禮》曰：「賓北面揖，執庭實以出。」然則，此亦北面揖之矣。出則幣與皮各有受之者，不言者可知也。

夫人使下大夫勞。

注曰：使下大夫，下君也。

繼公謂：夫人使勞之者，以其亦奉命而聘享已也。

以二竹簋方，玄被纁裏，有蓋。簋，音軌。

注曰：竹簋，以竹爲之，狀如簋而方，如今寒具筥。筥者圜，此方耳。

繼公謂：竹簋而方，變於食器也。古者盛黍稷之簋以瓦爲之，後或用竹制，亦不方，是其異於此者也。

其實棗烝栗擇，兼執之以進。

烝，孰之也。擇，治之，謂去其皮也。兼執之者，左手執棗，右手執栗與？《士虞禮》曰，主婦自取兩邊棗、栗，「設于會南，棗在西」。北面設兩邊而棗在西，亦足以見其所執之左右矣。

賓受棗，大夫二手授栗。

注曰：授受不游手，慎之也。

疏曰：游手，謂游暇一手。

繼公謂：賓受棗，二手共受之，既則以右手受栗，此亦訝受。

賓之受，如初禮。

注曰：如卿勞之儀。

儐之如初。

君使以束帛，夫人使以棗栗勞賓。賓儐之，皆以束錦乘皮者，亦輕財重禮之意也。

右請行郊勞

下大夫勞者，遂以賓入。

注曰：出以束錦授從者，因東面釋辭，請道之以入。

繼公謂：入，入國門也。賓不拜送者，辟諸侯於天子使者之禮也。

至于朝，主人曰：「不腆先君之祧，既拚以俟矣。」祧，吐條反。拚，方問反。

注曰：賓至外門，下大夫入告，出釋此辭。主人者，公也。不言公而言主人，主人接賓之辭。繼公謂：守祧，掌守先王、先公之廟祧，其遺衣服藏焉。又云其廟，則有司脩除之其祧，則守祧黝堊之。然則，祧者，廟堂以北之稱也。拚，灑掃也。受聘於廟，故其言若此，蓋緣賓意欲速達其君命也。

賓曰：「俟閒。」閒，音閑。

閒，暇也。言此者，謂己雖欲速達君命，亦不可不俟。主人之暇乃爲之，是亦緣主人意而言也。大禮而倉卒受之，非人情。

右至朝

大夫帥至于館，卿致館。

賓言俟閒然後致館，亦尚辭讓也。大夫，即鄙者以賓入者也。帥，亦謂道賓。賓至于館，則入矣。致，如致爵之致。致館，謂以君命致此館於賓也。

賓迎，再拜。卿致命，賓再拜稽首。卿退，賓送，再拜。

致命者，致其君致館之命也。致命於門外者，以無幣也。致館不以幣而在門外，亦與《周官》異。《司儀職》言，公、侯、伯、子、男之臣相爲國客，致館如郊勞之儀，是亦於堂也。

右致館

宰夫朝服，設飧。飧，音孫。

宰夫，士也。以奉君命，故亦朝服。徒有食而無他饌，謂之飧，《傳》曰「盤飧寘璧」是也。徒食，食亦曰飧，《玉藻》曰「不食肉而飧」是也。二者所指雖殊，義則同耳。此禮用大牢。其上有簠簋鉶之屬，乃云「飧」者，主人之謙辭，所以甚言其菲薄也，故禮亦因以爲名云。

飪一牢，在西，鼎九，羞鼎三；腥一牢，在東，鼎七。

注曰：庭中之饌也。飪，孰也。鼎西九、東七，凡其鼎實與其陳，如陳饔餼羞，鼎則陪鼎也。以其實言之，則曰羞。以其陳言之，則曰陪。

繼公謂：牢，大牢也。大牢者，牛、羊、豕各一也。飪鼎九，腥鼎七，乃皆云牢者，主於牛、羊、豕也。飪在西，腥在東，以西爲尊也。腥減二鼎，亦明其輕於飪也。此飧牢二，不視其饔餼之死牢者，别於朝君之禮也。

堂上之饌八，西夾六。

注曰：八、六者，豆數也。凡饌，以豆爲本。堂上八豆、八簋、六鉶、兩簠、八壺，西夾六豆、六簋、四鉶、兩簠、六壺。其實與其陳，亦如饔餼。

門外米、禾皆二十車。

注曰：禾，稾實并刈者也。米陳門西，禾陳門東。

繼公謂：皆二十車者，大夫飧禮，其米、禾皆視其牢，牢十車。朝君之飧禮，則米、禾共視其牢也。凡飧，皆無生牢。

薪芻倍禾。

注曰：各四十車，凡此之陳，亦如饔餼。

上介，飪一牢，在西，鼎七，羞鼎三。堂上之饌六，門外米、禾皆十車，薪芻倍禾。

注曰：鼎七，無鮮魚、鮮腊。

衆介皆少牢。少，詩照反。下少牢同。

注曰：亦飪在西鼎五。

繼公謂：少牢五鼎，羊、豕、魚、腊、膚，與饋食之鼎同也。此少牢，故無堂上之饌。

右設飧

厥明，訝賓于館。訝，五嫁反。

注曰：此訝下大夫也。以君命迎賓，謂之訝。訝，迎也，亦皮弁。

賓皮弁聘，至于朝。賓入于次。

注曰：入于次者，俟辦也。次，在大門外之西，以帷爲之。

繼公謂：皮弁者，放其君相朝之服也。朝聘必用皮弁，服者宜加於其朝服一等也。侯國君臣日朝，朝服視朔，乃皮弁服。

乃陳幣。

注曰：有司入于主國廟門外，以布幕陳幣，如展幣焉。圭、璋，賈人執櫝而俟。

繼公謂：惟幣陳之，圭、璋、璧、琮皆在櫝也，事至乃出焉。

右賓至朝

卿爲上擯，大夫爲承擯，士爲紹擯。〔二〕

承、紹云者，皆有爲之先之辭。《周禮》言天子之擯者，其於上公則五人，於侯伯則四人，於子男則三人，皆以朝者之爵爲差也。此但言「上擯」、「承擯」、「紹擯」，而不言其人數，則是諸侯之擯

〔二〕元刊明修本于「紹擯」后多「擯者出請事」五字，與諸本不同。

者三人而已。不以己爵及朝聘者之尊卑而異，所以别於天子也。此擯者雖有三人，惟上擯專相禮事，乃必立承紹者，所以别於諸臣之禮也。

擯者出請事。

擯者，上擯也。云「請事」，則爲上擯可知，故不必質言之，而但云擯者也。下文放此。請事云出，則擯者常近於君所矣。請事之辭蓋曰：「寡君使某請事。」是時，賓即位于西方，東面。介立于其東南，北面，西上。擯者東方，西面，請事。賓對，擯者乃入，告于公矣。諸侯相朝，則上擯傳主君之命以請于上介。上介以告于朝君，又以朝君之命告于上擯，所謂交擯也。聘，賓臣也。故親對而不交擯，云出請事而不云入告，省文也。後多類此。

公皮弁，迎賓于大門内，大夫納賓。

注曰：公不出大門，降於待其君也。公迎賓，卿、大夫以下入廟門，即位而俟之。

繼公謂：於此乃迎賓于大門内，則是擯者出請事之時，公猶未出中門也。大門内者，其在門右西面與？此大夫，亦謂上擯也。云納賓，則爲上擯可知。故變言大夫與卿爲上擯之文，互見以明卿亦謂之大夫也。此與上經言擯者之意略同，皆錯綜其文，以見義爾。《左氏傳》於列國大夫，或見其名，或見其字與謚，蓋得此法也。納賓亦西面鄉之，其辭曰：「寡君須矣，吾子其入也。」

既則道之以入。於公之迎賓也，諸擯皆從之，上擯出納賓，而承擯、紹擯則皆立于門東，北面。

賓入門左。

注曰：衆介隨入，北面，西上，少退。

繼公謂：賓入門左而東面鄉公，介亦立于其東南，北面，西上。上擯亦入門而右。《玉藻》曰「賓入，不中門，不履閾」，又曰「公事自闑西」，亦謂此時也。

公再拜。賓辟，不答拜。辟，音避。

賓入門左而公乃拜之，是西面拜迎於入門右之處，明矣。公迎大夫乃再拜者，尊國賓也。《相見禮》主人於降等者不出迎，一拜其辱。

公揖入，每門、每曲揖。

諸侯三門，庫、雉、路，則庫門爲大門，左宗廟，右社稷。入大門，東行而至廟。此「每門」，指閤門與廟之中門而言也。諸侯有五廟，大祖之廟最東，高祖而下之廟以次而西。廟各有大門，有中門，有廟門。中門外西邊皆有南北隔牆，牆中央通閤門，故入諸侯之廟必有每門也。每門揖者，主人至每門則揖而先入也。每曲揖者，於曲處則揖而折行也。天子之廟各有五門，與其寢同。是諸侯亦有三門也。康王受顧命於廟，出廟見諸侯，乃云「王出在應門之内」，則天子、諸侯廟門之名數可見矣。天子五門，皋、庫、雉、應、路。路門，寢門也，其於廟則曰廟門。

及廟門，公揖入，立于中庭。

廟，未詳其爲何廟。以差言之，則受天子之聘宜於太廟，受諸侯之朝若聘。其於高祖而下者，與公揖賓而入禮之也。凡主人與賓揖而入門者有二義，俱入則爲道之，自入則爲禮之。公先入，俟賓於内也。擯者隨公鴈行而入，負東塾，東上。中庭，東方南北之中入而俟賓，於此尊也。若敵者，則俟於門内。公立，蓋西面。

賓立接西塾。

接西塾者，在其南而東面也。立於此，俟時而執玉也。介立于其西南，東面，北上。

右迎賓

几筵既設，擯者出請命。

注曰：几筵，司宫於依前設之，席西上。《周禮》：「諸侯祭祀，席蒲筵，繢純，右彫几。」

繼公謂：賓至廟門乃設几筵者，君禮也。請命者，請致其君命也。案，注似脱「加莞席紛純」五字。

賈人東面坐啓櫝，取圭，垂繅，不起而授上介。

玉尊不與幣同，陳故事，至乃取之。上介受圭於其左，亦東面。

上介不襲，執圭，屈繅，授賓。

襲而執圭者，惟賓與主人行禮者二人耳，故上介不襲而執之。必言之者，嫌聘時執玉者必襲也。授賓，東面於其右。

賓襲，執圭。

襲，謂襲上衣，不見裼衣也。聘以圭爲尊，吉服以襲爲異。《玉藻》曰「服之襲也，充美也」，又曰「禮不盛，服不充」。襲而執圭以行禮，欲其稱也。不言垂繅可知也。

擯者入告，出辭玉。

注曰：入告公以賓執圭。

繼公謂：辭之者，以其禮太崇也。此辭亦禮辭耳。賓對，則擯者復以入告而出納賓也。辭對之言，則《春秋傳》有焉，見《文公十二年》。

納賓，賓入門左。

賓此時猶待納而後入，以其臣也。

介皆入門左，北面，西上。

《玉藻》曰：「君入門，介拂闑，大夫平〔一〕棖與闑之間，士介拂棖。」言朝君之儀也。此聘賓入自闑西，則上介亦由棖闑之間，士介亦拂棖矣。《司儀職》曰「及廟門，惟君相入」，亦與此異。

三揖。

注曰：君與賓也。

繼公謂：於賓入門左而揖，參分庭一在南而揖，又皆行而至於參分庭一在北而揖，是三揖也。賓至西方之中庭，公乃與之偕行。

至于階，三讓。

公必讓升者，賓之也。

公升二等，賓升西楹西，東面。

公升二等，賓乃升，臣也。下云「公左還，北鄉」，則此時公升堂西鄉可知。西楹西，言其東西節也。當在楹西，少北。

擯者退中庭。

〔一〕文淵閣本、摛藻堂本改「平」爲「中」，王太岳云：「刊本『中』訛『平』，據《玉藻》改。」

注曰：𡙇公所立處。

繼公謂：至是而退於中庭，則是𡙇者從公而立於階下矣。凡公與賓爲禮，擯者皆贊之。

賓致命。

注曰：致其君命。

公左還，北鄉。擯者進，公當楣再拜。 還，音旋。鄉，許亮反。下同。

注曰：進阼階西，當釋辭於賓，相公拜也。

繼公謂：必退乃進者，禮以變爲敬。公必待擯者進之然後拜，尊者之禮尚多儀也。下放此。左還乃當楣，則公𡙇者亦當東楹少北矣。以此見賓立之處，必不正在楹西也。此拜爲將受玉與尊者授受於堂，禮重，故其儀如此。公再拜之間，賓凡三退，見其頃刻不敢安也。三退，則負序而立矣。此拜雖非爲己，然猶不敢自安若，是敬之至也。

賓三退，負序。

公側襲，受玉于中堂與東楹之間。

注曰：側，猶獨也。他日公有事，必有贊爲之者。中堂，南北之中也。

疏曰：《大射》云「公卒射，小臣正贊襲」，是贊爲之。

繼公謂：側襲，尊賓也。襲不著其所，是於拜處爲之也，此受玉之儀。公西面，賓東面授也。東楹之間，四分楹間，一在東也。凡堂上授受贄幣之禮：敵者，則在兩楹之間；主人尊，則於東；賓尊，則於西。又皆以遠近爲差。此聘君於主君，其尊同。聘[二]君之命宜降於主君一等，故使者就主君於東楹之間而授玉也。中堂者，其凡授受贄幣者南北之節與？

擯者退，負東塾而立。

注曰：反其位，無事。

繼公謂：負東塾，則其位在士之東矣。

賓降，介逆出。賓出。

注曰：逆出，由便。

公側授宰玉。

注曰：授於序端。

繼公謂：授玉於上，公尊也。下放此。公受玉時亦垂繅，宰既受之，則屈繅矣。

[二] 摛藻堂本「聘」字作「致」，其校語云：「刊本『致』訛『聘』，據《經傳通釋》本改。」

裼，降立。裼，先歷反。

注曰：裼者，免上衣，見裼衣。《玉藻》曰「裘之裼也，見美也」，又曰「麛裘青豻褎，絞衣以裼之」，《論語》曰「素衣，麛裘」。皮弁時或素衣，其裘同，可知也。裘者爲温，表之，爲其褻也。寒暑之服，冬則裘，夏則葛。降立，亦於中庭。

疏曰：凡服四時不同，假令冬有裘，襯身單衫又有襦，襦上有裘，裘上有裼，衣裼衣上又有上服，皮弁、祭服之等。若夏，則有絺綌。絺綌上有中衣，中衣上復有上服也。

繼公謂：裼者，偏免上衣而見裼衣也。此裼亦左爲之與？朝祭之衣，以裼爲常，故當盛禮則襲以爲敬。而盛禮畢，則裼而復其常也。凡裼衣，不必與上衣同色。

右聘

擯者出請。賓裼，奉束帛加璧享。擯者入告，出許。

請，即所謂請命也。璧降於圭，故裼而奉之以行禮，即許之也。既受其大，則不必辭其細也。

賓出則裼矣，言於此者，亦因事見之。許，許其入也，其辭蓋如納賓。

庭實，皮則攝之，毛在内，内攝之，入設也。攝，並之涉反。下同。

注曰：皮，虎豹之皮。内攝之者，兩手相鄉也。入設，亦參分庭一在南。言「則」者，或以馬也。凡君於臣、臣於君，麋鹿皮可也。

繼公謂：入設，亦設於西方而西上。攝，説見《士昏禮》。

賓入門左，揖讓如初。

此時介亦入門左。

升致命，張皮。

注曰：張者，釋外足，見文也。

公再拜受幣。

其儀亦如初，惟不襲耳。幣，亦兼玉而言，下放此。

士受皮者，自後右客。

注曰：從東方來，由客後。西居其左，受皮也。

繼公謂：受者自後右客，則客既授，亦自後而出，皆與受馬之儀相變也。

賓出，當之坐攝之。

注曰：象受于賓。

繼公謂：賓降而當皮之西，士乃坐攝之。

公側授宰幣，皮如入，右首而東。

「右」當作「左」，字之誤也。《士昏禮》皮左首，此亦宜然。入時不言左首，故於此因見之。東，適東壁也。亦逆退此庭實之儀，當與《昏禮》參考。

右享

聘于夫人用璋，享用琮，如初禮。

注曰：如公立于中庭以下。

繼公謂：聘享，皆致聘君之命也。夫人不可以親受君代受之。其受之之禮則皆與己之所受者同，以夫妻一體也。不言束帛加琮，省文耳。

右聘享于夫人

若有言，則以束帛，如享禮。

注曰：有言，有所告請，若有所問也，《記》曰「有故，則束帛加書以將命」是也，無庭實。

繼公謂：若有言，因聘以達之，故卒聘而後行此禮也。此如秦伯使西乞術來聘，且言將伐晉之類。

右因聘有言

擯者出，請事。賓告，事畢。

注曰：公事畢。

繼公謂：上云「請命」，此云「請事」者，以其將命之禮已畢故也。

賓奉束錦以請覿。覿，音狄。

覿，卑見尊之稱也。公事已畢，欲伸其私敬也。奉君命而使，則其覿，禮宜與他時見于國君者不同，故不用其贄而用幣與庭實也。

擯者入告，出辭。

辭，欲其後之也。賓既將公事，主人宜先盡其待賓之禮，賓乃可行其私事也。不辭其覿者，已受其君禮，則不必辭其臣禮也。

請禮賓，賓禮辭，聽命。擯者入告。

注曰：告賓許也。

繼公謂：請禮之禮，當作「醴」，字之誤也。是禮主於醴，故雖用幣，猶以醴名之。此請醴之辭，蓋曰：「子以君命辱於敝邑，寡君有不腆先君之禮，請醴從者。」賓曰：「使臣既得將命矣，敢辭。」曰：「寡君固曰『不腆』，敢固以請。」曰：「某辭不得命，敢不敬從。」

宰夫徹几，改筵。徹，直列反。

徹几筵入于房，而改設賓席也，賓席東上。《公食大夫記》曰：「蒲筵常，緇布純，加萑席尋，玄帛純。」皆卷自末。宰夫筵出自東房。

公出，迎賓以入，揖讓如初。

注曰：公出迎者，已之禮更端也。

繼公謂：出，出廟門也。公於門内之揖，不盡與鄉者同處，乃云「如初」者，見其亦三揖耳。

公升，側受几于序端。

公升，亦如初也。公與賓升，皆北面，當楣而立，不拜。至醴賓之禮當拜，至此不者，其辟朝君之儐禮歟？《周官·司儀》言諸侯相朝之禮云「登，再拜」，下云「儐亦如之」，則其儐禮拜至可見矣。

宰夫内拂几三，奉兩端以進。

注曰：漆几也。内拂几，不欲塵坋尊者。以進，自東箱來授君。

繼公謂：内拂几，以袂内鄉而拂之也。先言拂，乃言奉，是拂時几猶在地也。未至公所而内拂几，敬也。奉兩端，謂横執之。凡執几皆横執之，惟設時乃縮也。宰夫横執几而奉兩端，别於賓主也。賓主授受，則各執一廉進。進于序端，南面以授公。

公東南鄉，外拂几三，卒，振袂，中攝之，進，西鄉。攝，如字。鄉，並許亮反。

注曰：攝，持也。

繼公謂：宰夫既拂几，公又親重拂之，敬也。卒，謂既拂也。振袂，去塵也。中攝之，謂二手於几之中央攝之也。授几而中攝之，亦君禮異也。進西鄉于筵前，賓是時猶在西階上，北面。

擯者告。

注曰：告賓以公授几。

賓進，訝受几于筵前，東面俟。

俟公拜宜鄉之，下放此。

公壹拜送，賓以几辟。辟，音避。

壹拜者，送几之常禮。必著之者，以賓答再拜稽首，嫌此拜爲再拜也。公及賓拜，或不言北面者，可知也。

北面設几，不降，階上答，再拜稽首。

公壹拜而賓答再拜稽首者，公尊也。乃先拜而送几，故賓當以此答之。不降者，辟盛禮也。

此醴賓之禮，以用幣之時爲盛。

宰夫實觶以醴，加柶于觶，面枋。

宰夫酌醴面枋而並授贊者，授觶之正禮也。説又見《士冠禮》。

公側受醴。

受醴，不言序端者，如受几可知。公既受醴，亦進筵前，西北面。

賓不降，壹拜。進筵前受醴，復位。公拜送醴。

壹拜，亦受醴之通禮。必著之者，嫌賓拜當再拜稽首也。賓於公乃不降而壹拜，亦辟受幣之儀也。授几、授醴，其禮均而賓之拜不同者，彼答公拜，此則先拜，不無輕重也。位，西階上北面位。

宰夫薦籩豆脯醢。賓升筵，擯者退，負東塾。

必言籩豆者，經蓋見一脯一醢之器也。「擯者退，負東塾」者，是時賓方有祭薦、祭醢、啐醴之儀，其事稍久，故於此俟之。擯者至此方退，則是送几授醴之類皆擯者告之矣，經不盡見之也。凡擯者之退，近則中庭，遠則負塾，皆視後事之久速以爲節。

賓祭脯醢，以柶祭醴三，庭實設。

注曰：庭實，乘馬。

繼公謂：賓祭醴，而庭實設以爲節也，下「公用束帛」及「擯者進」之節皆放此。庭實，亦設于西方西上。

降筵，北面，以柶兼諸觶，尚擸，坐啐醴。擸，音葉。

注曰：降筵就階上。

繼公謂：以柶兼諸觶，以右手執柶并執觶也。尚擸，以擸鄉上也。必以柶兼諸觶者，欲便於啐醴也。必尚擸者，欲便於建也。北面於階上乃兼之，則是先時亦加柶於觶矣。

公用束帛。

注曰：亦受之于序端。

繼公謂：醴賓而用束帛，庭實所以將厚意，亦如儐禮也。

建柶，北面奠于薦東。

上言兼柶尚擸，則此建柶亦尚擸明矣，故不言扱。奠，奠觶也。

擯者進，相幣。相，息亮反。

注曰：爲君釋辭於賓。

繼公謂：相幣，贊其授受之禮。

賓降，辭幣。

辭者，謂既受賜矣，不可以又辱盛禮。

公降一等辭。

辭者，止其降且不許其辭。

栗階升，聽命。

注曰：升聽命，釋許辭。

降拜。

拜，爲將受幣。

公辭。

公先已降一等，故於此不降。

升，再拜稽首。受幣，當東楹，北面。退，東面俟。

當東楹，當其北也。其南北亦中堂，受幣當東楹，其視爲君將幣者，又過東矣。俟，俟送幣。

公壹拜，賓降也。公再拜。

公壹拜而賓即降，不敢安受尊者之拜，因辟之而遂降也。賓已降而公猶再拜者，送幣之禮當然，宜終之也。此皆所以相尊敬也。

賓執左馬以出。

注曰：牽馬者，并左右靮授之。餘三馬，主人牽者從出也。

繼公謂：左馬者，上也，故賓親執之。然則，主人之庭實亦設於西方而西上也。主人庭實之位乃如賓者，因賓禮也。左執幣，乃北面。右執馬，右還而出。凡賓受主人禮，其於庭實可以執則執之，與主人之受禮異也。賓出而公降立。

上介受賓幣，從者訝受馬。

從者，蓋賓之私臣也。「受馬」云「訝」，則幣並受矣。並受幣、訝受馬，皆變於賓主授受之禮也。四馬皆訝受者，賓既執左馬，則餘馬已悉爲賓物，公之士代之牽出耳，故從者與受之於賓同。

右醴賓

賓覿，奉束錦，總乘馬，二人贊。入門右，北面奠幣。再拜稽首。

注曰：覿用束錦，辟享幣也。贊者，居馬間扣馬也。

疏曰：二人贊者，各居兩馬間，各用左右手扣一匹也。北面奠幣，衆授時亦北面也。

繼公謂：此亦擯者出請入告而出許，不言者可知也。總，謂以物合乘馬之入轡而束之也。二人自牽之乃云贊者，言代賓爲之，所以見庭實後入之意也。入門，自闑東入也。《玉藻》曰「私事自闑東」，謂此爾。下介禮同。不以客禮見，故庭實在後，且奠幣於入門右之位而不敢授也。

賓再拜稽首而公不答拜者，不受此禮也。

擯者辭。

辭，其用臯者之禮。

賓出。

以覿事畢而不受其辭也。

擯者坐取幣，出。有司二人牽馬以從。出門，西面于東塾南。

注曰：贊者有司受馬乃出。凡取幣于庭，北面。

繼公謂：有司牽馬亦二人者，不可多於賓之贊也。西面于東塾，南鄉賓也。然則，賓之外位常接西塾矣。牽馬者，蓋在擯者之南，少退。

擯者請受。

受，謂公欲親受其辭，蓋曰：「寡君使某請受。」

賓禮辭，聽命。

注曰：賓受其幣，贊者受馬。

牽馬，右之。入設。

注曰：庭實，先設客禮也。右之，欲人居馬左，任右手，便也。於是牽馬者，四人事得伸也。《曲禮》曰：「效馬、效羊者，右牽之。」

繼公謂：云「右之」，明牽者四人也。二人受於有司，而後四人牽之。用四人，則左先隨入，而設於西方。

賓奉幣，入門左。介皆入門左，西上。

注曰：以客禮入，可從介。

繼公謂：此以客禮入，則當自闑西。《玉藻》所云「私事自闑東」者，但據始覿而言也。上介禮放此。

公揖讓如初，升。公北面再拜。

公升，即當楣北面。賓升，西楹西東面。公乃再拜。公升不西面者，以賓不稱覿也。不稱覿，降等者之禮也，亦以其屬己奠幣拜於入門右之位故爾。

賓三退，反還，負序。還，音旋。

注曰：反還者，不敢與授圭同。

繼公謂：反還者，反西面而復東鄉也。三退而反還，愈不敢安矣。聘時執玉，故不敢反還。

振幣進授，當東楹北面。

此已禮也。故振幣去塵乃授君，以示敬。

士受馬者，自前還牽者後，適其右受。還，音患。

注曰：適牽者之右而受之也。

疏曰：馬生物，恐驚之，故由前，是變於受皮。

繼公謂：自前而適其右受，皆變於受皮，且便其已授，則自前而去也。

牽馬者自前西，乃出。

自前西者，稍進而前，乃西行又南行而出也。已授而出，必自前者，其放受者自前而來之儀乎？

賓降，階東拜送。君辭。

拜於西階東，别於己君也。凡臣於異國之君，其拜下者皆不當階。拜於階下者，己臣也。拜君命亦然。

拜也，君降一等辭。

注曰：君辭之，而賓猶拜也。

繼公謂：辭者，止其又拜。

擯者曰：「寡君從子，雖將拜，起也。」

君降一等辭，而賓又將拜，故擯者云然。從，謂從賓而降也。公降一等耳，乃曰從者，君爲臣降一等，與敵者没階之禮同也。此禮擯辭多矣，未有著之者，是時賓主相接，歡敬兩盡，故特見之。《食禮》亦然。

栗階升。公西鄉。賓階上再拜稽首。鄉，許亮反。

公西鄉，即俟拜之位也。賓升即拜，又不言成拜，則是鄉者賓亦以擯者辭之之故而不終其拜於下也。

公少退。

注曰：爲敬。

繼公謂：君尊，乃少退辟之者，答其反還之意也。

賓降出。公側授宰幣。馬出。

馬出而皮之，亦相變於賓之降也。介亦逆出。

公降，立。

右賓私覿

擯者出請。上介奉束錦，士介四人皆奉玉錦束，請覿。

注曰：玉錦後言「束」，辭之便也。

繼公謂：玉錦，錦之文纖縟而白者也。士介之錦，反文於賓與上介者，以無庭實故也。玉錦後言束，亦玄纁束之類。

擯者入告，出許。上介奉幣，儷皮，二人贊。儷，音麗。

注曰：上介用皮，變於賓也。

繼公謂：每人執一皮而云贊，意與上同。賓，卿也，私覿之庭實用乘馬。上介，大夫也，用儷皮。士介不用庭實，此固禮之差等，然亦因其禄之厚薄而爲之品節焉。禮意人情，並行無閒，於此見之矣。

皆入門右，東上，奠幣，皆再拜稽首。

注曰：皆者，皆衆介也。

繼公謂：皆者，皆上介及衆介也。其行之序，則上介先，贊皮者並而從之，衆介又次之。其立之序，則上介在東，衆介次而西，贊皮者北面立于上介之後，此位雖東上，而皮則亦左首也。於介之奠幣也，贊皮者奠皮而先出，上介、士介尊卑異，乃同覿者，尊君不敢自分别，且辟賓禮也。上介若特入，則正與賓初覿之禮同。

擯者辭，介逆出。

其意皆與賓禮同。

擯者執上幣，士執衆幣，有司二人舉皮，從其幣，出請受。

其幣，上介之幣也。二人舉皮，亦並行而出。出請受者，言其出爲請受也。

委皮南面。

注曰：委皮，當門。

繼公謂：執皮者從上擯出門，不俟上擯之釋辭，即委皮而退。執衆幣者於是由皮東而進，委皮不於東塾南，辟執衆幣者，且變於馬也。

執幣者西面，北上。擯者請受。

注曰：請于上介也。

繼公謂：不言東塾南，可知也。

介禮辭，聽命。皆進，訝受其幣。

聽請受之命者，上介也。而士介亦皆訝受其幣者，此時統於尊者而不敢異之也。介既受幣，贊者乃南面取皮。

上介奉幣，皮先，入門左，奠皮。

注曰：皮先者，介隨執皮者而入也。入門左，介至揖位而立。

繼公謂：皮先，執皮者先上介而入也。是時，儷皮隨入而左先也。奠皮而不敢授，示遠下於賓。介奉幣而皮入，介入門左而奠皮，節也。奠皮之處，亦參分庭一在南。

公再拜。

注曰：拜於中庭也。

繼公謂：公拜蓋西面也，下放此。

介振幣，自皮西進，北面，授幣，退，復位。再拜稽首。

送幣進者，北行將至中庭，與公稍相當，乃東行，及公左而北面。公還，南面受幣也。此發於入門左之位，而云「自皮西進」，則是凡庭實皆設于西方參分庭一在南明矣。介退，公復西鄉，介拜亦北面，不受於堂者，公尊，則介禮宜遠別於賓也。

介出，宰自公左受幣。

公不離位，宰就而受之，殺於賓禮也。云「自公左」，則受之於公可知。文主於受者，故不言側。

有司二人坐舉皮以東。

有司至是乃舉皮，亦異於受皮之節也。

擯者又納士介。

納之之辭，亦與納賓同。

士介入門右，奠幣，再拜稽首。

注曰：　終不敢以客禮見。

繼公謂：「終不敢以客禮見」者，以鄉者惟上介聽命故也。此與初禮同，乃復爲之者，以既受幣復入，則禮更端也。

擯者辭，介逆出。擯者執上幣以出，禮請受。賓固辭。

注曰：禮請受者，一請受而聽之也。

繼公謂：公於士介亦辭之者，以其非己臣也。奠幣者四人，擯者惟執其上幣以出，又但禮請受而已，皆殺於上介也。請者西面，請於士介固辭者，決不從命之稱也。以其決不從命，故士介賤則不敢辭，而賓爲辭之。一辭而得，遂亦可謂之固。《記》放此。

公答再拜。擯者出，立于門中以相拜。相，息亮反。

注曰：擯者以賓辭入告，還立門中閾外。公乃遥答拜也。相者贊告之。

繼公謂：公鄉欲親受幣，故不受其奠幣之拜。士介終不敢授，公乃答之。公是時拜於東方之中庭，而介位在門外之西，則擯者相拜宜西北面也。《司儀》云「凡行人之儀，不朝不夕，不正其主面，亦不背客」，謂此類也。

士介皆辟。

注曰：辟於其東面位。

繼公謂：必著此者，嫌旅拜之於内，則在外者不必辟也。辟者，所以爲敬，且明其拜之主於己也。

士三人，東上，坐取幣，立。

注曰：俟擯者執上幣來也。

擯者進。

注曰：就公所也。

繼公謂：進至中庭，以上幣示公。

宰夫受幣于中庭以東。

受幣，受上幣於擯者。

執幣者序從之。

士三人從宰夫也。

右介私覿

擯者出請，賓告事畢。

賓既告事畢，衆介亦逆出而賓從之也。

擯者入告，公出送賓。

公出，三擯亦序從之。

及大門内，公問君。賓對公，再拜。公問大夫，賓對。

注曰：賓至始入門之位，衆介亦在其右，少退，西上。時承擯、紹擯亦於門東，北面，東上。上擯往來傳君命，問君曰：「君不恙乎？」對曰：「使臣之來，寡君命臣于庭拜，拜其無恙。」公拜，賓亦辟。問大夫曰：「二三子不恙乎？」對曰：「寡君命使臣于庭，二三子皆在。」

繼公謂：歸者行禮之時各有其節，不可亂之，故問勞之事，至是乃爲之也。及大門内，則賓東面，公西面而問之。《周禮》云「客再拜對」，與此微異。是時上擯往來傳命，承擯、紹擯亦負東塾。

公勞賓，賓再拜稽首。公答拜。公勞介，介皆再拜稽首。公答拜。勞，力報反。下並同。

注曰：勞賓曰：「道路悠遠，客甚勞勞。」介則曰：「二三子甚勞。」賓出，公再拜送。賓不顧。不顧公之拜而去，亦辟之義。凡主人拜送賓，賓皆不顧，經不盡見之也。於此見之者，明於尊者之禮如此，則其餘可知。

賓請有事于大夫，公禮辭許。

注曰：請問卿也。上擯送賓出，賓東面而請之。擯者反命告之。

繼公謂：有事，謂問之也。此蓋據賓所請之辭而言，故不曰問也。大夫者，卿也。下大夫嘗使至者亦存焉，將問大夫，乃先請之於其君者，明其以君故而問之也。不於内遂請之者，尊者之禮未終，不宜以卑者之事亂之也。賓請，公辭許。皆擯者傳之。

右賓出公送

賓即館。

注曰：即，就也。

卿大夫勞賓，賓不見。見，賢遍反。

注曰：以己公事未行，上介以賓辭辭之。

繼公謂：其勞以爵之高下爲先後，不同時。不見，猶不出也，下放此。案，注云「公事」，請問卿大夫之禮也。公事未行，故不敢當其勞己之禮而不見也。

大夫奠鴈，再拜。上介受。

大夫兼卿言也。又考此篇凡於卿所爲之事，但發端言卿以見其爵而已。其後則惟言大夫不復言卿也，是其例然爾，故此大夫亦得兼卿言也。大夫即於館之外門外，東面奠之。上介受之，亦東面。卿勞賓用鴈者，變於相見也。大夫用鴈，亦非以其贄之義，因卿禮耳。

勞上介，亦如之。

勞之於其館，上介亦不見，士介爲受鴈也。此卿亦執鴈以勞，上介亦非尊者，降用卑者之贄之義，但因賓禮耳。

右卿大夫勞賓介

君使卿韋弁，歸饔餼五牢。饔，音雍。

韋弁，即爵弁也。其服純衣纁裳、韎韐纁屨，韋弁加於皮弁而歸饔餼用之者，變於聘服，且敬也。

上介請事，賓朝服禮辭。

注曰：朝服，示不受也。受之，當以尊服。

有司入陳。

賓禮辭而許，乃入陳也。

饔。

注曰：謂飪與腥。

繼公謂：殺牲而割亨焉，曰饔。《周官》内外饔皆掌割亨之事，斯可見矣。是禮有飪有腥，乃曰饔者，主於飪而言也。

飪一牢，鼎九，設于西階前，陪鼎當内廉，東面，北上，上當碑，南陳。牛、羊、豕、魚、腊、腸胃同鼎，膚、鮮魚、鮮腊，設扃鼏。膷、臐、膮，蓋陪牛、羊、豕。鮮，並音仙。下同。膷，音香。臐，許云反。膮，許堯反。

注曰：膷、臐、膮，陪鼎三也。牛曰膷，羊曰臐，豕曰膮，皆香美之名，今時臛也。陪之，庶羞加也。膚，豕肉。宫必有碑，所以識日景，别陰陽也。

繼公謂：先言飪，上之也。設饔先於西方，統於客也。客，謂大夫奉君命者。凡饔餼之牢，雖有多寡而飪惟一，牢則同耳，是以少者爲貴也。然鼎九且有陪鼎，則又以其貴，故加而異之也。内廉，西階之東廉也。陪鼎，當内廉而不正設於階前者，明其加也。上當碑，謂牛鼎、膷鼎，南北之節也。飪鼎以牛爲上，陪鼎以膷爲上。古者宫庭有碑，蓋居其庭東、西、南、北之中，所以識深淺也。蓋，發語辭。云「陪牛、羊、豕」，明其鼎相當也。

腥二牢，鼎二七，無鮮魚、鮮腊，設于阼階前，西面，南陳如飪鼎，二列。

鼎二七，降於子男也。《周官·掌客》言子男饔餼，云腥十有八。無鮮魚、鮮腊，加者可殺也。如飪，亦如其北上上當碑也。設鼎于階前，皆辟堂塗。其在西階前者宜少東，此則宜少西也。

堂上八豆，設于户西，西陳，皆二以並，東上，韭菹，其南醓醢，屈。醓，他感反。

注曰：户，室户也。東上，變于親食賓也。並，併也。醓，肉汁也。醓醢，醢有醓。

繼公謂：二以並者，八豆皆兩兩而設也。東上者，每列以東者爲尊也。韭菹其南醓醢，見其爲二以並之位也。八豆惟言韭菹，醓醢則爲朝事之豆可知，文省耳。云屈者，言設餘豆之法也。設豆醓醢，西昌本。昌北麋臡，臡西菁菹，菹南鹿臡，臡西茆菹，菹北麋臡，曲折而下，所謂屈也。不綪而屈，亦歸禮之異者。

八簋繼之，黍其南稷，錯。七各反。

八簋，黍、稷各四也。簋繼豆上，簋黍在北，稷在南，次西，次北，餘皆如豆之屈，乃變言錯者，取其二物相間之意。

六鉶繼之，牛以西羊、豕，豕南牛，以東羊、豕。

注曰：鉶，羹器。

疏曰：此綒也。

兩簠繼之，粱在北。

簠不次簋者，粱稻加也。凡加饌，必别於正饌。粱在北，上也。凡米與食，則粱尊於稻；醴與酒，則稻尊於粱。以西夾饌位例之，則自簋以下亦皆西陳也。

八壺設于西序，北上，二以並，南陳。

八壺之酒，稻也、黍也、粱也。稻黍各二壺，稻在北，黍次之。粱四壺，又次之，蓋如設筥米之例。云「北上」、「南陳」，統於豆也。堂上之饌，皆屬飪牢。

西夾六豆，設于西墉下，北上。韭菹，其東醓醢，屈。六簋繼之。黍其東稷，錯。四鉶繼之，牛以南羊，羊東豕，豕以北牛。兩簠繼之，粱在西，皆二以並，南陳。六壺西上，二以並，東陳。

此饌屬腥牢也。西夾，西夾室也。東、西室皆云夾者，以與正室夾房而立名也。六壺者，稻酒、黍酒、粱酒各二壺也。壺不著其所，蓋亦近於簠而設之，與在堂上者之位相似，下放此。

饌于東方，亦如之。西北上，壺東上，西陳。

注曰：東方，東夾室。西北上，亦韭菹，其東醓醢屈。

繼公謂：東方，東夾東墉下也。西北上，言韭菹亦在饌之西北也。此東夾之饌，亦屬腥牢也。腥鼎皆西面北上，故東西夾室之饌皆西北上，飪鼎東面北上，故堂上之饌東北上，各順之也。屬飪者於堂上，屬腥者於夾室，亦異尊卑也。夾室之饌先西後東，是腥牢亦以西者爲尊矣。凡鼎俎恒奇，豆簋之屬恒偶。而鼎自三以上，則豆簋之數率降於鼎者一，鉶之數率降於豆簋者兩，故此飪鼎九，則堂上之饌八而鉶六。腥鼎七，則東西夾之饌六而鉶四也。一牢則兩簋，故堂上兩夾之數同。

醙醢百甕，夾碑，十以爲列，醙在東。甕，烏弄反。

百甕，醙醢各半也。云夾碑，是居於鼎之中央而上者，少北於鼎矣。此居於鼎之中央，是總爲腥飪設之也。醙在東，醙爲尊也。設甕之位，飪在西，腥在東，足以見所尚矣。

餼二牢，陳于門西，北面，東上。牛以西羊、豕，豕西牛、羊、豕。

注曰：牛、羊右手牽之。豕，束之。寢右，亦居其左。

繼公謂：餼陳于内者，以堂上庭中皆有所陳，宜與之相近，且門外有米、禾、薪芻之車在焉，亦不足以容此餼禮故也。二牢爲一列，變於腥，亦以惟有牢故也。東上，門西之位然也，亦變於饔。　案，注云「寢右」，言其東上而西足也。

米百筥，筥半斛，設于中庭，十以爲列，北上。黍、粱、稻皆二行，稷四行。筥，居吕反。行，並户郎反。

注曰：東西爲列，列當醯醢南，亦相變也。

繼公謂：此米，從飧者也。飧陳於内，故米宜從之。饔有醯醢，飧有筥米，盛大禮也。中庭，乃東西之中繼飧而言，故指其所以明之其南北之節宜於庭少南。黍、稻、粱皆二行而稷獨四行者，以其下也，故多之以足百筥之數。《掌客職》言待侯伯之禮，醯醢百罋，米百筥。此侯伯之卿，其米與醯醢之數乃與其君同，然則公與子男之卿亦可知矣。凡米以黍爲上，稷爲下，於此見之矣。食則以黍爲上，稻爲下；酒則稻爲上，粱爲下。而不用稷，蓋稷不可以爲酒故也。

門外米三十車，車秉有五籔，設于門東，爲三列，東陳。禾三十車，車三秅，設于門西，西陳。籔，所主反。秅，都故反。

注曰：秉、籔、秅，數名也。籔，讀若不數之數。

繼公謂：大夫饔飧之禮，其米禾皆視死牢，故禾三十車焉。若朝君，則取數於生牢、死牢雜也。經凡言某陳者，皆謂其下鄉之也。此云東陳，是西轅也。西陳者，反是。云爲三列，每列皆南北爲之，前列在西，後二列以次而東也。禾不云三列可知也，其列則先東而後西。

薪芻倍〔二〕禾。

注曰：倍禾者，以其用多也。薪從米，芻從禾，凡此所以厚重禮也。《聘義》曰：「古之用財不能均如此，然而用財如此其厚者，言盡之於禮也。盡之於禮，則内君臣不相陵而外不相侵，故天子制之而諸侯務焉爾。」

疏曰：薪可以炊爨，故從米陳之。芻可以食馬，故從禾陳之。

繼公謂：倍禾，謂車數也。獨言倍禾者，以其相類而相等故也，此唯言倍禾而已。不見其設之之法，則是二者之車亦各爲三列，而其陳亦皆如米禾之車與？

賓皮弁，迎大夫于外門外，再拜。大夫不答拜。

注曰：大夫，使者卿也。

繼公謂：賓不韋弁而皮弁者，嫌其加於己致君命時之服也。

揖入。

〔二〕「倍」字原作「陪」，摛藻堂本改作「倍」，當是。

注曰：賓與使者揖而入。

及廟門，賓揖入。

及廟門，大夫立，接西塾。賓揖而先入，俟之于入門右之位。既則，上介出請命矣。《記》曰「卿館於大夫」，經云「及廟門」，是賓館於大夫之廟也明矣。廟者，其禰廟乎？是篇言入廟之儀詳矣，獨於此入廟不云「每曲揖」，是不自主人之寢外門入也。蓋古者之廟亦自有外門，與寢之外門同，無事則閉之。今賓館於此乃開之，以便賓之出入，故自是而入廟，無每曲揖也。凡主人與客東行入廟，其於禰廟則每曲揖，於祖廟以上則每門每曲揖。若諸侯，則雖於其禰廟，亦有每門每曲揖也。賓揖入義，見前。

大夫奉束帛。

注曰：執其所以將命者。

入，三揖，皆行。

揖而皆行，明賓俟之於門内也。

至于階，三讓，大夫先升一等。

此三讓者，大夫也。大夫三讓而賓三辭，大夫先讓者，以其奉君命，尊也。客尊，則主人不敢先讓升，於《覲禮》見之。

賓從，升堂，北面聽命。

升堂不西面而即北面者，辟國君之禮也。國君於天子之命，西面聽之，乃降拜。

大夫東面，致命。

注曰：致其君命。

賓降階西，再拜稽首。拜餼亦如之。

再拜稽首，爲將受幣也。乃云「拜餼亦如之」，然則此幣其主於饔禮乎？下之餼禮，雖以太牢亦無幣，斯可見矣。

大夫辭，

亦稱君命辭之。賓既卒拜於下大夫，乃辭之者，别於君也。凡君與異國之臣爲禮，於其降拜即辭之，不待其卒。

升，成拜。

亦饔餼異拜也。每拜，皆再拜稽首。

受幣堂中西，北面。大夫降，出。賓降，授老幣。

堂中西，四分楹間，一在西也。賓受幣而少過於西者，尊君命也。降授老幣，亦變於君禮。

出迎大夫。大夫禮辭，許。入，揖讓如初。賓升一等，大夫從，升堂。

初謂三揖、三讓，賓於是三讓而大夫三辭，受儐私事也，故復其常禮。既升，皆北面。

庭實，設馬乘。

乘，四也，亦設于西方。

賓降堂，受老束錦。大夫止。

降堂受錦，亦辟君。禮云大夫止者，嫌賓爲已受幣，則當從之也。不從者，以降堂禮輕也。《少牢》下篇曰：「主人降，受宰几。尸、侑降。」降，謂没階也。以此徵之，則大夫止之義見矣。

賓奉幣西面，大夫東面。賓致幣。

致幣，稱其致幣之辭也。

大夫對，北面當楣，再拜稽首。授幣于楹間，南面，退，東面俟。賓再拜稽首。送幣。

賓不南面授，辟尊者之禮也。凡授幣于堂而南面者，惟君及奉君命於臣者耳。

大夫降，執左馬以出。

賓之士於是執三馬隨之，出廟門側，從者並受幣而皆訝受馬也。

賓送于外門外，再拜。明日，賓拜于朝，拜饔與餼，皆再拜稽首。

注曰：拜於大門外，此拜亦皮弁服。

繼公謂：此所謂拜賜也。

右歸賓饔餼

上介，饔餼三牢，

三牢，亦降以兩也。

飪一牢，在西，鼎七，羞鼎三。

注曰：飪鼎七，無鮮魚、鮮腊也。

腥一牢，在東。鼎七，堂上之饌六。

注曰：六者，賓西夾之數。

西夾亦如之。

其饌亦六也。不設於東夾，以腥牢惟有一爾。腥牢自二以上，乃兼有東西夾之饌。

筥及罋，如上賓。

上介之牢與其鼎饌者皆殺於賓，而筥〔二〕及罋獨否，亦盛大禮也。又此二者初不視牢數以爲隆殺，故得略之而與賓同。筥米從餼，乃與罋並言於此者，因文而遂及之耳。

餼一牢。門外米、禾視死牢，牢十車，薪芻倍禾。

死牢，飪與腥也。牢十車，則二十車也。

凡其實與陳，如上賓。

注曰：凡，凡飪以下。

下大夫韋弁，用束帛致之。上介韋弁以受，如賓禮。

下大夫致之者，亦使人各以其爵也。上介韋弁以受主人如賓服，正禮也。歸者皮弁以聘者，上賓也。故上介於此不必皮弁，以無加服之嫌故爾。

〔二〕「筥」原作「筈」，摛藻堂本改作「筥」，當是。

儐之兩馬束錦。

其禮如賓可知。

右歸上介饔餼

士介四人，皆餼大牢，米百筥，設于門外。

注曰：米設當門，亦十爲列，北上。

繼公謂：大牢各一，降於上介者兩也。此惟有餼與筥米，則筥爲從餼而饔爲從饔，又可見矣。門，亦所館之外門也。牢米陳于外，餼之正禮也。牢在米南，東上。

宰夫朝服，牽牛以致之。

注曰：執紖牽之。

繼公謂：使宰夫，亦以其爵也。宰夫致之，故朝服。士之朝服與卿大夫之弁服，其差相似也。致之，謂致其禮也，亦以君命。下文皆以是推之。

士介朝服，北面，再拜稽首，受。

注曰：適宰夫右受，由前東面授從者。

繼公謂：士介出門左，西面拜迎，北面聽命。宰夫東面致命，士介還，少退，再拜稽首。適宰夫右受也。不言宰夫退、士介拜送者，略之也。

無擯。

注曰：明日，衆介亦各如其受之服，從賓拜於朝。

李寶之曰：擯當作「儐」，下「無擯」同。

繼公謂：無儐者，賤也。大夫以上乃有儐禮，必著之者，嫌受國君之賜皆當儐也。

右餼衆介

賓朝服問卿。

注曰：卿，每國三人。

卿受于祖廟。

注曰：祖，王父也。

繼公謂：于祖廟，亦尊國君之禮也。

下大夫擯。

下大夫擯，公使爲之也。必使下大夫者，欲與上介之爵相當也。此公事也，故重之。

擯者出請事，大夫朝服迎于外門外，再拜。賓不答拜，揖。大夫先入，每門每曲揖。

大夫三廟，曾祖廟在最東，祖廟次而西，禰廟又次之。此受于祖廟，故亦有每門每曲揖。此每門，謂二閤門也。大夫之廟惟自曾祖而下，雖别子之後，亦無大祖廟。《王制》云：「一昭一穆，與大祖之廟而三。」《記》者誤也。

及廟門，大夫揖入。

此説見「賓受饔餼」條。

擯者請命。

注曰：亦從入而出請。

繼公謂：請命，亦請將其君命也。不几筵者，君使尊，不敢設神位以臨之。不几筵之義有二：禮太重者不設，此類是也；禮差輕者亦不設，小聘之禮是也。

庭實設四皮。賓奉束帛入。三揖，皆行至于階，三讓。

此三讓者，賓也。

賓升一等，大夫從升堂，北面聽命。賓東面致命。大夫降階西，再拜稽首。賓辭，升，成拜，受幣堂中西，北面。賓降，出。大夫降，授老幣。

自三讓至此，其禮意與歸饔餼同。大夫於是進，立于中庭，西面。

無擯。

無儐，遠辟君也。臣之儐雖殺於主君之醴，而束帛庭實則同，故不用之聘。賓有儐禮，若不在國，無嫌。

右問卿

擯者出請事。賓面，如覿幣。

注曰：面，亦見也。

繼公謂：聘使私見于主君曰覿，大夫曰面，蓋異其稱以別尊卑也。然《周禮》以私覿爲私面，則又通而言之與？此異覿幣束錦也。後放此。

賓奉幣，庭實從。

注曰：庭實，四馬。

繼公謂：擯者入告，出，許。賓乃入。介禮皆放此。

入門右。

注曰：見私事也，雖敵賓，猶謙入門右，爲若降等然。

繼公謂：亦中門而入乃右也，下放此。入門右者，欲於此北面奠幣也。賓與大夫爵敵，乃若降等然者，不敢自同於奉命之禮也。大夫不出迎，以面與問禮相因也。凡自敵以下客禮之相因而行者，惟〔一〕於内俟之。

大夫辭。

於中庭南面辭之。

賓遂左。

大夫不俟其奠幣而親辭，賓亦不果奠幣而遂左，此則異於降等者也。於是，賓少立于入門左之位以俟之。

庭實設，揖讓如初。大夫升一等，賓從之。

庭實既設於西方，大夫乃至，入門右之位揖賓，而皆行如初，謂三揖、三讓也。賓亦三辭。

大夫西面，賓稱面。

〔一〕「惟」字原作「帷」，摛藻堂本改作「惟」，當是。

注曰：稱，舉也，舉相見之辭以相接。

繼公謂：稱面，不言東鄉可知也。稱面者，敵者之禮也，亦以鼏者以大夫辭之，不得爲禮於下故爾。

大夫對，北面當楣，再拜受幣于楹間，南面，退。西面立。

不稽首，别於聘君之命，賓亦當少退。賓不振幣，異於授主君也。不言受馬之儀，如覿可知。

賓當楣再拜，送幣，降，出。大夫降，授老幣。

右賓私面

擯者出請事。上介特面，幣如覿。介奉幣。

注曰：特面者，異於主君。君尊，衆介始覿，不自别也。

繼公謂：特面，獨請面也。上介與大夫尊不相遠，故别於士介面，不與之同面。又初面之儀亦與賓異，故無嫌。

皮，二人贊。

注曰：亦儷皮也。

入門右奠幣，再拜。

注曰：降等也。

繼公謂：介奠幣，贊者亦奠皮出。

大夫辭。

注曰：於辭，上介則出。

繼公謂：於其既拜乃辭之，降於賓也。

擯者反幣。

注曰：出還于上介也。

繼公謂：此與請受之言互見也。反幣者，取之出請受而上介受之也。不禮辭者，亦別於君，主人之士亦取皮從其幣以出，委之於門外。上介既受幣，則贊者亦取之。

庭實入設，介奉幣入。大夫揖讓如初。

介入門左，少立。大夫亦進，至於入門右之位揖而皆行也。大夫先升，當楣，北面。

介升，大夫再拜，受。

注曰：亦於楹間南面而受。

繼公謂：云「介升，大夫再拜」，明其不稱面也。介於卿雖降一等，然同爲大夫，故受於堂上，亦得在楹間也。

介降拜，大夫降辭。介升，再拜，送幣。

注曰：介既送幣，降出也。大夫亦降，授老幣。

繼公謂：降拜者，亦貶於卿、大夫。既辭，則揖而先升，西面。介升，拜於西階上，北面也。

右上介私面

擯者出請。衆介面，如覿幣。入門右奠幣，皆再拜。大夫辭，介逆出。

於士介亦親辭，辟君也。

擯者執上幣出，禮請受。賓辭。

注曰：賓亦爲士介辭。

繼公謂：惟執上幣，是亦不必其受之也。

大夫答，再拜。擯者執上幣，立于門中，以相拜，士介皆辟。老受擯者幣于中庭，士三人坐取羣幣以從之。相，息亮反。辟，音避。

此士介私面之儀，大約與其覿禮同，惟以一入而大夫親辭爲異。老受擯者幣于中庭者，以大夫降立於此故也。

右衆介私面

擯者出請事。賓出，大夫送于外門外，再拜。賓不顧。

賓亦告事畢乃出也。此言賓不顧，見敵者之禮也。必言之者，嫌其或異於尊者也。禮於尊者，拜或辟去而不敢當。

擯者退，大夫拜辱。

注曰：拜送也。

繼公謂：擯者從大夫出門，而遂退拜辱，謝其屈辱而相己也。此拜亦兼二義，經蓋以其所主者立文也。

右賓退

下大夫嘗使至者，幣及之。使，所吏反。

注曰：嘗使至己國，則以幣問之也。君子不忘舊。

繼公謂：使至者，謂小聘之使或爲上介者也。言及之，明非正禮。

上介朝服，三介，問下大夫，下大夫如卿受幣之禮。

注曰：上介三介，下大夫使之禮也。

疏曰：據此篇，大聘使卿五介，小聘使大夫三介，若大國之卿七介，小聘使大夫五介，小國之卿三介，小聘使大夫一介也。問下大夫，使上介是各以其爵也。

繼公謂：此異於上卿者，上士擯耳。

其面，如賓面于卿之禮。

如其禮耳，庭實則用儷皮也。士介不面，亦殺於正禮。

右問下大夫嘗使者

大夫若不見。賢遍反。

注曰：有故也。

君使大夫，各以其爵爲之。受，如主人受幣禮，不拜。爲，于僞反。

注曰：各以其爵，主人卿也，則使卿；大夫也，則使大夫。不拜，代受之耳，不當主人禮也。

繼公謂：必使人代受者，不可虛聘君之命也。各以其爵者，亦欲與使者之尊相當也。聘君問卿使卿，問大夫使大夫。此受者，非主人則亦無揖讓之禮也。惟言不拜，見其重者耳。

右代受問

夕，夫人使下大夫韋弁歸禮。

注曰：夕，問卿之夕也。

繼公謂：次日之夕，夫人乃歸禮，不惟不敢與君同，曰又且不敢同其時，皆下之也。使下大夫者，亦下君，或亦辟其於朝君之禮也。亦韋弁者，君與夫人之聘享其器幣略同，其日又同，則使者之同服，亦宜也。

堂上籩豆六，設于户東，西上，二以並，東陳。

注曰：籩豆六者，下君禮也。設于户東，又辟饌位也。

繼公謂：籩豆六，與子男之禮同，重聘使也。凡設籩豆，自二以上皆先豆而後籩。乃言籩豆者，文順耳。此六豆、六籩皆宜用朝事者，而各去其末之二。其設之之序，則豆皆在西，籩繼之而東，韭菹其南，醓醢屈以終。麷其南，蕡亦屈以終。饔餼之禮，其饌各有所屬。户西之饌爲飪也，西夾、東夾之饌爲腥也。此無牢，故惟有堂上之饌。而設于户東，示其異也，不用簠。簠、鉶者，亦以無牢故也。此禮主於飲，主君之禮主於食。

壺設于東序，北上，二以並，南陳。醙、黍、清，皆兩壺。醙，所九反。

注曰：醙，白酒也。凡酒，稻爲上，黍次之，粱次之，皆有清白。以黍間清白者，互相備，明三酒六壺也。先言醙，白酒尊，先設之。

繼公謂：設于東序北上，亦統於豆。醙未詳。案，注云「凡酒，稻爲上，黍次之，粱次之」，蓋據《内則》三醴之次言之也。

大夫以束帛致之。

以束帛致其禮，亦盛之也。飧不致此，殺於飧。乃致者，蓋主君以設飧爲差輕，而夫人以歸禮爲特重，所以異也。

賓如受饔之禮，儐之乘馬、束錦。

此亦不盡與受饔之禮同。云如者，亦大略言之。

上介四豆、四籩、四壺，受之如賓禮。

四豆者，去菁、菹、鹿、臡。四籩者，去形、鹽、膴。四壺者，去玄酒。不言其位，如賓可知也。言受之，明亦用束帛致之也。如賓禮者，亦如其受饔之禮也。不言所使者，下大夫可知。於上介亦使下大夫者，禮窮則同也。

儐之兩馬、束錦。

夫人歸禮不及士介者，以其禮薄，不可得而復殺。且君於士介，已無堂上之饌故也。

明日，賓拜禮於朝。

注曰：於是乃言賓拜，明介從拜也。

右夫人歸禮於賓介

大夫餼賓大牢，米八筐。

注曰：其陳於門外，黍、粱各二筐，稷四筐，二以並，南陳，無稻。牲陳於後，東上。

繼公謂：君餼賓，米百筥，筥半斛，此米八筐，筐五斛，以量言之則八筐者，殺於君米二筐也，所以下之。此亦陳於其館之外門外。

賓迎，再拜。老牽牛以致之，賓再拜稽首，受。老退，賓再拜送。

賓出門左，西面拜迎，聽命。老東面，致命。賓還，北面拜，乃適老右受。此使老致之者，大夫之臣，老爲尊也。賓於老乃拜迎之，亦重其爲使也。再拜稽首受者，蓋以大夫嚮者稽首受其君命，故賓於此因其禮，與使者受儐而稽首之意同。大夫不親餼者，以其禮輕，不欲煩賓，且辟君禮也。君歸饔餼於朝，君則親致於賓，亦使卿。

上介亦如之。

然則，此牢米亦如賓矣，蓋以其具不可得而殺故也。

衆介皆少牢，米六筐，皆士牽羊以致之。

注曰：士，亦大夫之貴臣。

繼公謂：米六筐，蓋黍、粱、稷各二筐也。於賓上介使老，於衆介使士，所使者雖賤，亦不可以無所別也。不言受之之禮，如賓可知。

右大夫餼賓介

公於賓，壹食，再饗。食，音嗣。下並同。

注曰：此饗，謂亨大牢以飲賓也。《公食大夫禮》曰「設洗如饗」，則饗與食互相先後也。

繼公案：注云「互相先後」，謂食居二饗之間也。

燕與羞，俶獻，無常數。俶，尺六反。

注曰：羞，謂禽羞鴈鶩之屬，成熟煎和也。俶，始也。始獻四時新物，《聘義》所謂「時賜」。無常數，由恩意也。

繼公謂：羞，謂禽羞，《周官》亦謂之「禽獻」，《庖人職》曰「凡用禽獸，春行羔豚，膳膏香；夏行腒鱐，膳膏臊；秋行犢麛，膳膏腥；冬行鱻羽，膳膏羶」，即此羞也。燕亦無常數，異於朝君也。

賓介皆明日拜于朝。

上惟見賓禮，乃言介拜，似非其次，蓋此文宜在下句之下也。賓與介之拜賜，各主於其所受者也。饗賓、燕賓之時，介雖與焉，然禮不爲己，故不必拜賓於禽羞。亦拜之者，謝主君之意也。

上介壹食、壹饗。

注曰：饗賓，介爲介，從饗獻矣。復特饗之，客之也。

繼公謂：云壹食、壹饗，見先食而後饗也。下文放此。

右饗食燕羞獻

若不親食，使大夫各以其爵，朝服致之以侑幣，如致饔，無儐。

注曰：君不親食，謂有疾及他故也。必致之，不廢其禮。侑，音又也。致禮於卿使卿，致禮於大夫使大夫，非必命數也。無儐，以己本宜往。

疏曰：他故者，死喪之事。

繼公謂：若不親食之文，雖主於君，然賓有故而不及往者，其禮亦存焉。致之各以其爵者，賓介之爵不同，則所使者亦宜異也。古人於所使者或尊或卑，亦莫不有義存焉。

致饗以酬幣，亦如之。

注曰：酬幣，所用未聞也。禮幣束帛、乘馬，亦不是過也。

繼公謂：酬幣，説見《士昏禮》。

大夫於賓，壹饗、壹食。上介，若食、若饗。

此大夫與饔賓介者，皆謂卿也。下大夫嘗使者，亦存焉。云「若食」、「若饗」，是主於食也。

蓋饗賓之時，介已爲介故也。

若不親饗，則公作大夫，致之以酬幣，致食以侑幣。

注曰：作，使也。大夫有故，君必使其同爵者爲之致之。列國之賓來，榮辱之事，君臣同之。

繼公謂：酬幣、侑幣皆用束錦，亦有庭實。若不親饗食，則使人告于公，公乃作其同爵者爲致之。同爵者非己之所能使，故須告公也。必使大夫者，其禮重也。此致之以大夫，不嫌與君同者，公作之故也。

右大夫饗食

君使卿皮弁，還玉于館。

皮弁者，象還於其君，故如聘服也。玉，圭璋也。還玉，即還贄之義。使卿者，亦欲與賓相當也。

賓皮弁，襲，迎于外門外，不拜，帥大夫以入。

不事至乃襲，辟君也。不言出請入告，文省也。禮不主於己，故不拜。云帥以入，則是不揖之也。大夫亦襲，至廟門乃執玉。

大夫升自西階，鉤楹。

鉤楹，由楹内也。必云「鉤楹」者，見其入堂深而東行也。下文云「賓自左，南面受圭」，則是大夫南面立於中堂少西而致命也。南面致命而不東面者，宜别於親受者，且尊者之禮異也。

賓自碑内聽命。

聽命於下，以君命不主於己也，言自碑内見於庭少北也。入門而賓在東，大夫在西，分庭皆行，大夫直行而升，賓則當碑東少北，乃西行負碑，北面立於此鄉致命者也。不於阼階西，辟主位也。凡大夫於君命之主於己者，聽命於上，乃降拜之。

升自西階，自左，南面受圭，退負右房而立。

注曰：自左南面，右大夫並受也。

繼公謂：升自西階，非受玉之正主也，亦鉤楹由大夫之後，乃自左受之。玉當訝受，乃南面並受者代受之，示異也。二人俱代君行禮，故皆不北面。賓退，負右房而立俟，降階之節也。必俟於此者，辟主位，且便於降。《記》曰「卿館於大夫」，而此云「負右房」，則大夫之家亦有左、右房明矣。

大夫降中庭，賓降，自碑内東面。授上介于阼階東。

注曰：大夫降出，言中庭者，爲賓降節也。

繼公謂：中庭，西方南北之中也。大夫降而至于中庭，賓乃發，於負右房之位而降，蓋以之爲節也。自碑内者，反其鄉者所由之塗也。既授上介，則復立于中庭。《司儀職》曰「還圭如將幣之儀」，謂君親還之也，則其禮皆與此異矣。

上介出請，賓迎。大夫還璋，如初入。

請，謂請命也。不言入告，亦文省。下「不見」者放此。「如初入」者，自帥入以至授介，皆如之也。還璋，爲夫人還之。

賓裼，迎。大夫賄用束紡。賄，呼罪反。紡，方往反。

注曰：賄，予人財之言也。紡，紡絲爲之，今之縛也。所以遺聘君，相厚之至。

繼公謂：裼者，已受聘玉則復其常也。大夫於賓裼亦裼，亦上介出請入告乃迎之。賄禮，主於答其聘，故略於聘禮而不用庭實。《吕氏春秋》曰：「以禪緇當紡緇。」「紡」與「禪」對言，則紡非單絲矣。

禮玉、束帛、乘皮，

注曰：禮，禮聘君也，所以報享也，亦言玉璧可知也。

繼公謂：不言迎大夫，文又省。乘皮先設，束帛加玉，如享禮。其執皮，亦有攝張之節。

皆如還玉禮。

皆者，皆賄與禮玉也。禮玉之庭實不在如中，是亦大概言之耳。

大夫出，賓送不拜。

亦上介出請大夫，告事畢，乃出送之。不拜送，與不拜迎之意同。

右還玉及賄禮

公館賓，

館者，就其館之稱也。公館，賓將致四者之拜也。此禮在還玉之明日，是時公蓋朝服而立於賓館之外門，東向，亦接西塾。

賓辟。音避。

不敢辭，不敢見，若隱辟然，故經以之爲稱。此主君於聘享，夫人之聘享、問大夫，其拜皆爲拜君命之辱，賓出受之可也。乃辟者，其爲有拜送之禮與？此「辟」字，義與上文所云者異。

上介聽命。

注曰：擯者每贊君辭，上介則曰：「敢不承命，告于寡君之老。」

繼公謂：上介聽命，蓋西面於外門外之東塾少南，不敢當君也。

聘享，夫人之聘享，問大夫。送賓，公皆再拜。

注曰：拜此四事，公東面拜，擯者北面。

繼公謂：拜聘享與問謝聘君也。所謂拜，貺也。拜送賓，以賓將去也。

公退，賓從，請命于朝。

請命，欲親受公命也。鄉者賓辟，但不敢當君館己之禮耳。上介既入告，乃知主君有拜聘問等事，故於此從而請命焉。受命于朝，臣禮也。此言請命，《周官》言「拜辱」，亦其異者也。

公辭，賓退。

辭者，謂歸已拜，今無事矣。

右公館賓

賓三拜乘禽于朝，訝聽之。

發去乃拜乘禽，以乘禽之賜終於此也。而總拜之，乘禽雖輕，受賜多矣，故爲之三拜。三拜則不稽首，此禮在公館賓之明日。

右賓拜賜

遂行，舍于郊。

注曰：郊，近郊。

繼公謂：舍于郊者，爲當與主國爲禮於此也。

公使卿贈，如覿幣。

注曰：言如覿幣，見爲反報也。

繼公謂：出郊而後贈，亦異於答聘君之節也。如覿幣，帛用束也，其庭實亦存焉。親受覿而使人贈，君臣之禮也。贈，說見《士昏禮》。

受于舍門外，如受勞禮，無儐。勞，力報反。下並同。

注曰：如受勞禮，以贈勞同節。

繼公謂：舍門外受之，變於來時也。無儐，以其答己之覿故也。

使下大夫贈上介，亦如之。使士贈衆介，如其覿幣。

於上介用束帛，於衆介各用束帛。上介之庭實，如賓。

大夫親贈，如其面幣，無儐。贈上介，亦如之。使人贈衆介，如其面幣。

親贈爲報其面，故不嫌與君禮同。此所贈者，皆用錦也。賓與上介之庭實亦同。大夫親贈，無儐可知。承上文無儐之後，故重言以明之。大夫親贈，賓上介而使人贈衆介，以其降等也，亦爲歸者不親受。

士送至于竟。音境。下並同。

此至于竟，謂没其竟也。若過邦，則亦假道如初。《司儀職》言，公、侯、伯、子、男之臣「相爲國客」，其〔一〕入也，「則三積，皆三辭拜受」；其出也，「如入之積」。《聘義》亦云：「主國待客，出入三積。」是篇前後皆不見之，未詳。

〔一〕「其」字原作「真」，摛藻堂本改作「惟」，當是。

右贈

使者歸，及郊，請反命。

注曰：郊，近郊也。

繼公謂：不敢徑入，恭也。請反命，其亦使次介與？

朝服，載旜。

云「朝服」者，反命則執玉，嫌當如聘服也。載旜，爲反命也。君既許，乃可爲之反命。使事之終，是以重之也。及郊，即載之者出時受命，至此而斂；歸時反命，至此而載，亦其節也。至已之門外，乃斂之。

禳，乃入。禳，如羊反。

禳，祭名，所以除不祥者也。入，入國也。禳乃入者，其意以爲使者久出在外，不能必其無不祥之事故也。又以是禮推之，則天子諸侯之出而反者，其亦有此祭與？

乃入，陳幣于朝，西上。上賓之公幣、私幣皆陳，上介公幣陳，他介皆否。

注曰：皆否者，公幣、私幣皆不陳。此幣，使者及介所得於彼國君卿大夫之贈賜也。其或陳或不陳，詳尊而略卑也。其陳之，及卿大夫處者待之，如夕幣。其禮於君者不陳。上賓，使者。公幣，君之賜也。私幣，卿大夫之幣也。他介，士介也。

疏曰：賓之公幣，則主君郊勞幣也，醴賓幣也，致饔餼幣也，夫人歸禮幣也，食侑幣也，饗酬幣也，再饗酬幣也，郊贈幣也。賓之私幣，則主國三卿皆一。食有侑幣，饗有酬幣，又皆有郊贈幣也。其上介公幣，則致饔餼幣也，夫人致禮幣也，食侑幣也，饗酬幣也，郊贈幣也。其私幣，則主國三卿，或饗或食，要有其一，則各有幣焉。又三卿皆有郊幣，如其面幣也。禮於君者，謂賄用束紡，禮用束帛、乘皮之類。

繼公謂：此「乃入」，謂入公門也。西上，則賓之公幣在西，私幣次而東，上介之公幣又次之。其三者之幣，又各以所得禮之先後爲序而西上也。

束帛各加其庭實，皮左。

上經云「陳皮北首」，此皮左，皮上左也，故云加。然則，此於庭實之皮，其各重累陳之乎？是禮蓋主於有皮者言也。若無皮者，則束帛奠之於地與？不布幕，別於君物也。或曰「皮左」，猶言左皮。

公南鄉。許亮反。

注曰：亦宰告于君，君乃朝服出門左，南鄉。

卿進使者，使者執圭，垂繅，北面。上介執璋，屈繅，立于其左。

君使卿進使者，使者執圭，上介執璋而入，士介皆隨入門右，北面東上。君揖使者，進之。上介立于其左，與受命時同也，此經文省爾。使者執玉常垂繅，上介執玉常屈繅。以是推之，則經所不見者可知矣。

反命曰：「以君命聘于某君。某君受幣于某宮。某君再拜，以享某君。某君再拜。」

注曰：某君，某國君也。某宮，若言桓宮、僖宮也。某君再拜，謂再拜受也。必言此者，明彼君敬君。

繼公謂：聘而云「受幣」者，古者於玉亦以幣言之。《司儀》云「將幣」，皆指朝聘之玉也。享屬於聘，故執圭而并言之。某宮，則是不在太廟矣。

宰自公左受玉。

注曰：亦於使者之東，同面並受也。

繼公謂：君南鄉，則宰已立于其左，少退。至是乃進而受之，既受玉則屈繅矣。

受上介璋，致命亦如之。

注曰：致命曰：「以君命聘於某君夫人，某君再拜。以享某君夫人，某君再拜。」

繼公謂：致命，即反命之辭。致與反，互文也。反者，復其所自出。致者，傳其所自來。其實一耳。

執賄幣以告，曰：「某君使某子賄。」授宰。

注曰：某子，若言高子、國子。凡使者所當執以告君者，上介取以授之。

禮玉亦如之。

注曰：亦執束帛加璧也。告曰：「某君使某子禮。」

繼公謂：使者既告，而以玉束帛授宰，則士訝受皮也。陳幣之時，賄幣、禮玉、束帛乘皮亦以入，特不陳之耳。於上介取玉束帛，有司亦執皮。

執禮幣，以盡言賜禮。 盡，子忍反。

注曰：禮幣，主國君初禮賓之幣也。以盡言賜禮，謂自此至於贈。

疏曰：禮幣，郊勞幣也。

公曰：「然！而不善乎？」

注曰：而，猶女也。

繼公謂：言汝豈不善於禮乎？以其賜禮之多，故美之也。

授上介幣，再拜稽首。公答再拜。

不奠幣拜，辟奠贄之禮也。公既拜，則上介復奠幣於故處焉。

私幣不告。

注曰：亦略卑也。

君勞之，再拜稽首。君答再拜。

注曰：勞之，以道路勤苦。

若有獻，則曰「某君之賜也，

注曰：言此物，某君之所賜予爲惠者也。大夫出，反必獻忠孝也。

繼公謂：獻，亦奠之於地。云「某君之賜」，則此所獻者其賄禮中之物與？《傳》云「厚賄之」，是賄禮之厚薄不常也。厚薄不常，故有獻有否。時賜之物似不足以爲獻，而他禮則又在公賜中而不必獻也。

君其以賜乎？」

注曰：不必其當君也。

繼公謂：賜，謂賜臣下也。此乃尊賜卑之物，故獻君之辭如是。不拜者，嫌其異於公幣也。

上介徒以公賜告，如上賓之禮。

注曰：徒，謂空手，不執其幣。

繼公謂：徒，以告下賓也。如，如其盡言賜禮。

君勞之，再拜稽首。君答拜。勞士介亦如之。

於士介四人，旅答再拜，尊者之禮也。私覿、私面主君及大夫，答士介之拜亦然。勞賓介辭，前注有焉。

君使宰賜使者幣，使者再拜稽首。

注曰：以所陳幣賜之也。禮，臣子，人賜之而必獻之君父，不敢自私之也。君父因以與之，則拜受之，如更受賜也。

繼公謂：所聘之國君與夫人及大夫已以此幣賜己，今君復使宰賜之者，蓋使者之意以爲因君命乃有此賜，故以之入公門，欲歸之君也。君於是復以賜之，使者拜而君不答者，以其拜受於宰也。凡臣拜受君命於擯贊者，則君不答之。其例見於此及《燕射》命賓之儀，是或一禮與？

案，注之「服」字恐誤。

賜介。介皆再拜稽首。

注曰：士介之幣皆載以造朝，不陳之耳。與上介同受賜命，俱拜。

繼公謂：不特命上介降於使者也。士介之幣雖不陳不告，然既以入公門，是亦欲歸之公也，故併賜之。

乃退。

退，亦謂使介也。惟於使介言退，則君後入可知。是時君先使者而出，故亦後之而入，其節與受命之時同。

介皆送至于使者之門，

注曰：將行俟于門，反又送于門，與尊長出入之禮也。

乃退，揖。

注曰：揖，别也。

繼公謂：凡退者不揖，此乃揖者，是禮主於送使者也。

使者拜其辱。

注曰：謝之也。再拜上介，三拜士介。

繼公謂：此與上文所云「大夫拜辱」之意同。拜之，亦於門外之左。

右歸反命

釋幣于門。

注曰：門，大門也。布席于闑西閾外，東面。

繼公謂：出于行、入于門者，行爲道路之始出，則禮之門爲内外之限，入則禮之也。然則二禮皆未詳。

乃至于禰，筵几于室，薦脯醢。

注曰：告反也。

疏曰：亦司宫設席于奥東面，右几。

繼公謂：既筵几，則祝先入，主人後入。主人在右，贊者乃盥，薦脯醢。

觴酒陳。

注曰：主人酌，進奠一獻也。

繼公謂：下云「三獻」，則此觴乃用爵也。陳者，主人與酌奠于薦南也。以觴與籩豆並列，故謂之陳。既奠反位，及祝再拜，祝釋詞，主人又再拜。其後二獻，則惟獻者於既奠反位再拜而已。出釋幣，而入釋奠，禮相變且欲行飲至之禮也。

席于阼，

設酢席于阼，變於祭，且爲將與從者爲禮於堂也。主人既獻則酌，而自酢與祭而有尸者之儀異。

薦脯醢，

酢而有薦，亦異於祭。

三獻。

注曰：室老亞獻，士三獻也。每獻奠，輒取爵酌，自酢也。

繼公謂：亞獻、三獻，皆不薦也。每獻，奠爵相次而南，主人初獻而酢于阼，則亞獻、三獻者皆酢于西階上矣。

一人舉爵。

注曰：三獻禮成，更起酒也。主人奠之，未舉也。

繼公謂：舉爵，舉觶也，亦如《鄉飲》舉觶之爲。

獻從者。從，才用反。

注曰：從者，家臣從行者也。主人獻之勞之也，皆升飲酒于西階上。

繼公謂：此獻蓋自室老始，行酬亦如之。獻亦以爵。

行酬，乃出。

注曰：主人舉奠酬從者，下辯。

繼公謂：行酬者，行酬酒也。出，謂主人以下亦既徹闔牖户而後出也。獻從者而行酬，所謂飲至也。楚令尹子重伐吴歸而飲至，用此禮耳。國君則既飲至，又或有策勳之事。《傳》曰：「凡公行告宗廟，反行飲至，舍爵策勳焉，禮也。」

上介至，亦如之。

如其釋幣告至也。

右釋幣于門釋奠于禰

聘遭喪，入竟則遂也。

注曰：遭喪，主國君薨也。

繼公謂：入竟則遂，爲其已承主國君之命也。君使士請事，乃以入竟。

不郊勞，

聘不主於嗣君，使人郊勞則嫌也；不郊勞，則夫人亦不使下大夫勞矣。然則，大夫請行者，其以賓入與？

不筵几，

此亦受於廟不筵几者，變於君親受之禮也。

不禮賓。

「禮」當作「醴」，君喪則使大夫受，故不醴賓，以其非正主也。

主人畢歸禮，

注曰：賓所飲食，不可廢也。禮，謂饔餼饗食。

繼公謂：畢歸禮者，不可以己之喪而廢待賓之禮也。禮，謂食饔餼饗食。

賓唯饔餼之受。

唯受饔餼者，以主人雖不遭喪亦歸之饔餼，故於此受之而不辭。不受饗食者，則以主人有喪，不宜饗食己，故雖致之，亦不受也。受饔餼，則飧亦受，可知飧饔餼之細也。

不賄，不禮玉，不贈。

賄與禮玉，主君以報聘君者也。今主君薨，難乎其爲辭，故闕之。贈者，所以答私覿，遭喪則不覿，故主國亦不宜贈。

遭夫人、世子之喪，君不受，使大夫受于廟，其他如遭君喪。

注曰：夫人、世子死，君爲喪主，使大夫受聘禮，不以凶接吉也。其他，謂禮所降。

疏曰：《服問》云：「君所主，夫人、妻，大子適婦。」

繼公謂：此大夫廟受之禮，即《記》所云者是也。遭君喪之禮，凡所降者各有其義，此亦遭喪也，故因其禮而用之耳。其義則或合或否，而不能盡同。

遭喪，將命于大夫，主人長衣練冠以受。

注曰：長衣，素純布衣也。去衰易冠，不以純凶接純吉也。吉時在裏爲中衣，中衣長衣繼皆掩尺，表之曰深衣，純袂寸半耳。

繼公謂：此遭喪，亦謂遭主君喪也。主人即大夫，文互見耳。亦嗣君使大夫受之，不言者可知也。長衣練冠，凶服變也。主君喪而受之之服如此，則夫人、世子之喪其亦皮弁服以受與？

右遭喪

聘，君若薨于後，入竟則遂。

後，謂使者既行之後也。云「入竟則遂」，是未入竟則反而奔喪矣。君薨，則其國使人告使者而不反之，以其行或有遠近故也。入竟則遂，意與上同。

赴者未至，則哭于巷，衰于館。衰，七回反。下同。

注曰：赴，走告也。此謂赴，告主國君也。哭于巷者，哭于巷門也。

繼公謂：赴，告喪者之稱也。哭于巷，其變於赴者至之禮與？其哭也，亦爲位。《奔喪》曰：「諸臣在他國，爲位而哭。」亦謂此時也。衰于館，有事而出，則吉服也。

受禮，

注曰：受饔餼也。

不受饗食。

所以不受之者，蓋以爲主君若饗食己，己有君之喪，自不宜往，故雖歸之，猶辭而不受，是亦原其禮之所由來也。

赴者至，則衰而出，

但云哀而出，則其出也非爲聘事矣。以此見赴者之至，例在聘日之後也。

唯稍受之。稍，所教反。

稍，謂漿飲乘禽之屬，以其稍稍給之，故謂之稍。《漿人職》云共賓客之稍禮，《記》云「旬而稍，宰夫始歸乘禽」，亦可見矣。云唯稍受之，對不受饗食而言也。

歸，執圭復命于殯，升自西階，不升堂。

注曰：復命于殯者，臣子之於君父存亡同。

繼公謂：亦哀而執圭也。升自西階而不升堂，告殯之禮然也。是時，上介亦執璋立于其左。

案，注云「臣子之於君父存亡同」者，謂此倣君存時致命之禮，故云「存亡同」。

子即位，不哭。

注曰：將有事，宜清净也。不言世子者，君薨也。諸臣待之，亦皆如朝夕哭位。

疏曰：《奔喪》云：「奔父之喪在家者，待之皆如朝夕哭位。」

繼公謂：子者，諸侯在喪之稱子，位在阼階上。不哭者，子臣同。

辯復命，如聘。子臣皆哭。辯，音遍。

注曰：如聘者，自陳幣至于上介以公賜告。

與介入，北鄉哭。鄉，許亮反。

注曰：北鄉哭，新至别於朝夕。

繼公謂：云「入」者，既復命則出，至是乃更入。蓋復命奔喪，宜異其節也。此云「與介入」，則復命之時士介不入歟？《奔喪》云：「奔喪者非主人，入門左，中庭北面哭。」然則，使介此時之哭亦在西方之中庭而西上與？

出，袒括髮。

袒括髮於外臣也。

入門右，即位踊。

注曰：從臣位，自哭而踊，如奔喪禮。

右聘君薨

若有私喪，則哭于館，衰而居，不饗食。

注曰：私喪，謂其父母也。衰而居，不敢以私服干君之吉使。《春秋傳》曰：「大夫以君命出，聞喪，徐行而不反。」

疏曰：《傳》，《春秋·宣八年公羊傳》。

繼公謂：云「哭于館」者，嫌其不敢發哀於主人之廟也。昔曾子與客立于門側，其徒趨而出，曾子曰：「爾將何之？」曰：「吾父死，將出哭于巷。」曾子曰：「反哭於爾次。」曾子北面而弔焉。正此意也。不饗食，謂主君饗食已則不往也。其致之則斯受之，是亦異於其君之喪。

歸，使衆介先，衰而從之。

注曰：其在道路，使介居前，歸請〔一〕反命，君納之，乃朝服。既反命，出公門，釋服，哭而歸。其他如奔喪之禮。

繼公謂：此別於有君喪者也，經但見其未及郊之禮耳。若君既許其反命，則朝服而帥衆介以行也。

右私喪

賓入竟而死，遂也。

遂，謂遂其聘事者也。若未入竟，則使告于君，止而俟命。

主人爲之具而殯。

〔一〕「請」原作「諸」，文淵閣本、摛藻堂本改作「請」，摛藻堂本校文云：「刊本『請』訛『諸』，據鄭注改。」可從。

注曰：具，謂始死至殯所當用。

繼公謂：具，謂衣物之屬。殯，即其館而殯之也。尸未得歸，故權殯於此。云殯，則不以造朝矣。

介攝其命。

爲致聘享及問大夫之禮也。初時必使上介接聞命者，其意蓋慮此也與？

君弔，介爲主人。

注曰：雖有臣子親姻，猶不爲主人，以介與賓並命於君尊也。

繼公謂：君弔之已，不視斂，異内外臣也。凡諸侯弔於異國之臣，君爲之主，此時其君不在，故介爲主人受主君之弔，以此時惟介爲尊故也。君弔，蓋皮弁服。禮，諸侯弔於異國之臣，皮弁錫衰。主人未喪服，則君亦不錫衰。不錫衰，則惟皮弁服矣。此賓死於外，雖已殯主人，蓋未喪服也。介爲主，則袒免。《喪服記》曰：「朋友皆在他邦，袒免。」謂此類也。凡諸侯弔主人，必免。

主人歸禮幣，必以用。

注曰：當中奠贈諸喪具之用，不必如賓禮。

介受賓禮，無辭也。

注曰：介受，主君賓己之禮無所辭也。有賓喪，嫌其辭之。

不饗食。

與私喪同，亦致則受之。

歸，介復命，柩止于門外。

注曰：門外，大門外也。必以柩造朝，達其忠心。

介卒復命，出。奉柩送之。君弔，卒殯。

注曰：卒殯，成節乃去。

疏曰：卒復命，謂復命訖。送之，謂送至賓之家。殯喪之大節，卒殯而後，君與介乃去也。

繼公謂：卒殯，謂既奠乃去也。大夫之喪自外歸，載柩以輴車，舉柩由阼階升，即適所殯。

若大夫介卒，亦如之。

注曰：不言上介者，小聘上介，士也。

士介死，爲之棺斂之。斂，力豔反。下同。

斂，斂于棺也。上云「具」，此云「棺」，文互見也。其異者，殯與斂耳。

君不弔焉。

注曰：主國君使人弔，不親往。

繼公謂：此降於賓與上介且異内外臣也。

若賓死，未將命，則既斂于棺，造于朝，介將命。造，七到反。下同。

注曰：未將命，謂俟閒之後也。以柩造朝，以已至朝，志在達君命。

繼公謂：此朝謂大門外也。介將命于廟，如賓禮，既則歸而殯之於館。

若介死，歸復命，唯上介造于朝。

於賓言止於門外，於上介造於朝，文互見也。

若介死，雖士介，賓既復命，往，卒殯乃歸。

注曰：往謂送柩。

繼公謂：賓送上介，已見於大夫介，卒亦如之之中，故惟主士介而言也。不言君弔，其在既殯之後乎？是亦降於賓與上介也。

右賓介卒

小聘曰問。不享有獻，不及夫人。主人不筵几，不禮。面不升，不郊勞。

注曰：記貶於聘，所以爲小也。獻，私獻也。面，猶覿也。

疏曰：面不升者，謂私覿庭中受之，不升堂。

繼公謂：受於廟而不筵几，禮差輕也。「禮」亦當作「醴」。凡受禮而設筵几，乃醴賓。此不筵几，故不醴賓，亦相因而然也。面不升，以其爲下大夫也。其禮如大聘之上介，特初覿不與士介同入爲異耳。郊勞，乃使臣之禮，故言於君禮之後。云「獻」，繼「不享」而言，謂聘君之獻也。經、《記》於大聘，皆不言聘君有獻於主君及夫人。而此於小聘，乃以有獻不及夫人爲異，亦未詳。

其禮，如爲介，三介。

注曰：如爲介，如爲大聘上介。

繼公謂：禮者，饔餼饗食之屬也。

右小聘

《記》。久無事，則聘焉。

注曰：事，謂盟會之屬。

若有故，則卒聘。束帛加書將命，百名以上書于策，不及百名書于方。

注曰：將，猶致也。名，書文也，今謂之字。策，簡也。方，板也。

疏曰：簡，是一片。策，是衆簡相連。

繼公謂：故，猶事也。有故，謂有事可言者也。此與經之所謂有言者，互見爾。卒，已也。聘者兼享而言，或亦通小聘也，小聘則不享。束帛加書，以書加於帛上也。將命之時，但稱言以達其君之書而已，未必言及其故。

主人使人與客讀諸門外。

注曰：主人，主國君也。人，内史也。書必璽之。

繼公謂：公既受書，客降出。公以書授宰，降立，乃使人與客讀書於廟門外。必與客讀之者，欲其審也。不於内讀之者，客降則出矣，無其節也。

客將歸，使大夫以其束帛反命于館。

注曰：爲書報也。

繼公謂：大夫，即還玉之卿也。束帛，言其是即歸者加書者也。以其束帛反命，亦如還玉之義，蓋以之爲信也。此一節當繼禮玉之後，不見於經者，以其或有或無，不可必。

明日，君館之。

此反命蓋與還玉同日，而明日君館之，則無此禮者，其館之之節亦可見矣。

既受行，出，遂見宰，問幾月之資。幾，居豈反。

注曰：資，行用也，問行用當知多少而已。古文「資」作「齎」。

繼公謂：見宰，見之於其官府也。幾月之資，公費也。問之者，欲以爲私費之節度也。宰制國用，故問之。

使者既受行，日朝同位。

注曰：謂前夕幣之間，同位者，使者北面，介立于左，少退，别於其處臣也。

繼公謂：日朝，每日常朝也。經惟見夕幣與受命之位，故《記》明之。案，注云「前者」，蓋如前期之前。

出祖，釋軷，祭酒脯，乃飲酒于其側。軷，蒲末反。

注曰：祖，始也。既受聘享之禮，行出國門，止陳車馬，釋酒脯之奠於軷，爲行始也。《詩傳》曰：「軷道，祭也。」謂祭道路之神。

繼公謂：道祭謂之軷者，爲既祭而以車軷之，因以爲名也。釋軷者，釋其所軷之物，謂酒脯也。既釋，則人爲神祭之，如《士虞禮》佐食爲神祭黍、稷、膚，祝祭酒之爲。既祭，乃與同行者飲酒於其側。禮畢，乘車軷之而過也。

所以朝天子，圭與繅皆九寸，剡上寸半，厚半寸，博三寸，繅三采六等，朱白倉。剡，以冉反。厚，胡豆反。

注曰：圭，所執以爲瑞節也。九寸，上公之圭也。《雜記》孔疏曰：《聘禮記》云：「朝天子，圭與繅皆九寸，繅三采六等，朱白倉。朱白倉。」既重云「朱白倉」，是一采爲二等，相間而爲六等也。

朱子曰：案，上記只有「朱白倉」，而《雜記》疏所引乃重有之，不知何時傳寫之誤，而失此三字也。

繼公謂：圭，謂桓圭也。圭與繅皆九寸，但言其長，同耳。若其廣，則玉三寸，而繅蓋一尺許也。剡上寸半，厚半寸，博三寸，惟據玉而言。剡上寸半，謂剡其左右各寸半也，其義則未詳。三采六等者，三就也。每一帀爲一就，三采而三就，以上下或左右數之，則六等矣。

問諸侯，朱緑繅，八寸。

注曰：於天子曰朝，於諸侯曰問。《記》之於聘，文互相備。

疏曰：上公朝天子，圭與繅皆九寸，則自相朝亦九寸。上公遣臣相問，圭與繅皆八寸，則遣臣問天子亦八寸。是記於聘，文互相備也。

繼公謂：此言上公聘玉之繅也。朱緑者，繅之采也。《典瑞職》曰：「瑑、圭、璋、璧、琮，繅皆二采一就，以覜聘。」則此朱緑蓋合而爲一就也，一就則二等矣。二采當去朱而用白倉，乃不然者，爲其少飾，故存朱而加以緑焉，亦尚文之意也。上言朝玉與其繅九寸，故於此但言繅而不及玉，蓋省文耳。《玉人職》云：「瑑、圭、璋八寸，璧、琮八寸，以覜聘。」是公之聘玉亦與繅之長同也。然則，侯伯聘玉與繅當六寸，子男則當四寸與？

皆玄纁。

此言所用以爲繅者也。朝聘之繅，皆以玄纁之帛爲之，蓋表玄而裏纁也。其表裏則皆絢以采。

繫長尺，絢組。 繫，如字。長，直亮反。絢，呼縣反。

注曰：采，成文曰絢。繫，無事則以繫玉，因以爲飾。

繼公謂：繫者，繅之繫也。以絢組爲之，其絢亦如繅之采與？繅言采，繫言絢，文互見也。絢者，蓋以采絲飾物之稱。舊説以絢爲畫，非是。《語》曰「素以爲絢兮」，又曰「繪事後素」。而《考工記》並言畫繢之事，則絢非畫也，明矣。

問大夫之幣，俟于郊，爲肆，又[一]齎皮馬。

[一] 元刊明修本無句中「又」字，與諸本不同。

注曰：肆，猶陳列也。賫，猶付也。使者既受命，有司載問大夫之禮，待于郊陳之，爲行列至則以付之也。使者初行，舍于近郊，幣云肆，馬云賫，因其宜，亦互文也。不於朝付之者，辟君禮也。必陳列之者，不夕也。

繼公謂：經於問大夫之庭實惟言皮，此兼云馬，是其所用亦不定也。

辭無常，孫而説。 孫，音遜。説，音悦。

注曰：孫，順也。大夫使，受命不受辭，辭必順且説。

繼公謂：聘爲結好，故辭貴於孫而説。

辭多則史，少則不達，辭苟足以達，義之至也。

史，言其文勝也，《論語》曰「文勝質則史」。辭以達意而已，若辭當少而反多，則文勝而傷於煩；當多而反少，則失於略而不足以達意。辭苟足以達，則不煩不略，爲得其宜，故曰「義之至也」。

辭曰：「非禮也，敢。」對曰：「非禮也，敢。」

注曰：辭，不受也。對，答問也。二者皆卒曰「敢」，言不敢。

繼公謂：此辭對之辭，未詳其所用之節，姑闕之。

卿館于大夫，大夫館于士，士館于工商。

注曰：館者，必於廟。

繼公謂：古者使介入國，但有私館而無公館，於此可見。

管人爲客，三日具沐，五日具浴。

注曰：客，謂使者下及士介也。

繼公謂：三日、五日，古人平常沐浴之節也。《内則》言子事父母之禮，云「五日則燂湯請浴，三日具沐」，又云「少事長，賤事貴，共帥時」，則亦足以見之矣。沐，潘也。

飧不致。

不致者，宰夫設之而已，不以君命致之也。必不致者，遠辟朝君之禮也。

賓不拜，

注曰：以不致也。

沐浴而食之。食，如字。

注曰：自絜清，尊主國君賜也。記此重者，沐浴可知。

卿，大夫訝。大夫，士訝。士皆有訝。訝，五嫁反。

注曰：卿使者，大夫上介也。士，衆介也。訝，主國君所使迎待賓者，如今使者護客。

繼公謂：《掌訝職》云：「凡訝者，賓客至而往，詔相其事而掌其治令。」其職如是，則以降等者爲之，宜也。云「士皆有訝」者，嫌其賤，不必訝。若上士則使中士訝之，中士則使下士訝之也。

賓即館，訝將公命。

注曰：使己迎待之命。

繼公謂：此節宜在卿致館之後。將公命，蓋於外門内也，下禮同。

又見之以其贄。

注曰：復以私禮見者，訝將舍於賓館之外，宜相親也。大夫訝者執鴈，士訝者執雉。

繼公謂：言又者，見其與上禮相接也。訝者既將公命出，奉贄以請見，賓亦於門外俟之。賓未將公事，乃不辭其私見者，以其因將公命而爲之也。

賓既將公事，復見之以其贄。

注曰：公事，聘享問大夫。

繼公謂：其贄，即訝之贄也。復見之以其贄，所謂還贄也。卿則還鴈，大夫士則皆還雉。於其訝士，《相見禮》云「士見於大夫，終辭其贄」，蓋以無復見之禮故也。此亦有士見於大夫而不終辭之者，以其受公而爲訝，與同國之降等者異，故略如敵者之禮，不辭其贄而復見之也。

凡四器者，惟其所寶，以聘可也。

四器者，聘享及夫人之聘享共用四玉器也。公、侯、伯之所寶者，圭、璋、璧、琮；子、男之所寶者，璧、琮、琥、璜。言惟得用其所寶者，以聘見不可用其不當用者也。公、侯、伯聘，用圭、璋，享用璧、琮；子、男聘，用璧、琮，享用琥、璜。

宗人授次。次以帷。少退于君之次。

注曰：主國之門外，諸侯及卿大夫之所使者，次位皆有常處。

繼公謂：授次，授賓次也。設次者，掌次也。宗人，則主授之耳。君，謂朝君也。云少退之，則似謂在其南而少西也。《司儀》云：「及將幣車進，拜辱。賓車進，答拜。」云車進，是朝君未嘗入于次也。此乃著君之次，亦以微異。

上介執圭，如重，授賓。

注曰：慎之也。《曲禮》曰：「凡執主器，執輕如不克。」

繼公謂：上介凡執玉皆如是，不惟將聘授賓之時爲然，《記》者特於此發之耳。其餘執玉者亦如之，不盡見也。

賓入門，皇。升堂，讓。將授，志趨。

注曰：皇，自莊盛也。志趨，卷遯而行也。

繼公謂：讓，謂必後主君也。經云「公升二等，賓升」是也。《春秋傳》衞孫林父聘於魯，「公登，亦登」，是不讓也。將授，謂發於負序之位將授玉也。行而張足曰趨，《曲禮》曰：「堂上不趨。」執玉不趨，特志於趨耳，言其急於授君而行速也。注云「志趨，卷遯」是已。

授如爭，承下如送。君還而后退。還，音旋。

授如爭，謂尚疾而不敢留君也。承下如送，謂既授，則以手承公手之下而未即退，防玉之失隊也。如送者，如送客然，言其未即退之意也。君還東面，而後賓退。

下階，發氣，怡焉。再三舉足，又趨。下，户稼反。

注曰：發氣，舍息也。再三舉足，自安定乃復趨也。

繼公謂：下階，謂降而没階之時也。怡，和説也，於此言發氣怡焉。言又趨，則鄉者之屏氣戰色，足如有循，可知矣。趨言「又」者，明復其常也。

及門，正焉。

注曰：容色復故，此皆心變見於威儀。

執圭入門，鞠躬焉，如恐失之。

注曰：記異説也。

繼公謂：鞠躬者，敬也。如恐失之者，慎也。

及享，發氣焉，盈容。

注曰：孔子之於享禮，有容色。

繼公謂：聘時屏氣，享時發氣，又且盈容。禮有重輕，故敬亦有隆殺。

衆介北面，蹌焉。蹌，七將反。

注曰：容貌舒揚。

繼公謂：於享乃云蹌焉，以見聘時之不然也。然則，衆介容貌之變，其節亦略與賓同矣。

私覿，愉愉焉。

注曰：容貌和敬。

疏曰：享時形〔二〕容，舒於聘時之戰色。私覿愉愉，又舒於盈容。

出，如舒鴈。

疏曰：又舒於愉愉也。

繼公謂：如舒鴈，謂儀容舒遲如鴈鶩。

皇且行，入門主敬，升堂主慎。

注曰：復記執玉異説。

繼公謂：主敬，鞠躬也。主慎，如恐失之也。先言「皇且行」，乃云「入門主敬」，則與上《記》入門皇者異也。云「升堂主慎」，則又與入門而如恐失之者異也。是爲異説。

凡庭實隨入，左先，皮馬相間可也。間，間側之間。

注曰：隨入，不並行也。

疏曰：皮馬以西頭者爲上，故左先入陳也。

〔二〕文淵閣本、摛藻堂本「形」字作「盈」，摛藻堂本校文云：「刊本『盈』訛『形』，據賈疏改。」王太岳云：「刊本『盈』訛『刑』，據賈疏改。」

繼公謂：凡庭實，謂凡入而即設於叁[一]分庭一在南者也。左先，謂其設於左者先行也。皮馬相間，謂庭實若相繼而兩設，用皮則宜俱用皮，用馬則宜俱用馬。或不能然，則一節用皮，一節用馬，相間而設，亦自無害於禮，故云可也。可者，許其得用之辭。

賓之幣唯馬出，其餘皆東。

賓之幣，謂將聘君之幣及私覿者也。馬亦言幣，則幣字之所包者廣矣。

多貨則傷于德，

貨，指聘物而言。聘物有常數，若多用之，則有重貨之意，而傷害於其德矣。言此者，見貨之所以不可多也。

幣美則沒禮。

注曰：幣，謂束帛也。美之，則是主於幣，而禮之本意不見也。

繼公謂：美，謂奇巧也。聘幣有常制，若美爲之則過於禮，而禮爲之沒矣。言此者，見幣之所以不必美也。上言貨，則幣在其中矣。以其出於人力之所爲，故復以美戒之。然則，其他聘物

〔一〕「叁」與「參」通，即「三」。是書多次出現「參分庭一」云云，且習用「參」代數詞三，而此處諸本均作「叁」。

固不厭其美也。

賄，在聘于賄。于，注讀作爲。

注曰：賄，財也。于讀曰爲，言主國禮賓，當視賓之聘禮而爲之財也。賓客者，主人所欲豐也。若苟豐之，是又傷財也。《周禮》曰：「凡諸侯之交，各稱其邦而爲之幣，以其幣爲之禮。」

凡執玉，無藉者襲。藉，才夜反。

藉，謂束帛以藉玉也。以此篇考之，則聘以圭璋，而不用束帛以爲藉，所謂無藉者也。其賓主授受之時，皆襲以執之，過此則皆裼矣。蓋聘玉尊，當特達而無藉，執聘玉則當加敬而襲。其襲與無藉之義初不相通，《記》人特因二者之異於常，故合而爲言耳。執玉之無藉者襲，則於其有藉者裼，可知。乃不言之者，裼乃常禮，不特於執享玉之時爲然故也。

醴不拜至。

醴賓而不拜至，其辟朝君之禮乎？諸侯相朝有儐禮，與醴相類。

醴尊于東箱，瓦大一，有豐。大，音泰。

《士冠禮》，醴尊于房中，勺、觶、角柶，脯醢，在其北，南上。此尊于東箱，則勺、觶、籩豆之類亦宜近之。

薦脯五職，祭半職，横之。祭醴，再扱，始扱一祭，卒再祭。職，音職。扱，初洽反。

注曰：卒，謂後扱。

主人之庭實，則主人遂以出，賓之士訝受之。

注曰：此謂餘三馬也。左馬，賓執以出矣。

繼公謂：主人之庭實，謂用於醴賓之時者也。遂以出者，主人之士也。賓之士，其從者也。此文似以庭實主於皮馬而言，是醴賓之庭實，或皮或馬，亦不定也。經惟言馬者，特見其一耳。

既覿，賓若私獻，奉獻，將命。

注曰：時有珍異之物，或賓奉之，所以自序尊敬也，猶以君命致之。

疏曰：臣統於君，雖是私獻己物，亦以君命致之，故曰將命。

繼公謂：《玉藻》曰：「親在行禮，於人稱父。」此臣有獻於他國之君，而稱其君命以將之，亦其義也。

擯者入告，出禮辭。

注曰：辭其獻也。

賓東面坐奠獻，再拜稽首。

注曰：獻不入者，禮輕。

繼公謂：以君命將之，而奠獻於外。再拜稽首，見其爲己物也。

擯者東面坐取獻，舉以入告。出，禮請受。

亦東面取者，舉奠物之儀然也。請受，説見本篇。

賓固辭，公答再拜。

云答則拜，非爲受也。凡尊者與卑者之禮而不得親受者，其儀皆然。公拜亦於中庭。

擯者立于闑外以相拜，賓辟。擯者授宰夫于中庭。相，息亮反。辟，音避。

注曰：既乃介覿。

若兄弟之國，則問夫人。

注曰：兄弟，謂同姓，若昏姻甥舅有親者。問，猶遺也，謂獻也。不言獻者，變於君也。

繼公謂：此《記》似謂賓於兄弟之國，必有問夫人之禮也。經不言賓之私獻，上《記》言私獻而云「若」，則是賓於兄弟之國其主君之獻，或有或無，不可必也。乃謂必有問夫人之禮，何與？

是亦與上《記》微不相通。或曰，問猶聘也，即經所謂夫人之聘享者也，未知是否？

若君不見，見，賢遍反。

注曰：君有疾若他故，不見使者。

使大夫受。

注曰：受，聘享也。大夫，上卿也。

繼公謂：大夫，亦皮弁，襲迎賓于大門外，不拜，帥賓以入也。

自下聽命，自西階升受，負右房而立。賓降，亦降。

注曰：此儀如還圭然，而賓大夫易處耳。

不醴。

使大夫代受，則醴賓之禮自不可行。乃必言之者，嫌受其聘享，則當醴之也。

幣之所及皆勞，不釋服。勞，力報反。

經云「卿大夫勞賓」，而此云「幣之所及皆勞」，則謂大夫時或有勞之者，時或有皆不勞之者矣，似異於經。且以幣不及己之故而不勞賓，亦恐非禮意。蓋聘君之問卿，卿、大夫之勞賓皆禮之當然。二者初不相關，《記》乃合而言之，似失之矣。服，謂皮弁服。不釋服之意，亦未詳。

賜饔，唯羹飪。筮一尸，若昭若穆。昭，如字。

注曰：羹飪，謂飪一牢也。肉謂之羹，唯是祭其先，大禮之盛者也。腥餼不祭，則士介不祭也。

繼公謂：唯羹飪之文意不具，或脱一「祭」字也。云「筮一尸」者，嫌并祭祖禰當異尸也。并祭祖禰而唯一尸，故若昭若穆者皆可尸。云筮，則子弟之從行者衆矣。

僕爲祝，

僕，御者也。僕爲祝者，祝不從行，故僕攝之。《傳》載祝鮀之言曰：「嘉好之事，君行師從，卿行旅從，臣無事焉。」然則，君與大夫以嘉好之事出竟，祝皆不從，亦可見矣。

祝曰：「孝孫某，孝子某，薦嘉禮于皇祖某甫，皇考某子。」祝，之又反。

孝孫、孝子，稱於祖禰之辭也。禮指饔而言，即所謂大禮也。字祖而謚考，亦假設之辭爾。凡稱鬼神，大夫則舉其謚，士則舉其字，并祭祖禰，盛之也。一牢而并祭，并祭而一尸，皆所以異於常禮。

如《饋食》之禮。食，音嗣。

《饋食》者，《少牢饋食》也。不云《少牢》者，可知也。《士虞記》云「其他如《饋食》」，亦不云《特牲》也，是其徵矣。此如《少牢饋食》之禮，但如其不賓尸者耳。賓於聘日受饔，且在他國，則此時祭物雖多，而禮儀亦不得不略。又此用大牢，亦與彼禮異者也。然則所謂如者，蓋大約言之耳。

假器于大夫。

必假於大夫者，其禮其器與之同也。

肦肉及廋、車。 肦，音班。廋，所求反。

注曰：肦，猶賦也。廋，廋人也。車，巾車也。二人掌視車馬之官也。

疏曰：此謂祭訖，歸胙所及。廋人、巾車，見《周禮》。

繼公謂：言此，明亦有不及者矣。肦，猶攽也。

聘日致饔。

自此至旬，而稍記主國行禮於賓之節也。

明日，問大夫。

所以下於其君，亦以聘日未有暇及之也。

夕，夫人歸禮。既致饔，旬而稍，宰夫始歸乘禽，日如其饔餼之數。稍，所敎反。

注曰：乘禽，乘行之禽也，謂鴈鶩之屬。其歸之，以雙爲數。其，賓與上介也。

繼公謂：旬日乃稍者，以饔餼之物多也。上賓饔餼五牢，則日五雙；上介三牢，則日二雙〔一〕；士介一牢，則一雙，亦降殺以兩與？

士中日則二雙。

注曰：中，猶閒也。不一日一雙，太寡，不敬也。

凡獻，執一雙，委其餘于面。

注曰：執一雙，以將命也。面，前也，其受之也。上介受之以入告，士舉其餘從之。賓不辭，拜受于庭。上介執之，以相拜于門中，乃入授人。上介受，亦如之。士介拜受于門外。

疏曰：自上介受之、授人，約私獻。文云「上介受，亦如之」，以其受饔餼之時已如賓禮，故知此亦如賓也。云「士介拜受於門外」者，以其受餼在門外，此在門外可知。

〔一〕「則日二雙」，文淵閣本、摛藻堂本改「二」字作「三」，摛藻堂本校文云：「刊本『三』訛『二』，據賈疏改。」

禽羞、俶獻比。

注曰：放，比也。其致之禮，如乘禽。

歸大禮之日，既受饔餼，請觀。訝帥之，自下門入。

歸大禮之日，即聘日也。是日所行之禮，自聘以至於介之私覿凡十餘節，以大概言之，亦必至於日幾中而后畢。既而又有受饔之事，已受饔，又以祭其祖禰如《饋食》之禮。由是觀之，則日暮人倦可知矣，乃復請觀何哉？且問卿之公事未舉而私爲道觀，亦非禮也，此《記》必誤矣。

各以其爵朝服。

注曰：此句似非。其次宜在「凡致禮」下，絶爛在此。

士無饔，無饔者無擯。

注曰：謂歸饔餼也。

李寶之曰：「擯」當作「儐」。

繼公謂：君不致饔於士，士不儐君之使，皆禮之當然。無儐，不爲無饔也。

大夫不敢辭，君初爲之辭矣。爲，于僞反。

此上蓋有闕文。

凡致禮，皆用其饗之加籩豆。

注曰：凡致禮，謂君不親饗賓及上介以酬幣致其禮也。其，其賓與上介也。饗禮今亡。

繼公謂：《春秋傳》晉侯享季武子有加籩，武子辭，韓宣子曰：「寡君以爲驩也。」是籩豆之加與否，已定於未饗之先。若不親饗而歸之，嫌加者不致，故云然。或曰，「禮」上當有「饗」字。

無饔者無饗禮。

注曰：士介無饗禮。

繼公謂：此與所謂無饔者、無儐之意同。

凡餼，大夫黍、粱、稷，筐五斛。

凡，凡賓上介及士介也。經云「大夫餼賓，上介米八筐，士介米六筐」，而此云「黍、粱、稷」，則是皆不用稻矣。八筐者，二黍、二粱、四稷也。六筐者，二黍、二粱、二稷也。其器既異於君器，又多寡相懸，且不敢與君同。用四種，皆所以遠下之。凡降殺之例自下者始，此八筐者乃不去稷而去稻者，以當多者不宜去而當少者不宜多也，是或一義耳。若六筐者，則因賓介之禮而但減其多者之數以別之，無他義也。君器多而小，大夫器寡而大，亦隆殺之宜。

既將公事，賓請歸。

注曰：謂已問大夫事畢，即請歸也。主國留之，饗食燕獻無日數，盡殷勤也。

繼公謂：不欲久溷主國也。

凡賓拜于朝，訝聽之。

注曰：拜，拜賜也。

繼公謂：訝聽之，異於己臣也。

燕則上介爲賓，賓爲苟敬。

饗食之禮，君親爲主，故以賓爲賓，尊賓也。君與臣燕，則宰夫爲獻主，故不以賓爲賓，而以爲苟敬，亦尊賓也。此苟敬之位在阼階西，北面，餘並見《燕禮記》云。

宰夫獻。

注曰：爲主人代公獻。

繼公謂：燕禮輕，故君與臣燕，則不親爲主而使宰夫獻，所以明君臣之義也。此與他國之臣燕亦用此禮者，所以别於其君也。

無行，則重賄反幣，

注曰：無行，謂獨來，復無所之也。

繼公謂：於反幣之外，又重賄之，答其特來之厚意也，即贈幣也。贈幣爲報其私覿，故云反。必言反幣者，嫌重賄則不必贈也。《春秋傳》吴公子札聘于諸國，是爲有行。

曰：「子以君命在寡君，寡君拜君命之辱。」

注曰：此贊君拜聘享辭也。在，存也。

「君以社稷故，在寡小君，拜。」

注曰：其卒亦曰：「寡君拜命之辱。」

又拜送。

注曰：拜，送賓也。其辭蓋云：「子將有行，寡君敢拜送。」

「君貺寡君，延及二三老，拜。」

注曰：闕〔一〕。

賓于館堂楹間，釋四皮、束帛。賓不致，主人不拜。

〔一〕原作「闕」，據《十三經注疏》本鄭玄注，則所闕之文爲：「此贊拜問大夫之辭。貺，賜也。大夫曰老。」

注曰：賓將遂去，是館留禮以禮主人，所以謝之也。

繼公謂：必釋於此者，明爲館故也。皮亦在堂，禮之變也。不致、不拜者，賓主各有當爲主人之嫌，難乎其爲授受也。不用錦而帛不授受，無嫌於君禮。

大夫來使，無罪，饗之。使，所吏反。

無罪，謂無失誤也。饗之，親饗之也。《聘義》曰：「使者聘而誤，主君弗親饗食，所以愧厲之也。」主國君於賓有饗食燕之禮，但言饗者，舉其盛者言之也。云「來使」者，與下文所謂「過」者相對立文也。

過則餼之。

謂假道而過者，則餼之也。過，即經所謂「過邦」；餼，即經所謂「餼之」。以其禮復記於此者，蒙無罪之文也。若有不假道與不禁侵掠之類，是其罪矣。

其介爲介。

此上當言饗賓之禮，乃及此耳。其亦有闕文與？饗賓君爲主人，故以賓爲賓，而上介爲介。若饗上介，則上介爲賓而無介。小聘使下大夫，其饗禮亦如之。蓋士介賤，不可以與主君爲禮故也。

有大客後至，則先客不饗食，致之。食，音嗣。

主人待客，隆殺之宜也。大客，謂朝君。

唯大聘，有几筵。

經於小聘云「不几筵」，其文已明。

十斗曰斛，十六斗曰籔，十籔曰秉。

注曰：今江、淮之間，量名〔一〕有爲籔者。今文「籔」爲「逾」。

繼公謂：籔與庾同量。今文「籔」作「逾」，疑庾、逾通。

二百四十斗。

注曰謂：一車之米，秉有五籔。

四秉曰筥。

注曰：此秉，謂刈禾盈手之秉也。筥，穧名也。若今萊、易之間，刈稻聚把有名爲筥者。

《詩》云：「彼有遺秉。」又云：「此有不斂穧。」

十筥曰稯，十稯曰秅。四百秉爲一秅。稯，音揔。

〔一〕底本、摛藻堂本、文淵閣本均作「各」，誤。元刊明修本「各」作「名」，當從。

【正誤】

至于階三讓大夫先升一等

鄭本去「三」字。注曰，古文曰「三讓」。繼公謂，宜從古文。

至于階三讓賓升一等

鄭本亦去「三」字。注曰，古文曰「三讓」。繼公謂，宜從古文。

庭實入設

鄭本無「入」字。注曰，古文曰「入設」。繼公謂，此庭實云入設方見庭實，既出而復入之意。若無「入」字，則文不明白矣，宜從古文。

醴不拜至

鄭本作「禮」。注曰，今文「禮」爲「醴」。繼公謂，宜從今文。

不醴

鄭本作「禮」。注曰，今文「禮」作「醴」。繼公謂，宜從今文。

對曰非禮也敢

舊本「敢」下有「辭」字。　案，注云，二者皆卒曰敢，是無此辭字明矣。本有者，蓋傳寫者因注上之「辭」字而誤衍之也。今以注爲據，删之。